KB204142

우리 생각이나 행동이 아니라, 우리가 가장 사랑하는 것이 우리를 형성한다는 아우구스티누스의 통찰에 대한 사용자 친화적 입문서. 죄와 덕이 각각 왜곡된 사랑과 제대로 된 사랑이라면, 우리가 변할 수 있는 유일한 방법이 우리의 예배 대상을 바꾸는 것이라면, 이 책은 우리가 기독교 사역을 하는 방식을 재고하도록 인도할 것이다. 저자는 이것이 어떻게 공동 예배와 기독교 교육, 영성 형성과 세상에서의 소명에 영향을 미치는지에 대해 기초적인 생각들을 제시한다. 매우 중요하면서도 도발적인 책이다!

— **팀 켈러** 리디머장로교회 설립목사

"당신은 무엇을 사랑하는가?"라는 질문은 인생에서 가장 중요한 질문이다. 저자는 이 설득력 있는 책에서 특유의 편안함과 에너지와 통찰력으로, 우리가 사랑해야 할 대상뿐 아니라 그 대상을 사랑하는 법을 어떻게 배울 수 있는지를 탐색한다.

— **미로슬라브 볼프** 예일대학교 교수

스미스는 얽히고설킨 생각의 타래를 풀어 주는 탁월한 은사가 있다. 이 책에서도 그는 우리가 마음과 생각을 잘 정돈함으로써 우리 상상력을 해방시켜 하나님나라에 온전히 사로잡히도록 돕는다. 그가 이 책에서 독자들에게 주는 가장 큰 선물은, 우리가 자신에게 가장 필요한 것을 찾고 발견할 수 있게 하는 것이다.

— **마크 레버튼** 풀러신학교 총장

제임스 스미스의 글에는 이해심과 권위와 온기가 넘친다. 명저다!

— **코넬리우스 플랜팅가 주니어** 캘빈신학교 명예총장

저자는 지혜롭고 도발적인 이 책에서 다음과 같은 대담한 질문을 던진다. "우리는 과연 우리가 사랑한다고 생각하는 것을 사랑하는 것일까?" 정직하게 대답하려는 이들에게 이 질문은 절대 편한 질문이 아니다. 스미스는 우리에게 정직한 답을 요구하는 한편, 삶의 예전 곧 습관과 실천을 통해 하나님과 이웃에게 마음을 열기 위해 힘쓰는 그리스도인들을 기다리고 있는 새롭고 풍성한 삶을 보여 준다.

— **앨런 제이콥스** 베일러대학교, 《유혹하는 책읽기》 저자

모든 '일반 독자'는 주목하시라. 학자나 전문가들이 아니라(물론 그들도 환영한다), 조잡한 사고와 최신 유행 구호에 지친 독자들이여, 오라. 이 책은 마치 최고의 강의와 같아서 탁월한 교사와 매력적인 주제가 당신을 기다린다. 무엇을 주저하는가?

— **존 윌슨** 〈북스앤컬처〉 편집자

이 책은 성 아우구스티누스의 통찰을 바탕으로, 기독교 제자도의 본질 곧 예배와 예전을 통한 총체적 삶의 변화를 모색한다. 스미스는 그 어떤 작가보다, 어떻게 욕망이라는 습관을 통해 믿음이 우리에게서 구체적으로 드러나는지, 어떻게 하나님이 우리가 갈망하는 바를 온전히 만족시켜 주시는지를 이해하는 데 도움이 되었다. 예수의 제자라면 누구나 읽어야 할 책이다.

— **샌드라 맥크라켄** 가수 겸 작곡가

지난 10년간 〈하나님나라를 갈망하라〉처럼 내게 큰 영향을 미친 책은 없었다. 나와 온 교회는 제임스 스미스의 저작에 큰 빚을 졌다. 그 책의 내용을 좀 더 쉽게 다가갈 수 있게 만든 것이 〈습관이 영성이다〉이다. 제자도라는 과제를 다시 상상해 보도록 돕는 도구가 될 이 책은 모든 목회자와 평신도 지도자, 부모의 필독서다.

— **젠 폴락 미셸** 2015년 〈크리스채너티 투데이〉 올해의 책 *Teach Us to Want* 저자

지금으로부터 20년 후에도 사람들은 여전히 이 책을 언급할 것이다. 스미스는 영성에 대해 지나치게 지적인 관점과 지나치게 정서적인 관점을 모두 분석한다. 덕이 습관에 뿌리를 박고 있고, 습관은 사랑에 뿌리를 박고 있으며, 사랑은 예배에 뿌리를 박고 있다는 그의 지적은 정확하다. 교회는 도발적이고 실제적인 이 책의 지적을 따라야 할 것이다.

— **러셀 무어** 〈크리스채너티 투데이〉 리뷰

습관이 영성이다

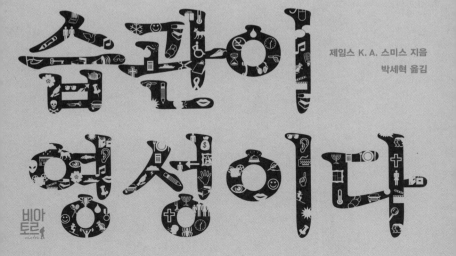

습관이 영성이다

제임스 K. A. 스미스 지음

박세혁 옮김

비아토르

나와 함께 음모를 꾸미는
존 위트블럿에게

한 번도 만난 적은 없지만 내 가장 중요한 스승 중 한 사람인
로버트 웨버를 추모하며

모든 지킬 만한 것 중에 더욱 네 마음을 지키라.
생명의 근원이 이에서 남이니라.

— 잠언 4장 23절

내 몸무게는 내 사랑이다.
내가 어디로 움직여 가든지, 나를 움직이는 것은 나의 사랑이다.

— 아우구스티누스, 《고백록》

하나님에 관해 가장 많이 아는 사람들은 사랑하는 사람들이다.
신학자는 이들에게 귀를 기울여야 한다.

— 한스 우르스 폰 발타자르, 《믿을 수 있는 것은 사랑뿐이다》

우리 미국인에게는 의식儀式이 필요해.
이게 바로 내가 쓴 모든 글의 핵심 주장이야.

— 존 업다이크, "다져진 땅, 교회 다니기, 죽어가는 고양이, 중고차 보상 판매"

때로는 가장 작은 것들이 네 마음에서 가장 큰 자리를 차지해.

— 위니 더 푸

○ 차례

당신은 무언가를 깨달았다. 하나님이 당신에게 더 크게 보인다. 복음의 광활한 너비를 알게 되었다. "저주가 있는 모든 곳에"("기쁘다 구주 오셨네"의 3절 가사 원문—옮긴이) 새롭게 하시는 그리스도의 능력이 두루 퍼져 있음을 깨달았다. 하나님이 영혼을 구원하실 뿐만 아니라 **만물**을 구속하고 계시다는 것을 이해하게 되었다.골 1:20

전에는 한 번도 경험하지 못했지만 이제는 성경이 너무나도 생생하게 느껴진다. 마치 창세기 1장과 2장을 처음 읽는 것 같다. 우리는 만드는 사람이 되도록 창조되었으며 하나님이 주신 문화 만들기 책무를 수행함으로써 하나님의 형상을 지닌 존재로 살아갈 사명을 부여받았음을 깨달았다. 당신은 어떻게 지금까지 정의에 대한 하나님의 열정적인 관심—억눌린 사람들을 돌보고 억압받는 사람들을 보호하라는 하나님의 백성을 향한 부르심—을 놓치고 살아왔는지 도무지 이해할 수 없다. 이제 성경을 읽으면 과부와 고아와 나그네에 대한 일관된 관심에 주목하지 않을 수 없다.

그런데 의문이 든다. 이것이 교회와 무슨 상관인가?

이 책은 문화 창조자들의 영성을 다루면서, (내가 바라기는) 우리가 그리스도의 몸에 몰입하는 것이 제자도의 핵심이며 원동력임을 보여 준다. 예배는 문화를 만들려는 우리의 노력이 하나님과 그분의 나라를 지향하도록 우리의 사랑과 갈망을 길러 내는 "상상력 저장고"다. 정의를 추구하고 문화를 새롭게 하고 모든 창조세계의 잠재력을 펼치라는 소명을 수행하는 것에 열정을 느낀다면, 당신의 상상력을 형성하는 일에 투자해야 한다. 잘 예배해야 한다. 당신이 사랑하는 것이 바로 당신이기 때문이다.

당신은 당신이 사랑하는 것을 예배한다.

그런데 당신은 당신이 사랑한다고 생각하는 바를 사랑하지 않을지도 모른다.

이것은 중요한 질문을 불러일으킨다. 이제 이 질문을 던져 보자.

당신이 사랑하는 것이 바로 당신이다
― 예배하는 인간

당신은 무엇을 **원하는가**?

이것이 문제다. 이것이 기독교 제자도의 처음과 마지막이요 가장 근본적 물음이다. 요한복음에서 예수님이 그분을 따르려는 이들에게 가장 먼저 던지신 질문도 바로 이 질문이다. 세례 요한의 열정에 사로잡혀 제자가 되기 원한 두 사람이 그분을 따르기 시작했을 때 예수님은 그들을 돌아보며 "무엇을 구하느냐?"라고 물으셨다.요 1:38

예수님이 우리 모두에게 던지시는 거의 모든 물음 배후에는 바로 이 물음이 자리 잡고 있다. "와서 나를 따르겠느냐?"라는 물음을 살짝 바꿔 보면 "무엇을 원하느냐?"라는 물음과 같다. 예수님이 실패한 제자 베드로에게 던지신 "네가 나를 사랑하느냐?"요 21:16 역시 마찬가지다.

예수님은 마태와 요한(혹은 당신과 나)을 만나셔서 "네가 무엇을 아느냐?"라고 묻지 않으신다. "네가 무엇을 믿느냐?"라고 묻지도 않으신다. "네가 무엇을 원하느냐?"라고 물으신다. 이것이 예수님이 우리에게 던지시는 가장 날카롭고 통렬한 물음이다. 왜냐하면 우리가 원하는 바가 바로 **우리 자신**이기 때문이다. 우리의 바람과 갈망과 욕망은 우리 정체성의 핵심을 차지하며 우리 행동과 태도가 흘러나오는 근원이다. 우리의 바람은 우리 마음, 인격의 진원지로부터 퍼져 나온다. 따라서 성경은 "모든 지킬 만한 것 중에 더욱 네 마음을 지키라. 생명의 근원이 이에서 남이니라"라고 권면한다.잠 4:23 그렇다면 제자도는 우리 마음을 정렬하는 방식, 우리가 사랑하는 것을 의도적으로 선택하고 거기에 주목하는 방식이라고 말할 수 있다.

그러므로 제자도는 앎과 믿음의 문제라기보다 열망과 갈망의 문제다. 그분을 따르라는 예수님의 명령은 우리의 사랑이나 갈망을 그분의 사랑이나 갈망과 일치시키라는 명령이다. 하나님이 원하시는 바를 원하고, 하나님이 욕망하시는 바를 욕망하고, 하나님을 열망하며 갈망하고, 하나님이 모든 것 안에 모든 것이 되시는 세상을 간절히 구하라는 명령이다. 이것은 "하나님 나라"라는 줄임말로 요약할 수 있는 전망이다.

예수님은 정보로 우리 지성만 채우시지 않고 우리 사랑을 빚으시는 선생이시다. 그분은 그저 우리 머릿속에 새로운 사상을 저장시키는 데 만족하지 않으신다. 그분은 우리의 바람과 사랑과 갈망을 원하신다. 그분의 "가르침"은 차분하고 차가운 성찰과 관조의 집합소를 건드리는 데 그치지 않는다. 그분은 마음이라는 뜨겁고 열정적인 영역까지 파고 들어오는 선생이시다. 그분은 "혼과 영…을 찔러 쪼개는" 말씀이시며 "마음의 생각과 뜻을 판단"하신다.히 4:12 예수를 따른다는 것은 우리에게 **사랑하는** 법을 가르치시는 랍비의 제자가 되는 것이다. 예수님의 제자가 되는 것은 사랑 학교에 입학하는 것이다. 예수님은 최고의 강사가 아니요, 그분이 세우신 사랑 학교도 강의실과는 다르다. 예수님이 글자가 빽빽이 들어찬 파워포인트 슬라이드로 자신에 관한 사실을 끊임없이 나열하시고 우리는 수동적으로 받아 적는 그런 곳이 아니다.

그런데도 우리는 제자도를 일차적으로 교훈에 관한 문제로—마치 예수님의 제자가 된다는 것이 대체로 지적 활동, 지식 습득의 문제인 것처럼—접근하는 경우가 많다. 왜 그럴까?

제자도와 그리스도인의 형성에 대한 모든 접근 방식은 인간이 어떤 존재인지에 관한 암묵적 모형을 전제로 삼기 때문이다. 대개는 이 전제를 명시적으로 진술하지 않지만, 그럼에도 우리는 우리가 어떤 종류의 피조물—따라서 어떤 종류의 학습자—인지에 관한 몇몇 (진술되지 않았다고 하더라도) 근본 전제 위에서 움직인다. 제자가 된다는 것이 예수를 배우고 따르는 사람이 되는 것이라면, 당신이 '배움'을 무엇이라고 생각하는지에 많은 부분이 좌우된다. 그리고 당신이 배움을 어떻게 생각하는지는 당신이 인간을 어떤 존재라고 생각하는지에 좌우된다. 다시 말해, 제자도에 대한 이해는 당신이 스스로에게 그런 질문들을 해 본 적이 없다고 해도, 인간의 본질에 관한 일군의 작업 가정working assumptions을 반영한다.

몇 해 전에 이 점을 생생하게 깨달았다. 저명한 기독교 잡지를 살펴보다가 총천연색으로 인쇄된 성구 암송 프로그램 광고를 보고 깜짝 놀랐다. 광고 중앙에 한 남자의 얼굴이 있고, 그의 이마에는 **"당신이 생각하는 바가 바로 당신이다"**라는 놀라운 주장이 적혀 있었다. 이는 많은 사람이 암묵적으로 가정하는 바를 대단히 명시적으로 진술한 말이다. 우리는 성경적이라기보다 '근대적' 방식으로 인간이 근본적으로 **생각하는 사물**이라고 생각하도록 배웠다. 17세기 프랑스 철학자 르네 데카르트René Descartes를 읽어 본 적이—심지어 들어 본 적도—없을지도 모르지만 많은 사람이 인간의 본질을 "생각하는 사물res cogitans"로 정의하는 그의 견해를 자신도 모르게 공유하고 있다. 데카르트처럼 우리는 우리 몸을 (기껏해야!) 우리 영혼이나 '지성'을 담고 있는 외부의 임시 운반 수단으로 보며, 실제 행동은 다 영혼이나 지성에서 일어난다고 생각한다. 다시 말해, 우리는 인간이 몸에 비해 머리가 큰 거대한 인형인 것처럼 생각한다. 지성이 인격체의 '관제 센터'라고 생각한다. 우리가 누구인지 규정하는 것은 바로 우리 생각이다. "당신이 생각하는 바가 바로 당신이다"라는 말은 인간을 막대기에 달린 뇌brains-on-a-stick(똑똑하지만 감성이나 대인관계 능력이 떨어지는 사람을 가리키는 관용 표현—옮긴이)로 환원하는 구호다. 아이러니컬하게도, 인간을 생각하는 사물로 보는 관점에서는 인간의 '마음'이 지성이라고 가정한다. 데카르트는 "나는 생각한다. 고로 나는 존재한다"라고 말했으며, 제자도에 대한 접근 방식 대부분은 결국 그의 사상을 흉내 내는 것에 그치고 만다.

인간을 단순한 지성으로 환원하는 이러한 주지주의적 인간 모형에서는 배움(따라서 제자도)이 일차적으로 사상과 신념을 지성이라는 저장소에 쌓아 두는 문제라고 전제한다. 비판적인 교육 이론가인 벨 훅스bell hooks는 파울루 프레이리Paulo Freire의 주장을 공명하면서 이를 '은행식' 교육 모형이라고 부른다. 우리는 인간 학습자를 마치 지식과 사상을 넣어 두는 금고, 신념을 위한 지적 저장소에 불과한 것처럼 취급한다. 그런 다음 마치 우리의 행동과 행위가 언제나 하나의 선택으로 귀결되는 의식적이며 의도적이고 합리적인 성찰의 결과이기라도 한 것처럼, 우리의 행동이 세상을 헤쳐 나가는 방법을 **생각해** 내기 위해 우리가 머릿속에서 행하는 작은 삼단논법의 결론이기라도 한 것처럼 행동이란 이 지식 은행에서 "인출"하는 것이라고 생각한다. 그러는 와중에 우리는 압도적인 습관의 힘을 무시한다.[1]

따라서 우리는 제자란 성경을 통해 하나님에 관한 정보를 더 많이 습득해 가는 **배우는 사람**이라고, 진지한 제자도는 사실 **지성**의 제자도라고 가정한다. 물론 맞는 말이다. 성경은 우리에게 모든 생각을 사로잡아 그리스도께 복종시키고고후 10:5 지성을 새롭게 하여 변화를 받으라고롬 12:2 명령한다. 예수를 따르는 이는 말씀을 배우는 사람, "여호와의 율법을 즐거워하는" 사람이 될 것이다.시 1:2 예수를 따르는 삶을 진지하게 추구한다면, 당신은 하나님과 하나님 말씀, 그분이 우리에게 요구하시는 바, 그분의 창조세계에 그분이 바라시는 바에 관해 더 많이 배울 수 있는 모든 기회를 하나도 놓치지 않을 것이다. 그저 예배에 참석해서 설교를 듣는 데서 그치지 않는다. 여러 강연과 강의를 챙겨 듣는다. 소그룹 성경공부에도 참여한다. 매일 성경을 읽는다. 참석할 수 있는 특별 집회에 모두 참여한다. 하나님과 그분의 말씀을 더 깊이 이해할 수 있도록 도와줄 책을 탐독한다. 지식을 들이마신다. 당신은 **배우기** 원한다.

아이러니컬하게도 이런 모습은 '반지성주의'라는 평가를 받는 기독교 신앙의 다양한 형식에도 똑같이 적용된다. 공적 신학과 고등교육을 의심스러워하는 기독교 경건과 제자도의 여러 모형 역시 제자도와 그리스도인의 형성에 접근할 때 성경 지식으로 지성을 채우는 데만 초점을 맞추며 우리가 **생각**을 통해 거룩함의 길로 나아갈 수 있다고—정보 전달을 통한 성화—확신한다는 점에서 "주지주의적"이다. 사실 이것이 바로 앞에서 언급한 성구 암송 프로그램 광고 배후에 자리 잡고 있는 확신이다. "당신이 생각하는 바가 바로 당신"이라면, 생각을 담당하는 신체 기관을 성구로 채우면 그리스도를 닮은 성품으로 저절로 전환될 것이다. 그렇지 않은가? "당신이 생각하는 바가 바로 당신"이라면 생각을 바꿔서 당신의 존재 자체를 바꿀 수 있을 것이다. 그렇지 않은가?

1. 당신이 사랑하는 것이 바로 당신이다

● 습관의 힘

지식과 **행동**의 간극을 경험해 본 적이 있는가? 새로운 지식과
정보가 새로운 삶의 방식으로 전환되지 않는 것처럼 보이는 때
가 있었는가? 주일에 놀랍도록 통찰력이 넘치며 유익한 정보를
제공하는 설교를 듣고 나서, 다르게 살리라는 새로운 다짐과 확
신으로 월요일 아침에 눈을 뜨지만 화요일 밤이 되기도 전에 벌
써 실패한 경험이 있는가? 당신은 지식에 목이 마르다. 갈증을
느끼며 성경의 사상을 들이마신다. 그리스도처럼 되기를 갈망
한다. 하지만 이 모든 지식이 삶의 방식으로 전환되지 않는 것
처럼 보인다. 우리는 생각을 통해 거룩함으로 나아갈 수 없는
것처럼 보인다. 왜 그럴까? 뭔가 잊어버려서일까? 아직 더 습득
해야 할 **다른** 정보가 있는 것일까? 충분히 열심히 생각하지 않
기 때문일까?

혹시 당신이 그저 생각하는 사물이 아니기 때문은 아닐까?
제자도에 대한 접근 방식 전반에서 우리가 전제로 삼은 암묵적
인간 모형이 문제는 아닐까? 데카르트가 틀렸고 우리는 속임
수에 넘어가서 자신을 생각하는 사물로 여기고 있는 것은 아닐
까? 인간이 근본적으로 '생각하는 존재'가 아니라면 어떨까? 그
렇다면 문제는 우리의 개인적 다짐이나 지식 부족이 아니다. 우
리 자신을 생각하는 사물로 바라보는 태도가 문제다.

하지만 대안은 무엇인가? 생각과 지식의 우선성에 의문을

제기할 때 우리는 정서와 감정을 반지성주의적으로 받아들이고 마는 것이 아닐까? 바로 이것이 현대 문화의 잘못이 아닐까? 우리는 "자신의 열정"을 따르고 우리를 충동하는 변덕이나 본능, 욕구에 따라 행동하도록 부추기는, "좋게 느끼면 그대로 하라"는 원리를 받아들였다. 바로 그런 이유 때문에 그리스도인은 **생각**에 초점을 맞춰야—충동 문화에 맞서기 위해 필요한 **지식**을 습득해야—하는 게 아닐까?

당신의 경우는 어떤가? 문제가 해결되기는커녕 다시 제자리로 되돌아오지 않는가? 새로운 지식과 정보와 사고가 이런 습관에서 당신을 해방해 주었는가? 알코올의존증자재활협회 Alcoholics Anonymous 모임에 참석해 본 사람은 누구나 잘 알듯이 "당신이 가장 좋다고 생각한 바로 그것 때문에 당신은 지금 여기에 와 있다."[2]

인간을 생각하는 사물로 바라보는 태도에 의문을 제기한다는 것은 생각하기를 거부한다는 뜻이 아니다. 지식의 한계를 인정한다고 해서 무지를 받아들인다는 뜻은 아니다. 우리에게 지식보다 **못한 것**은 필요 없다. 그 이상이 필요하다. 우리는 습관의 힘을 인식할 필요가 있다.

그렇기 때문에 현대에 들어와서 우리가 자신도 모르는 사이에 흡수해버린 환원론적 인간관, 즉 마치 우리를 단지 근본적으로 생각하는 사물처럼 취급하는 인간관을 거부해야 한다. 그 대신 우리 생각과 지식을 인격체의 더 근본적인 다른 측면과의

1. 당신이 사랑하는 것이 바로 당신이다

관계 속에 **배치시키는**, 더 통전적이고 성경적인 인간 모형을 받아들여야 한다. 우리는 데카르트주의의 시각으로 성경을 읽는 데—"나는 생각한다. 고로 나는 존재한다"는 데카르트의 렌즈로 세상을 바라보는 데—너무 익숙해져 있어서 성경이 주지주의와 인간을 생각하는 사물로 바라보는 태도를 뒷받침한다고 생각한다. 하지만 근대 특유의 눈가리개를 벗고서 성경을 더 자세히 읽어 보면 성경이 전혀 다른 인간 모형을 전제로 삼고 있음을 알 수 있다.

예를 들어, 바울이 빌립보서 첫 부분에서 교인들을 위해 올린 놀라운 기도를 생각해 보자. "내가 기도하노라. 너희 사랑을 지식과 모든 총명으로 점점 더 풍성하게 하사, 너희로 지극히 선한 것을 분별하며 또 진실하여 허물없이 그리스도의 날까지 이르고, 예수 그리스도로 말미암아 의의 열매가 가득하여 하나님의 영광과 찬송이 되기를 원하노라." 빌 1:9-11 여기서 바울의 기도 순서를 눈여겨보라. 너무 빨리 읽으면 바울이 주로 지식에 관심이 있다는 인상을 받을지도 모른다. 실제로 대충 훑어보면 바울이 빌립보 그리스도인들의 지식이 깊어져서 무엇을 사랑해야 할지 깨닫기를 원한다고 기도한다는 식으로 습관적으로 생각할지도 모른다. 하지만 다시 읽어 보라. 바울의 기도는 그 반대다. 그는 그들의 **사랑**이 점점 더 풍성해지기를 기도한다. 어떤 의미에서는 사랑이 지식의 전제 조건이기 때문이다. 사랑하기 위해 아는 게 아니라, 알기 위해 사랑한다. 바울은 우리에게

"지극히 선한 것" 즉 "탁월한" 것, 정말로 중요한 것, 궁극적으로 중요한 것을 분별하려 한다면 먼저 우리가 **사랑하는** 바에 주의를 기울여야 한다고 말한다.

여기서는 전혀 다른 인간 모형이 작동하고 있다. "당신이 생각하는 바가 바로 당신"이라고 넌지시 말하는 합리주의적, 주지주의적 모형 대신 바울의 기도는 전혀 다른 확신을 드러낸다. "당신이 **사랑하는** 바가 바로 당신이다."

인간이 생각하는 사물이라는 전제에서 출발하는 대신 인간이 무엇보다도 먼저 **사랑하는 존재**라는 확신에서 출발한다면 어떨까? 당신이 아는 바가 아니라 당신이 **사랑하는** 바가 당신을 규정한다면 어떨까? 인격체의 중심과 근원이 지성의 영역이 아니라 마음의 영역에 자리 잡고 있다면 어떨까? 이것은 제자도와 그리스도인의 형성에 대한 접근 방식을 어떻게 바꾸어 놓을까?

● 현대의 그리스도인을 위한 고대의 지혜

이러한 고대의 성경적 인간 모형은 인간을 생각하는 사물로 보는 근대적 관점이라는 미끼를 집어삼킨 교회를 위한 처방전이다. 로버트 웨버Robert Webber가 자주 한 말처럼 교회의 미래는 고대다. 포스트모던 세계를 위한 기독교의 지혜를 찾으려 한다면, 근대적 환원론에 사로잡히지 않았던 고대인들에게 귀를 기울여

야 한다. 예를 들어, 교회사 초기에 이 통전적 인간관을 포착해
낸 북아프리카 출신의 5세기 철학자이자 신학자, 주교 성 아우
구스티누스St. Augustine를 생각해 보라. 아우구스티누스는 기도 형
식으로 쓴 자신의 영적 자서전《고백록Confessions》(포이에마) 첫 단
락에서, 인간 정체성의 핵심을 정확히 지적한다. "당신께서는
우리를 당신을 향하여 있도록 지으셨기에, 우리의 마음은 당신
안에서 안식할 때까지 쉴 수 없습니다."[3] 이 한 줄에 예배와 제
자도, 그리스도인의 형성에 대한 우리의 접근 방식을 근원적으
로 바꾸어 놓을 지혜가 가득 들어차 있다. 통찰이 넘치는 이 간
결한 문장에서 몇 가지 주제를 확인할 수 있다.

아우구스티누스는 창조의 의도에 대한 주장, 즉 인간이 창
조된 목적에 관한 확신에서부터 시작한다. 이것은 두 가지 이유
에서 중요하다. 첫째, 이것은 인간이 예수 그리스도 안에 알려
진 창조주에 **의해**, 그분을 **위해** 창조되었다고 인정한다. 다시 말
해서 참으로 온전히 인간이 되기 위해서는 우리를 지으신 분이
요 우리가 지음 받은 목적이신 분과의 관계에서 스스로를 "발
견해야" 한다. 복음은 우리가 인간이 되는 법을 배우는 길이다.[4]
이레나이우스Irenaeus의 말처럼 "하나님의 영광은 온전히 살아 있
는 인간이다."[5] 둘째, 인간됨이 암시하는 모습은 **역동적**이다. 인
간으로 산다는 것은 무언가를 **위해** 존재하고 무언가를 지향한
다는 뜻이다. 인간으로 산다는 것은 무언가를 추구하기 위해,
무언가를 얻기 위해 움직인다는 뜻이다. 실존의 차원에서 우리

는 상어와 같아서 살기 위해서 움직여야만 한다. 우리는 단지 사상을 담는 고정된 그릇이 아니라, 어떤 **목적**을 지향하는 역동적 피조물이다. 철학에는 이를 가리키는 줄임말이 있다. 목적 혹은 '텔로스_telos_'("목표")를 지향하는 무언가를 가리켜 "목적론적_teleological_"이라고 한다. 아우구스티누스는 인간이 목적론적 피조물이라고 바르게 인식했다.

눈여겨볼 만한 두 번째 주제는 아우구스티누스가 이 목적론적 지향의 중심 혹은 "기관"을 마음, 곧 우리의 갈망과 욕망의 근원에서 찾았다는 점이다. 불행히도 우리 문화는 "마음"(헬라어 '카르디아_kardia_')이라는 말을 오용하여 홀마크 카드 유의 감상주의에 포함시켜 일종의 주정주의와 동일시하고 있다. 이것은 성경에서 '카르디아'라는 단어가 뜻하는 바가 아니며 아우구스티누스가 의도했던 뜻도 아니다. 그보다는, 마음을 당신의 가장 근원적 갈망을 떠받치는 버팀목 곧 세상에 대한 본능적이며 잠재의식적 **지향**으로 생각하라. 따라서 아우구스티누스는 이것을 단순한 지적 추구로 묘사하지 않는다. 그는 "주께서 주를 **알도록** 우리를 만드셨기에 주를 이해하기까지 우리 지성은 무지합니다"라고 말하지 않는다. 아우구스티누스가 말하는 갈망은 호기심이 아니라 굶주림에 더 가깝다. 풀어야 할 지적인 수수께끼가 아니라 살아남겠다는 갈망에 더 가깝다(시 42:1-2을 보라). 따라서 이 인간관에서 인격체의 무게 중심은 지성이 아니라 마음에 자리 잡고 있다. 왜? 마음은 우리 사랑의 실존적 공간이며,

1. 당신이 사랑하는 것이 바로 당신이다

우리로 하여금 어떤 궁극적 목적이나 '텔로스'를 지향하게 만드는 것은 바로 사랑이기 때문이다. 나는 그저 어떤 목적을 "알거나" 어떤 '텔로스'를 "믿지" 않는다. 그 이상으로 나는 어떤 목적을 **갈망한다**. 나는 무언가를 **원하며** 궁극적으로 그것을 원한다. 나를 규정하는 것은 내 욕망이다. 다시 말해, 당신이 사랑하는 바가 바로 당신이다.

따라서 우리는 인간이 근원적으로 **에로스적** 피조물이라고 말할 수 있다. 불행히도(그리고 이해할 만한 이유 때문에) 포르노그래피에 물든 우리 문화에서 "에로스"라는 단어에는 부정적 의미가 많다. 따라서 그리스도인들은 '에로스'에 알레르기 반응을 보이는 경향이 있다(그리고 '에로스'와 '아가페'를 대조하면서 후자를 "그리스도인의" 사랑이라고 칭송하는 경향이 있다). 하지만 그렇게 함으로써 우리는 욕망의 선함을 포기하고 현대 문화가 이것을 무질서하게 강탈하도록 내버려 두는 셈이다.[6] 가장 참된 의미에서 '에로스'는 피조물인 인간의 선한 특징인 욕망과 이끌림을 가리킨다. 우리는 '아가페'와 '에로스'의 잘못된 이분법을 주장하는 대신 '아가페'를 바르게 질서 잡힌 '에로스'로 이해할 수 있다. 성령께서 우리 마음속에 넘치도록 부어 주신 그리스도의 사랑[롬 5:5]은 하나님을 향한 구속된 욕망, 바르게 질서 잡힌 욕망이다. 당신이 **욕망하는** 바가 바로 당신이다.

성경은 사랑과 지식, 머리와 마음의 역동적 관계 속에서 통전적 인간관을 제시한다. 하나님은 우리의 지성만이 아니라 온 인격체, 곧 머리와 마음과 손까지도 구속하신다. 그리스도는 우리의 지성뿐만 아니라 우리의 '카르디아'와 심지어는 바울이 '스플랑크나*splagchna*'라고 부른 것, 즉 우리 감정의 근원인 '내장'까지도 사로잡으신다.

현대 과학에서도 인간에 관한 이러한 고대의 성경적 지혜에 새롭게 관심을 기울이기 시작했다. UCLA와 맥매스터대학교McMaster University에서 활동하는 학자들은 "**직감**gut feelings"(직역하면, 내장에서 느껴지는 감정—옮긴이)을 이해할 수 있게 도와주는 실험을 실시했다. 이들의 연구는 위장에 있는 미생물이 어떻게 뇌의 신경 활동에 영향을 미치는지를 지적한다. "뇌는 그저 또 하나의 신체 기관이 아니다. 뇌는 몸의 나머지 부분에서 일어나는 일에 영향을 받는다."[a] 실제로 〈사이언티픽 아메리칸*Scientific American*〉지에서는 "지금까지 간과하는 경우가 많았지만 우리 내장과 붙어 있는 뉴런 망이 존재하며, 이 망이 너무나도 광범위해서 일부 과학자들은 이것을 '제2의 뇌'라고 부르기도 한다"라고 보고한다.[b]

따라서 예수님이 우리에게 먹고 마심으로 그분을 따르라고 말씀하시는 점도 전혀 놀랍지 않다.요 6:53-58 제자도는 우리 머리

　　　　　　　　　　　　1. 당신이 사랑하는 것이 바로 당신이다

나 심지어는 마음에만 연관된 문제가 아니다. 우리 내장, '스플랑크나', 감정과도 관계가 있다.

사랑의 근원적 중요성을 강조하는 태도와 결합된 이러한 목적론적 인간관이 아우구스티누스의 세 번째 통찰을 만들어 낸다. 우리는 우리를 만들고 사랑하시는 분을 사랑하도록 창조되었기 때문에—"우리가 사랑함은 그가 먼저 우리를 사랑하셨음이라"요일 4:19—우리의 사랑이 이 궁극적 목적을 바르게 지향할 때 "안식"을 누릴 것이다. 하지만 아우구스티누스는 그 반대의 경우도 지적한다. 우리 마음이 하나님 안에서 목적을 발견하도록 창조되었기 때문에, 그분 대신 다른 존재를 사랑하려고 할 때 불안과 쉼 **없음**에 사로잡히고 말 것이다. 인간으로 존재한다는 것은 마음이 있다는 뜻이다. 우리는 사랑하지 않을 수 없다. 따라서 문제는 당신이 무언가를 궁극적 대상으로 사랑할지 아닐지가 아니다. 당신이 **무엇을** 궁극적 대상으로 사랑할지가 문제다. 당신이 사랑하는 바가 바로 당신이다.

이렇게 성경과 성 아우구스티누스의 고대의 지혜를 간략히 살펴보기만 해도 우리가 흔히 가정하는 것과 전혀 다른 인간 모형이 드러난다. 이 모형은 제자도와 성화의 본질, 예배의 역할을 이해하기 위한 틀을 제공한다. 우리가 논의하는 바를 '그려낼' 수단을 제공하는 은유를 통해 이를 더 자세히 설명해 보자.

● 욕망의 정향: 인간으로서 존재하기

인간으로 존재한다는 것은 무언가를 추구한다는 말이다. 산다는 것은 꿈이라는 목적지를 향해 일종의 무의식 여행을 떠난다는 말이다. 블레즈 파스칼Blaise Pascal은 내기로 이를 설명한 것으로 유명하다. "당신은 돈을 걸어야만 한다. 당신에게는 걸고 싶지 않다고 걸지 않을 자유가 없다. 당신은 이미 이 내기에 참여하고 있다."[7] 당신은 무언가에 삶을 걸지 않을 수 **없다**. 어딘가를 향해 가지 않을 수 **없다**. 우리는 무언가를 향해 나아가고 있으며 우리가 바라는 그곳에 도달하기 위해 애쓴다.

우리가 무의식적으로 향해서 나아가는 그곳을 고대 철학자들은 '텔로스' 곧 우리의 목표, 우리의 목적이라고 불렀다. 하지만 우리가 살면서 지향하는 '텔로스'는 일차적으로 우리가 알거나 믿거나 생각하는 무언가가 아니다. 오히려 '텔로스'는 우리가 **원하는** 바, 갈망하는 바, 욕망하는 바다. 그것은 우리가 생각하는 관념적 이상이라기보다 우리가 욕망하는 "좋은 삶"에 대한 전망에 가깝다. 그것은 많은 경우 명확히 진술되지 않는 방식으로, 직감적으로 **상상하는** 번영에 대한 그림—우리가 어디에서 참된 행복을 찾을 수 있는지에 관한 모호하지만 매력적인 의식—이다. 그것은 빅토르 위고Victor Hugo의 《레미제라블Les Misérables》에서 코제트가 누추한 삶 가운데서 노래했던 전망, 그가 꿈꾸던 "구름 위의 성"이다. 대부분의 사람들이 현실적인 전망에 이끌려 삶의 여정을 이어가지만, 그런 암묵적이고 무의식적인 전망은 여전히 강력하다. 인간으로 존재한다는 것은 왕국, **어떤** 왕국을 욕망하는 것이라고 말할 수도 있다. "왕국"이라는 표현은 이것이 개인적이고 사적인 에덴—일종의 사적인 낙원—만을 가리키지 않는다는 뜻이며, 우리는 모두 우리가 생각하는 이상적 사회에 대한 **사회적** 전망을 갈망하며 살아갈 수밖에 없다는 뜻이다. 그렇기 때문에 이 전망은 **궁극성**을 띤다. 특정한 형태의 좋은 삶을 지향한다는 것은 세상이 어떠해야 하느냐에 대한 특정한 전망을 추구한다는 뜻이다.

인간으로 존재한다는 것은 좋은 삶에 대한 전망, 우리가 "번영"이라고 여기는 바에 대한 특정한 그림에 의해 움직이고 정향된다는 뜻이다. 우리는 그것을 **원한다**. 갈망한다. 욕망한다. 그렇기에 세상에 대한 우리의 가장 근원적 지향 방식은 사랑이다. 우리의 갈망이 우리를 정향하고 우리의 욕망이 우리를 지휘한다. 우리는 좋은 삶의 전망과 결합된 삶의 방식을 채택하는데, 대개는 우리의 선택지에 대해 "충분히 생각해 보았기" 때문이 아니라 특정한 그림이 우리의 상상력을 사로잡았기 때문이다. 《어린 왕자The Little Prince》의 저자 앙투안 드 생텍쥐페리Antoine de Saint-Exupéry는 이런 매혹이 우리에게 동기를 부여하는 힘을 간결하게 포착해 냈다. 그는 "배를 만들고 싶을 때는 사람들에게 목재를 모으라고 다그치며 과제와 일거리를 할당하지 말고, 다만 먼 바다에 대한 그리움과 갈망을 일깨워라"라고 충고한다.[8] 실제로 우리는 추상적 관념으로 동기를 부여받거나 규칙과 의무에 따라 움직이지 않는다. 우리를 매혹하여 그쪽으로 우리를 잡아끌고 우리로 하여금 그 목적을 향해 노력하며 살게 만드는 힘을 지닌 것은 번영처럼 보이는 파노라마처럼 펼쳐진 광경이다. 우리는 그런 세상에 도달하는 방법처럼 보이는 삶의 방식으로 이끌려 들어간다. 그런 '텔로스'는 지성을 설득해서가 아니라 우리를 매혹함으로써 우리에게 영향을 미친다.

다시 한 번 말하거니와, 문제는 당신이 왕국에 대한 특정한 전망을 갈망하는지 **여부**가 아니라 당신이 **어떤** 전망을 갈망하느냐다. 이것은 모든 인간에게 동일하게 적용된다. 이것은 피조물인 인간의 구조적 특성이다. 당신은 사랑하지 않을 수 없다. 그렇기 때문에 마음은 인간됨의 근원이자 핵심, 우리의 실존을 추동하는 엔진이다. 무엇보다도 먼저 우리는 사랑하는 존재다. 이를 탐색이나 여정의 은유로 생각해 본다면 인간의 마음은 나침반인 동시에 길잡이 시스템이다. 마음은 엔진인 동시에 자동 유도장치homing beacon인 다기능 기구와 같다. 말하자면 마음의 갈망은 우리의 의식 근저에서 작동하면서 자동 유도장치처럼 우리로 하여금 어떤 왕국의 방향을 **가리키게 하는** 동시에 그쪽으로 **나아가게 한다**. 우리가 지향하는 '텔로스'와 우리를 그 방향

1. 당신이 사랑하는 것이 바로 당신이다

으로 나아가게 만드는 갈망과 욕망 사이에는 우리 마음의 실존적 바늘에 영향을 미치는 자기장의 힘처럼 공명이 존재한다. 당신은 **원하는** 바를 향해서 살아가기 때문에 당신이 사랑하는 바가 바로 당신이다.

아우구스티누스는 이 역학 관계를 이해하는 데 도움이 되는 또 다른 은유를 제시한다. 사랑은 중력과 비슷하다. 아우구스티누스는 뉴턴Newton이 중력을 발견한 때보다 수백 년 앞서 글을 썼으므로 약간 다른 용어를 사용한다. 그는 이렇게 말한다.

> 물체는 그 무게 때문에 그것이 마땅히 있어야 할 공간으로 움직이는 경향이 있다. 그 무게의 움직임이 반드시 아래를 향하지는 않지만 적합한 위치를 지향한다. 불은 위를 향하고 돌은 아래를 향하는 경향이 있다. 각각 무게에 맞게 움직인다. 제자리를 찾아가려고 한다. 기름을 물 아래에 부으면 수면 위로 떠오른다. 물을 기름 위에 부으면 기름 아래로 가라앉는다. 각각의 밀도에 따라 움직인다. 의도된 자리에 있지 않은 사물들은 불안하다. 제자리를 찾으면 안식할 수 있다.[9]

우리 모두가 아우구스티누스가 말하는 원리를 알고 있다. 수영장에서 물놀이를 하면서 비치볼을 물 밑에 잡아 두려 해 본 적이 있는가? 비치볼의 성향—더 나아가 기호와 욕구라고 말할 수도 있다—은 수면 위로 떠오르는 것이다. 물속에 있을 때 비치볼은 "불안하다." 계속해서 사람의 발이나 손 아래에서 벗어나 수면 위로 솟아오르려고 애쓴다. 떠오르기 **원한다**. 거꾸로 내가 수영장 표면에 가만히 떠 있으려고 하면 내 몸무게는 나를 바닥으로 끌어내리려 한다.

아우구스티누스는 이 유비의 의미를 이렇게 설명한다. 그는 "내 몸무게는 내 사랑이다. 내가 어디로 움직여 가든지, 나를 움직이는 것은 나의 사랑이다"라고 말한다. 우리를 방향 짓는 사랑은 일종의 중력과도 같아서 무게가 기울어지는 방향으로 우리를 이끈다. 만약 우리의 사랑이 물질적인 것에 몰두하고 있다면, 우리의 사랑은 우리를 열등한 것으로 내려 끄는 무게다. 하지만 우리의 사랑이 새롭게 하시는 성령의 불로 활력을 얻을 때, 우리의 무게는 위를 향하게 된다. 아우구스티누스가 그리는 놀라운 그림에서 "주님의 은사로 우리는 불이 붙어서 위를 향해 움직입니다. 우리는 벌겋게 달아올라 올라갑니다. 우리는 '마음의 오르막길을' 올라[시 84:7] '계단을 오르며 노래를' 부릅니다.[시 121:1] 주님의 불, 주님의 선한 불이 붙어서 우리는 벌겋게 달아올라 올라갑니다. '예루살렘의 평화'[시 122:6]를 향해 올라갑니다."[10] 제자도는 우리를 불붙게 해야 하며, 우리 사랑의 "무게"를 바꾸어 놓아야 한다.

● 에로스의 나침반: 사랑은 습관이다

이 대안적 인간 모형에서 우리 정체성의 무게 중심은 마음, 곧 우리의 갈망과 욕망과 연관된 영역, 직감 차원의 '카르디아' 영역에 자리 잡고 있다. 우리가 좋은 삶이라고 생각하는 궁극적 '텔로스', 우리가 목표 삼고 살아가는 왕국의 모습을 지향하게 만드는 것은 우리의 욕망이다. 인간으로 존재한다는 것은 사랑한다는 뜻이며 궁극적인 무언가를 사랑한다는 뜻이다.

하지만 이런 사랑이 **우리가 그에 관해 생각해 보지 않은 채로** 작동하는 일종의 잠재의식적 욕망임을 인정해야만 이것이 제자도에 대해 어떤 의미인지를 온전히 이해할 수 있다. 사랑이 감정이라는 상투적 환원론을 물리치기 위해서 우리는 때로 사랑이 선택이라고, 혹은 클린트 블랙Clint Black이 노래했듯이 사랑이 "우리가 행하는 무언가"라고 (올바르게) 강조한다. 어떤 의미에서는 맞는 말이다. 하지만 또 다른 의미에서 여기서 논하는 사랑, 세상에 대한 우리의 가장 근본적 지향으로서의 사랑은 의식적 선택이라기보다는 근원적 성향, 우리로 하여금 어떤 선택을 하게 만드는 기본적 지향이다.

이는 사랑을 이해하는 아주 오래된 성경적 관점이다. 사실 인간을 생각하는 사물로 보게 만드는 눈가리개 없이 바울 서신을 다시 읽어 보면 그가 사랑을 묘사하는 방식에서 흥미로운 점을 발견할 수 있다. 골로새 그리스도인들에 대한 그의 권면을 생각해 보라. "그러므로 너희는 하나님이 택하사 거룩하고 사랑받는 자처럼 긍휼과 자비와 겸손과 온유와 오래 참음을 옷 입고, 누가 누구에게 불만이 있거든 서로 용납하여 피차 용서하되 주께서 너희를 용서하신 것같이 너희도 그리하고, 이 모든 것 위에 사랑을 더하라. 이는 온전하게 매는 띠니라."골 3:12-14

바울은 옷 입기에 비유해 그리스도 닮은 삶을 설명한다. 그리스도로 "옷 입는" 것은 긍휼과 자비, 겸손, 온유, 인내의 옷을 입는다는 뜻이다.참고. 롬 13:14 그리고 이 모든 것 위에 사랑을 "입어야" 한다. 마치 사랑은 나머지 덕목들을 하나로 묶어 주는 큰 띠와 같다. 하지만 바울이 이러한 그리스도 닮은 모든 성품의 특징을 설명하는 방식에 주목하라. 이 특징들은 **덕목**이다. 우리는 덕을 윤리적 범주라고 막연히 생각하지만, 이 개념에 대한 고전적 이해가 없기 때문에 여기서 바울이 하는 말의 힘을 온전히 이해하지 못한다. 그러므로 사랑에 관한 바울의 권면이 담고 있는 뜻을 생각해 보기 위해서 먼저 덕이라는 개념을 간략히 설명해 보겠다.

간단히 말해서 덕이란 좋은 도덕적 습관이다. (추측할 수 있듯이, 나쁜 도덕적 습관은 "악덕"이라고 부른다.) 좋은 도덕적 습관은 선을 지향하는 내적 성향과 같다. 덕이란 **사람됨**의 일부를 이루게 된 성품의 특징으로서, 그 결과 당신은 긍휼이 넘치며 남을 용서하는 경향을 지닌 사람이 된다. 따라서 덕은 선을 외적으로 규정하는 도덕법이나 규칙과는 다르다. 토마스 아퀴나스Thomas Aquinas가 지적하듯이 덕과 법은 반비례 관계다.[11] 덕을 갖춘 사람일수록, 즉 성품 자체에서 흘러넘치는 선을 지향하는 **내적** 성향을 더 많이 갖추고 있을수록 선행을 강제하는 법이라는 외력이 덜 필요하다. 반대로 사람이나 집단이 "악덕할수록" 그들이 해야 하는 행동을 강제하는 법이라는 "채찍"이 더 많이 필요하다. 자녀를 길러 본 사람은 누구나 이 역학 관계를 잘 알 것이다. 자녀가 어릴 때는 아이들에게 끊임없이 옳은 일을 하라고 말(하고 강제)해야 한다. 자녀의 도덕의식을 훈련시킨다. 하지만 우리의 목표와 희망은 그 과정에서 아이들이 선에 대한 의식을 내면화하고 그렇게 하도록 강제하는 규칙이라는 "채찍" 없이도 **그런 종류의 사람**이 되는 것이다.

그렇다면 어떤 의미에서 덕 있는 사람이 된다는 것은 법(과 법이 가리키는 선)을 내면화하여 거의 자동적으로 따르는 것을 뜻한다. 아리스토텔레스가 말했듯이, 도덕적 습관을 습득하면 제2의 천성이 된다. 우리는 왜 무언가를 "제2의" 천성이라고 부르는가? "첫 번째" 천성은 우리 기관계의 특징을 이루며 우리가 따로 생각하지 않아도 작동하는, 내장된 본성이다. 지금 이 순간, 당신은 숨을 쉬겠다고 **선택하지** 않는다. 숨쉬기에 관해 아예 생각하지 않는다. (어쩌면 이제는 생각할지도 모른다. 하지만 당신이 살아 있는 시간 중 99.9% 동안에는 이런 행동들을 전혀 의식하지 않은 채 숨을 쉬고 눈을 깜빡이고 음식을 소화한다.) 의식 아래에서 일어나는 일들은 "천성"이 책임진다. "제2의" 천성이 된 이런 습관도 같은 방식으로 작동한다. 그것은 당신의 사람됨의 일부를 이루어 숨을 쉬고 눈을 깜빡이는 것처럼 자연스러워진다. 이런 것들에 대해 생각하거나 이런 것들을 하겠다고 선택할 필요가 없다. 그냥 자연스럽게 이뤄진다. 제2의 천성이 되는 덕을 습득했을 때, 이는 당신이 선을 지향하는 경향이 있는 사람이 되었다는 뜻이다. 그런 덕이 성품에 새겨져 있기 때문에 당신은 친절하고 긍휼이 넘치며 남을 용서하게 될 것이다. 그런 일들에 관해 생각할 필요가 없다. 당신이 바로 그런 사람이다. (사실 긍휼을 베풀까 말까 **곰곰이 생각한다면**, 그 자체가 덕을 갖추지 못했다는 확실한 증거다!)

따라서 핵심 질문은 이것이다. 어떻게 그런 덕을 습득할 수 있을까? 그저 생각한다고 해서 덕을 갖출 수 있는 것은 아니다.[12] 이것이 법이나 규칙과 덕의 또 다른 차이점이다. 법과 규칙, 명령은 구체적인 예를 들어 선을 설명한다. 무엇을 해야 하는지 알려 준다.inform 하지만 덕은 달라서, 지적으로가 아니라 정서적으로 습득한다. 덕을 교육하는 것은 십계명을 배우거나 골로새서 3장 12-14절을 외우는 것과 다르다. 덕의 교육은 일종의 형성formation, 즉 특정한 성향을 갖게 하는 것이다. 덕을 "배운다", 덕 있는 사람이 된다는 것은 음악 이론을 배우는 것보다는 피아노로 음계를 연습하는 것과 더 비슷하다. 어떤 의미에서 그 목표는 **손가락**으로 음계를 연습해서 말하자면 "자연스럽게" 연주할 수 있게 하는 것이다. 여기서 배움은 단순히 정보 습득이 아니라, 무언가를 당신의 존재 자체에 새겨 넣는 것에 더 가깝다고 할 수 있다.

따라서 아리스토텔레스부터 아퀴나스에 이르기까지 철학자와 신학자들은 덕 습득의 두 측면을 강조했다. 첫째, 우리는 **모방**을 통해 덕을 배운다. 더 구체적으로는 정의와 긍휼, 자비, 사랑의 본보기를 모방함으로써 덕 있는 사람이 되는 법을 배운다. "진정성"을 중요하게 생각하며 참신성과 독특성을 제일로 여기는 우리 문화에서 모방은 부당한 비난을 받았다. 모방하는 사람을 가짜와 동일하게 취급한다("모조 가죽"이라는 말을 생각해 보라). 하지만 모방을 전혀 다른 관점에서 보는 신약성경은 오히려 우리에게 모방하는 사람이 되라고 권면한다. 바울은 "내가 그리스도를 본받는 자가 된 것같이 너희는 나를 본받는 자가 되라"라고 말한다.고전 11:1 빌립보 그리스도인들에게도 모방을 권한다. "형제들아, 너희는 함께 나를 본받으라. 그리고 너희가 우리를 본받은 것처럼 그와 같이 행하는 자들을 눈여겨보라."[13] 빌 3:17 아버지가 면도하는 모습을 흉내 내면서 면도를 배우는 소년처럼 우리는 그리스도 닮은 삶의 본보기를 보이는 사람들을 모방함으로써 덕을 "입는" 법을 배운다. 이것이 우리에게 그리스도인의 삶에 대한 본보기가 된 우리 선생들이 가지고 있는 형성적 힘이다. 또한 그렇기 때문에 기독교 전통에서는 그리스도를 닮은 삶의 본보기로 성인들을 추앙했는데, 그들의 이미지는 스테인드글라스에 새겨진 기독교 예배의 "배경 화면"이 되는 경우가 많았다.

둘째, 덕을 습득하려면 **실천**이 필요하다. 이러한 도덕적 성향, 하나님나라를 반영하는 성향은 거듭 행해지는 주기와 반복, 의례를 통해 성품에 새겨진다. 이를 통해 당신 안에 어떤 목적('텔로스')을 지향하는 성향이 자리를 잡고, 그것이 성품의 특징 곧 "생각하지 않아도" 갖게 되는 일종의 습득된, 제2의 천성과 같은 기본적 지향성을 이루게 된다. 그런 성향이 "자연적"이지 않다는 점을 인식하는 것이 중요하다. 이것은 타고난 생물학적 구조나 선천적 본능에 관한 이야기가 아니다. 모방과 실천을 통해 배우고 습득하는 것이다. 골프 스윙이나 피아노 연주를 연습할 때 생물학적 근육이 훈련되는 것과 똑같은 방식으로 훈련된 도덕적 근육을 갖게 된다.

왜 이 모든 것이 대안적 인간 모형을 제시하려는 우리 계획에 중요한가? 당신이 사랑하는 바가 바로 당신이고, 사랑이 덕목이라면, 사랑은 **습관**이기 때문이다. 세상에 대한 우리의 가장 근본적 지향—우리를 특정한 형태의 선한 삶을 지향하게 만드는 갈망과 욕망—은 모방과 실천으로 형성되고 설정되기 때문이다. 이는 그리스도인의 형성과 제자도에 대한 우리의 접근 방식과 관련해 중요한 의미를 지닌다.

● 마음의 눈금 조정: 사랑에는 실천이 필요하다

간단히 말해서, 당신이 사랑하는 바가 바로 당신이고 사랑이
습관이라면 제자도란 습관을 바로잡는 것이다. 제자도가 정보
information 습득의 문제라기보다는 재형성reformation의 문제라는 뜻이
다. 그리스도인의 형성의 근본을 이루는 배움은 정서적이며 에
로스적이다. 우리 사랑이 무엇을 "겨냥하느냐"의 문제, 즉 우리
욕망이 하나님과 하나님이 그분의 피조물에 바라시는 바를 지
향하게 만드는 문제다.

　　만약 내가 사랑하는 바가 곧 나이며 나의 사랑이 '텔로스'
를 겨냥한다면, 특정한 형태의 좋은 삶을 지향한다면, 나 자신
에게 던져야 할 핵심 질문은 이것이다. 나의 사랑은 어떻게 조
준되고 지향되는가? 지금까지 우리는 인간으로 존재한다는 것
이 곧 사랑하는 존재로서, 즉 우리가 갈망하는 바에 대한 에로
스적 지향에 의해 세상에서 살아가는 방식이 결정되고 통제되
는 피조물로서 존재함을 뜻한다는 것을 살펴보았다. 또한 모든
인간은 창조주 곧 예수 안에서 우리를 만나신 왕 안에서 자신의
에로스적 '텔로스'를 발견하도록 창조되었음을 살펴보았다. 그
러나 이러한 인간 실존의 구조를 지니고 있다고 해서 우리가 반
드시 올바른 방향을 지향하지는 않는다. 우리가 인간이라는 사
실은 궁극적인 무언가 곧 특정한 형태의 왕국을 사랑하지 **않을**
수 없다는 뜻이지만, 그렇다고 해서 우리가 반드시 올바른 것

혹은 참된 왕을 사랑한다는 뜻은 아니다. 하나님은 그분을 위해 우리를 창조하셨으며, 우리 마음은 그분 안에서 목적을 발견하도록 창조되었다. 하지만 많은 이들이 쉼 없이 다른 신들을 갈망하며 다른 왕국을 열광적으로 추구하며 살아간다. 우리 마음의 잠재의식적 갈망은 다른 곳을 겨냥하고 지향한다. 우리의 지향성은 비뚤어져 있다. 우리의 에로스적 나침반이 제대로 작동하지 않아서 잘못된 방향을 알려 준다. 이런 일이 벌어지면 파괴적 결과를 낳을 수 있다.

1914년 타이타닉호가 침몰한 지 얼마 지나지 않아서 미국 하원은 또 다른 선박 사고의 원인을 규명하기 위해 청문회를 열었다. 그해 1월, 안개가 짙게 낀 버지니아 연안에서 증기선 먼로호가 상선 낸터킷호와 충돌해 침몰했다. 선원 41명이 차가운 대서양 바닷물 속에서 목숨을 잃었다. 낸터킷호 선장 오스민 베리 Osmyn Berry가 소환되었지만, 재판 과정에서는 에드워드 존슨 Edward Johnson 선장이 증인석에서 다섯 시간 넘게 호되게 심문을 받았다. 〈뉴욕 타임스〉는 반대 신문을 통해 존슨 선장이 "표준 자기 나침반과 2도나 차이가 나는 항해 나침반을 가지고 먼로호를 조타했음"이 밝혀졌다고 보도했다. "그는 이 기구가 배를 조종하기 충분할 정도로 제대로 작동했으며, 능숙한 선장이 이런 나침반을 사용하는 것이 관행이라고 말했다. 그는 먼로호 선장으로 있던 1년 동안 항해 나침반을 한 번도 조정하지 않았다." 항해에 적합해 보였지만 결함이 있었던 나침반은 결국 적합하지 않

1. 당신이 사랑하는 것이 바로 당신이다

은 것으로 판명되었다. 〈뉴욕 타임스〉는 두 선장이 만나는 비통한 장면을 이렇게 묘사했다. "나중에 만난 두 선장은 상대방의 손을 꼭 쥐고 서로 어깨에 기대어 흐느꼈다." 이 무뚝뚝한 뱃사람들의 흐느낌은 잘못된 방향 설정이 얼마나 비극적인 결과를 초래할 수 있는지를 상기시켜 준다.[14]

우리가 기억해야 하는 바는 이것이다. 마음이 나침반, 즉 에로스의 자동 유도장치와 같다면, 우리 마음이 우리의 자북磁北이신 창조주를 가리킬 수 있도록 그것을 (정기적으로) 재조정해야 한다. 우리의 궁극적 사랑과 갈망, 욕망, 열망이 **습득되는** 것임을 인식하는 것이 대단히 중요하다. 사랑이 습관이라면, 본보기를 모방하고 오랜 시간에 걸쳐 우리 마음을 특정한 목적을 지향하게 만드는 실천에 몰입함으로써 마음의 눈금을 재조정할 수 있다. 따라서 우리는 일차적으로 **무엇을** 사랑해야 하는지에 관한 정보를 습득함으로써가 아니라 **어떻게** 사랑하는지에 관한 습관을 형성하는 실천을 통해서 사랑하는 법을 배운다. 이런 종류의 실천이 욕망의 "교수법"이다. 우리에게 정보를 전달하는 강의와 비슷하기 때문이 아니라 우리의 정서를 형성하고 안내하는 의례이기 때문이다.

그리스도인의 형성과 제자도와 관련한 핵심적 통찰은 이것이다. 실천을 통한 습득은 우리의 마음이 바르게 재조정되는 방식일 뿐만 아니라, 우리의 사랑과 갈망이—우리의 지성이 나쁜 사상에 사로잡히기 때문이 아니라 우리의 욕망이 번영에 대한 다른 전망에 사로잡히기 때문에—**잘못된** 방향을 가리키고 **잘못** 조정되는 방식이기도 하다. 그리고 선전을 통해서가 아니라 실천을 통해서 이런 상황이 벌어진다. 우리는 욕망을 배우기보다는 거기에 사로잡힌다. 사실 온갖 종류의 문화적 주기와 반복은 욕망을 가르치는 의례다. 특정한 형태의 왕국을 사랑하도록 암묵적으로, 은밀히 우리를 훈련시키고 특정한 형태의 선한 삶을 갈망하도록 가르치기 때문이다. 우리가 이것들을 행할 뿐만 아니라 이것들이 우리**에게** 무언가를 행한다.

●────────────────────────

《얼음 왕국에서*In the Kingdom of Ice*》는 19세기에 조지 드 롱George De Long 대위가 지휘한 미국 해군 전함 지넷호의 실패한 북극 원정을 그린 햄튼 사이즈Hampton Sides의 탁월한 책이다. 이 책도 결함 있는 나침반 때문은 아니지만 잘못된 지도로 인한 **잘못된 방향 설정의 위험**을 경고한다. 드 롱의 원정 과정 전체는 아우구스트 하인리히 페터만August Heinrich Petermann 박사의 (근본적으로 잘못 작성된) 지도에 그려진 (미지의) 북극에 대한 그림에 기초했다. 페터만의 지도에 따르면, 얼음을 통과해 세계 위에 있는 거대한 "극해"로 들어갈 수 있게 해 주는 "온도 차에 의한 관문"이 존재한다. 얼음을 통과해 기후가 온화한 지역으로 들어갈 수 있는 통로가 존재한다는 것이다. 드 롱의 원정은 이 지도에 따라 기획되었다.

하지만 이 원정의 목적지는 존재하지 않는 세상으로 판명되었다. 사이즈에 따르면, 배가 빠른 속도로 위험한 얼음에 둘러싸이자 원정대는 "근거 없는 공상의 기초를 이루던 생각을 버리고 북극을 있는 그대로 이해하기" 시작했다.[4]

우리 문화는 우리에게 "좋은 삶"에 대한 결함투성이의 허황된 지도를 팔려고 하는 경우가 많다. 매혹적인 그림을 그려 보이는 이 지도는 우리를 그 방향으로 끌어당긴다. 우리는 그런 지도에 기초해 삶의 원정을 떠나 그곳을 향해 전속력으로 항해하는 경우가 많다. 이런 지도는 우리의 지성이 아니라 상상력에 영향을 미치기 때문에 우리는 **그에 관해 생각하지도 않은 채** 그렇게 한다. 난파하고 나서야 비로소 우리는 잘못된 지도를 신뢰한 것을 깨닫는다.

그렇다면 성령이 주도하시는 사랑의 형성이란 마음의 눈금을 재조정하고, 우리가 다른 문화적 실천을 통해 흡수한 모든 암묵적 지향성을 버림으로써 우리의 사랑을 재정향하는 것이다. 우리는 이런 의례가 우리의 욕망을 형성하고 변형시키는, 사랑을 만들어 내는 실천임을 깨달아야 한다. 그리고 이에 대처하기 위한 방법을 신중하게 골라야 한다.

● 우리가 예배하는 바가 바로 우리다

당신이 사랑하는 바가 바로 당신이며 당신의 궁극적 사랑이 실
천과 문화적 의례에 대한 몰입을 통해 형성되고 지향된다면, 그
런 실천은 근원적 차원에서 당신의 정체성을 만들어 간다. 이것
은 당신의 정체성, 당신이 근본적 충성을 바치는 대상, 당신의
자기 이해와 삶의 방식을 결정짓는 핵심 신념과 열정에 달린 문
제다. 다시 말해서, 이 문화적 실천이라는 경쟁은 당신의 마음
곧 아우구스티누스가 말했듯이 하나님을 위해 창조된 인간 존
재의 핵심을 얻기 위한 경쟁이다. 더 정확히 말하자면, 당신의
사랑을 형성하는 문제는 당신의 종교적, 영적 정체성이 걸린 문
제다. 이 정체성은 당신이 무슨 생각을 하는가, 무엇을 믿는가
를 통해서만이 아니라 무엇을 하는가, 어떤 실천이 당신**에게** 영
향을 미치는가를 통해 드러난다.

　　이런 문화적 실천의 영적 의미를 이해하기 위해 이처럼 사
랑이 형성하는 의례를 "예전"이라고 부르자. 약간 오래된 교회
용어이지만 나는 이 말을 되살리고 확장하고자 한다. 이 말이
이 인간 모형의 마지막 측면을 명확하게 설명해 주기 때문이다.
"당신이 사랑하는 바가 바로 당신이다"라는 말은 "당신이 **예배
하는** 바가 바로 당신이다"라는 말과 같다. 위대한 종교개혁자
마르틴 루터Martin Luther는 "당신의 마음이 집착하고 신뢰하는 것
이 무엇이든 그것이 진정한 당신의 신이다"라고 말했다.[15] 우리

가 예배하는 바가 곧 우리가 사랑하는 바이기 때문에 우리는 우리가 예배하는 바가 된다. 앞서 지적했듯이, 문제는 당신이 예배하느냐 마느냐가 아니라 **무엇을** 예배하느냐다. 그래서 장 칼뱅John Calvin은 인간의 마음을 "우상을 만들어 내는 공장"이라고 말한다.[16] 우리는 **무언가**를 궁극적으로 사랑하지 않을 수 없기에 예배할 수밖에 없다.

그렇다면 우상숭배는 신학보다는 예전의 문제다. 우리에게 가장 매력적인 우상은 지적 창작물이기보다는 정서적 투사에 더 가깝다. 오해나 무지의 산물이 아니라 방향이 잘못된 욕구의 산물이다. 우리는 왜곡된 메시지를 걸러 내기 위해서 거짓 가르침을 경계하고 문화를 분석하는 대신, 경쟁하는 예전이 **어디에나** 존재함을 인식해야 한다. 어떤 의미에서 이런 욕망의 교수법 (이에 관해서는 2장에서 더 자세히 살펴볼 것이다)은 문화적 예전, 경쟁하는 예배 양식이다.

우리가 인간이라는 말은 예전적 동물, 예배로 사랑이 형성되는 피조물이라는 뜻이다. 예배는 선택 사항이 아니다. 신학적 관점을 전혀 주장하지 않는 데이비드 포스터 월리스David Foster Wallace 같은 작가조차도 인간을 예배하는 존재로 인식했다. 유명한 케니언대학Kenyon College 졸업식 연설에서 그는 이렇게 말했다.

삶이라는 매일의 전장에서는 무신론이라는 것이 실상 존재하지 않습니다. 예배하지 않는다는 개념 자체가 없다는 얘기입니다.

사람은 누구나 무엇을 예배합니다. 우리에게 허락된 것은 무엇을 예배하느냐에 대한 선택권일 뿐입니다. 특정 신이나 정신적 존재를 믿기로 선택하는 데 있어 분명한 이유가 있다면—그 대상이 예수 혹은 알라든, 야훼나 위카의 모신母神이든, 아니면 불교의 사성제四聖諦나 범할 수 없는 도덕 원칙이든 간에—우리가 숭배하는 것이 무엇이든 우리를 산 채로 집어삼킬 것이기 때문입니다. 만일 돈이나 물질을 믿는다면—그것이 우리 인생의 진정한 의미를 구축한다면—더는 필요 없다는 충족감은 결코 가질 수 없을 것입니다. 절대로 충족감을 느낄 수 없습니다. 진실로 그렇습니다. 자기 자신의 육체, 미모, 성적인 매력을 중시하는 사람은 자신이 항상 못생긴 것 같은 느낌에 사로잡힌 채 삽니다. 그래서 시간과 나이의 흔적이 보이기 시작하면 최종적으로 땅속에 묻히기도 전에 백만 번씩 죽었다 깨어납니다. 어떤 면에서 우리는 모두 이런 사실을 이미 알고 있습니다—신화, 속담, 클리셰, 틀에 박힌 문구, 경구, 우화 등 모든 유명한 이야기의 뼈대를 이루는 사실이 바로 이것 아니겠습니까. 문제는 우리가 일상생활 가운데 이러한 진실을 전면에 두고 우선하며 살 수 있을까 하는 것입니다. 권력을 숭배하는 사람은 자신이 약하다는 두려움에 가득 찬 인생을 살게 되며, 그 두려움을 물리치기 위하여 타인에게 행사할 힘을 점점 더 필요로 하게 됩니다. 자신의 지성을 믿고 똑똑한 사람으로 보이고 싶어 하는 사람은 종국에는 자신이 어리석은 협잡꾼인 것 같은 생각에 사로잡혀 항상 누군가에게 이를 들킬 것만 같은 두려움 속에 살게 됩니다.

이런 형태의 숭배에서 진정한 위험은 그 자체가 사악하다거나 죄를 짓는 일이기 때문이 아닙니다. 문제는 이런 숭배가 무의식적으로 진행된다는 데 있습니다. 디폴트세팅이 된다는 것입니다. 그런 숭배는 자기도 모르는 사이에 날이면 날마다 빠져들어가는 것이고, 자신이 무엇을 보고 어떤 가치관으로 사물을 가늠하는지에 관한 선택 범위가 점점 더 좁아지는데도 정작 본인이 그러고 있다는 것조차 깨닫지 못하게 되는 종류의 믿음입니다.[17]

월리스는 예배의 불가피성을 알면서도 인간 욕망의 중요한 특징을 인식하지는 못한다. 즉 **생각**을 통해서는 바른 예배로 나아갈 수 없다. 예배 대상을 의식하는 것은 그가 바르게 인식한 문제에 대한 유일한(심지어는 적합한) 해결책이 아니다. 더 통전적인 해답은 의도적으로 무의식을 재조정하는 것, 잘 예배하는 것, 하나님나라에 맞춰진 예전에 몰입하는 것이다. 그렇게 할 때 우리의 무의식적 욕망과 갈망—정서적으로, 의식 이면에서 세상을 지향하는 방식—은 하나님을 향하고 하나님이 그분의 피조물에 대해 바라시는 바를 향하게 된다. 성령이 이끄시는 예배를 통해 하나님의 은총이 우리 무의식까지 사로잡고 정향한다.

골로새서에서 이런 직관을 암시하는 내용을 확인할 수 있다. 바울은 3장 12-14절의 권고에 이어서 예배에 대해 말하기 시작한다. "그리스도의 평강이 너희 마음을 주장하게 하라. 너희는 평강을 위하여 한 몸으로 부르심을 받았나니 너희는 또한 감사하는 자가 되라. 그리스도의 말씀이 너희 속에 풍성히 거하여 모든 지혜로 피차 가르치며 권면하고 시와 찬송과 신령한 노래를 부르며 감사하는 마음으로 하나님을 찬양하고."골 3:15-16

바울이 묘사하는 내용은 우리가 부르심을 받은 "몸"인 교회의 예배와 비슷하게 들린다. 이제 우리는 상관관계를 이해할수 있다. 우리는 그리스도의 말씀이 우리 안에 풍성히 거하게 **함으로써**, 서로 가르치고 권면함**으로써**, 시와 찬송과 신령한 노래를 부름**으로써** 그리스도의 사랑으로 옷 입고12-14절 사랑이라는 덕을 "입는다." 기독교 예배라는 실천이 우리의 사랑을 훈련한다. 예배는 오실 왕국을 **위한** 실천이며, 우리를 하나님나라의 시민으로 길러 낸다.

기독교 예배가 본질적으로 우리가 몰입해 있는 경쟁하는 예전들, 즉 은밀히 우리의 사랑과 갈망을 사로잡고 그것이 잘못된 방향을 가리키게 하고 우리로 하여금 좋은 삶에 대한 잘못된 전망을 지향하게 만드는 문화적 실천에 맞서는 **대항적** 형성이라는 사실을 우리는 깨달아야 한다. 그렇기 때문에 제자도의 핵심은 예배다. 교훈적인 정보를 지성에 쏟아붓는 것으로는 문화적 예전의 힘에 맞설 수 없다. 위에서 아래로 내려가는 방식, 단지 정보를 제공하는 방식으로는 마음의 눈금을 재조정할 수 없다. 우리 마음은 아래에서 위로, 욕망의 습관을 형성함으로써

1. 당신이 사랑하는 것이 바로 당신이다

재정향될 수 있다. (하나님을) 사랑하는 법을 배우려면 실천이
필요하다.

당신은 당신이 생각하는 바를 사랑하지 않을지도 모른다

— '세속' 예전을 읽는 법

당신은 무엇을 **원하는가**? 앞서 살펴보았듯이 이것이 중요한 물음이다. 당신이 사랑하는 바가 바로 당신이기 때문에 이것은 제자도에 관해 가장 중요하고 근본적인 물음이다. 하지만 이 통찰에는 불편한 깨달음이 담겨 있다. 당신은 당신이 생각하는 바를 사랑하지 않을지도 모른다는 것이다.

● 욕망을 탐구하는 두 영화

이 불편한 깨달음이 러시아 영화감독 안드레이 타르코프스키 Andrei Tarkovsky의 걸작 〈잠입자*Stalker*〉의 핵심 주제다. 이 영화의 장르는 누아르 스릴러와 디스토피아를 그린 공상과학물 사이를 맴돈다. 배경이 때로는 코맥 매카시Cormac McCarthy의 〈로드*The Road*〉를 떠올리게 하지만 어떤 때는 〈이터널 선샤인*The Eternal Sunshine of the Spotless Mind*〉처럼 느껴지기도 하는 이 영화의 "줄거리"(뚜렷한 줄거리가 있는 영화는 아니지만)는 여행을 떠난 세 남자, 교수와 작가, 이들의 길잡이 역할을 하는 잠입자의 이야기를 그린다. 영화의 시작 부분에서는 목적지를 잘 알 수 없지만, 결국 우리는 잠입자가 이들을 구역, 더 구체적으로는 구역 안의 방으로 이끌고 있음을 알게 된다. 구역은 종말 이후의 오아시스 같은 으스스한 느낌이 드는 곳으로, 대대적인 파괴로 폐허로 변했다가 자연 상태로 회복되는 중이다. 무시무시한 아름다움, 일종의 "밝은 슬픔"이 들게 하는 곳이다.[1] (1980년 작품인 이 영화의 장면은 1986년 체르노빌 원전 사고 이후 나타날 끔찍한 이미지들을 예고한다.)

그들을 이곳으로 유인하고 잠입자의 약속을 믿고 따르게 한 것은 바로 이 방이다. 그가 그들에게 방에 가면 마음속에 품은 욕망을 이룰 수 있을 것이라고 말했기 때문이다. 이 방에 가면 그들의 꿈이 이뤄질 것이다. 이 방에 가면 당신이 원하는 바로 그것을 얻을 것이다.

교수와 작가가 방 입구에 도착해서 망설이기 시작하는 것도 바로 그 때문이다. 이 영화를 다룬 책《조나Zona》에서 제프 다이어Geoff Dyer는 이 장면을 잘 포착해 낸다.

그들은 어둡고 축축한 큰 방 안에 있다. 방 한가운데 있는 물웅덩이에는 쓰고 남은 거대한 화학 실험 용품이 떠다니고 있어서 구역은 마치 계획이 잘못된 실험 때문에 끔찍한 결과가 초래된 곳처럼 보인다. 오른쪽으로는 벽에 난 큰 구멍으로 빛이 들어오고 있어서, 모두 그쪽을 바라본다. 한참 동안 아무도 입을 열지 않는다. 짹짹거리는 새의 노랫소리만 가득했다. 반대편에는 호숫가의 사초莎草가 말라 죽어 우는 새가 한 마리도 없다. 새는 미친 듯이 지저귀고 울고 노래하고 있다. 잠입자는 작가와 교수에게—우리

2. 당신은 당신이 생각하는 바를 사랑하지 않을지도 모른다

에게—이제 우리가 방의 입구에 도착했다고 말한다. 지금이 당신 삶에서 가장 중요한 순간이라고 그는 말한다. 당신이 가슴 깊이 간직한 바람이 여기서 실현될 것이다.[2]

마침내 도착했다. 이곳이 바로 당신이 원하는 바를 가질 수 있는 곳이다. 누가 먼저 들어가려 할까?

교수와 작가는 망설인다. 이런 생각이 떠올랐기 때문이다. 내가 무엇을 원하는지 모르고 있는 것은 아닐까? 다이어는 "사실 그것은 방이 결정할 사항이다. 방은 모든 것을 드러낼 것이다. 당신이 얻는 것은 당신이 바란다고 **생각하는** 바가 아니라 당신이 마음속 **깊이** 바라는 바다"[3]라고 말한다. 교수와 작가는 불편한 진실을 깨닫기 시작한다. 그들이 생각하는 바를 원하지 않는다면 어떻게 될까? 그들이 의식하는 욕망, 말하자면 그들이 "선택한" 욕망이 마음속에 품은 갈망, 가장 간절한 바람이 아니라면 어떻게 될까? 어떤 의미에서 마음속 가장 깊이 간직한 갈망이 그들의 의식 아래 지각되지 않은 채 도사리고 있다면 어떨까? 사실 그들이 자신이 생각하는 그런 사람이 아니라면 어떨까? 다이어는 그런 불안을 이렇게 설명한다. "자신에 관한 진리를 정면으로 마주할 수 있는 사람은 많지 않다. 그렇게 한다면 사람들은 질겁할 것이다. 오랜 세월에 걸쳐 자신의 참 모습을 잘 견뎌 왔지만, 이제는 그 모습을 즉시, 근원적으로 혐오하게 될 것이다."[4]

많은 사람이 공감할 것이다. 내가 그리스도인인 당신에게 당신이 정말로 무엇을 원하는지, 마음속 깊이 무엇을 갈망하는지, 무엇을 궁극적으로 사랑하는지 말해 보라고 한다면, 물론 당신은 정답을 **알고** 있을 것이다. 당신은 무슨 말을 해야 하는지 **안다**. 그리고 당신이 하는 말은 전적으로 참되고 진실할 수도 있다. 당신의 지적 신념에 대한 참된 표현일 수도 있다. 하지만 당신은 그 방에 들어가기 원할까? 당신이 사랑한다고 **생각하는** 바가 당신이 마음속 깊이 품고 있는 갈망과 조화를 이룰 것이라고 확신하는가? 다이어는 이렇게 논평한다. "이것이 구역이 주는 교훈 중 하나다. 때로 인간은 자신이 하고 싶어 한다고 **생각하는** 바를 하고 **싶어 하지** 않는다."[5]

흥미롭게도 다이어는 여기서 우리가 논하는 주제와 연관된 중요한 통찰을 제시한다. "당신이 마음속 가장 깊이 간직한 욕망은 당신의 일상과 습관에서 드러나는 욕망이다."[6] 이는 우리의 행동이 우리의 사랑에서 흘러나오며, 앞에서 살펴보았듯이 우리의 사랑은 우리가 몰입하고 있는 실천을 통해 습득한 습관이기 때문이다. 이것은 나의 사랑과 욕망의 형성이 의식의 "이면에서" 일어날 수 있다는 뜻이다. 나는 스스로 자각하지 못하지만, 그럼에도 무의식 차원에서 내 삶을 지배하는 '텔로스'를 사랑하는 법을 배우고 있을지도 모른다.

기독교 예배는 우리가 사랑한다고 **생각하는** 바와 우리가 **정말로** 사랑하는 바 곧 우리로 하여금 경쟁하는 신들과 좋은 삶

2. 당신은 당신이 생각하는 바를 사랑하지 않을지도 모른다

에 대한 경쟁적 전망을 지향하도록 부추기는 것의 간격을 인식하고, 이처럼 우리를 불편하게 만드는 현실과 정면으로 맞선다. 그렇기 때문에 하나님의 백성은 정기적으로 죄를 고백하라는 부르심을 받는다. 성공회 기도서의 유서 깊은 고백은 이 긴장을 명확히 짚어 낸다.

> 전능하시며 가장 자비로우신 아버지,
> 우리는 길 잃은 양떼처럼
> 아버지의 길에서 벗어나 헤매고 다녔습니다.
> 우리 마음의 책략과 욕망을 너무 많이 따랐습니다.[7]

그리스도의 몸은 그 구성원들이 우리가 사랑한다고 말하는 바를 언제나 사랑하지는 않는다는—우리 마음의 "책략과 욕망"이 우리가 지닌 최선의 의도를 앞지른다는—사실을 인정하는 독특한 실천 공동체다. 기독교 예배에서 행하는 실천은 이 긴장과 간격을 해결하려는 실질적이며 실천적이고 재형성적 수단이다.

이처럼 우리의 사랑을 규정하기 어렵다는 것—우리의 욕망이 의식적 자각을 벗어날 수 있다는 것—을 잘 보여 주는 또 다른 영화가 앨런 볼Alan Ball의 아카데미 수상작 〈아메리칸 뷰티 American Beauty〉다. 사실 이 영화는 주인공 레스터 버넘의 《고백록》으로 볼 수도 있다. 교외에 사는 중년의 오쟁이 진 남편이 "자아를 찾겠다면서" 전혀 엉뚱한 곳에서 사랑을 찾아 헤매는 에로 틱한 모험을 그린 작품이다. 많은 점에서 이 영화의 서사는 "자유"에 대한 할리우드의 상투적 전망을 묘사한다. 초반부에 케빈 스페이시Kevin Spacey가 연기하는 레스터의 차분하고 무기력한 태도는 그가 활기 없고 시시한 사람임을 말해 준다. 그는 아내에게 잔소리를 듣고 딸에게 무시당하고 상사에게 꾸지람을 듣는 인물이다. 그는 (다른 모든 관행에 순응하지 않는다는 이상에 순응하기는 했지만) 열아홉 살 반항아 시절의 꿈을 저버렸음을 상징하는 도요타 캠리를 타고 다니는 수많은 "평범한" 교외 주민들처럼, 자동항법장치의 조종을 받듯이 권태로운 삶을 살아가고 있다. 체제와 권위에 굴복했다. 레스터 같은 남자들은 자아를 잃어버렸다. 그들은 뒤처졌으며 "대출 받아 산 집" 뒤뜰에 자신의 꿈을 묻어 버렸다.[8] 진정성 없는 시대the age of authenticity에 온 것을 환영한다.

하지만 (알 수 없는 이유로) 어딘가에서 시간을 보내고 돌아와 마치 우승한 다음 트랙을 한 바퀴 천천히 돌고 있는 듯이 행동하는 고등학교 졸업반 리키 피츠와 같은 뜻밖의 인물이 그에게 새로운 자극제가 된다. 그의 가족이 옆집으로 이사 왔을 때 리키가 관습에 따라 살기를 거부하는 사람이라는 것을 레스터는 금세 알아차렸다. 그는 체면을 지키거나 기대에 부응하며 사는 것에 전혀 관심이 없으며, 다른 이들의 기대에 따라 살아갈 생각이 전혀 없다. 그는 그야말로 "그 자신"인 것처럼 보인다.

2. 당신은 당신이 생각하는 바를 사랑하지 않을지도 모른다

이것이 바로 진정성의 모습이다.

레스터는 리키의 모습을 보면서 부끄러움을 느끼는 동시에 자극을 받는다. 어느 날 밤에 레스터는 아내 캐롤린과 저택에서 열린 따분한 파티에 참석한다. 놀랍게도 거기서 그는 웨이터로 일하는 리키를 만난다. 리키는 레스터를 건물 뒤로 불러내서 대학 시절 이후로는 해 본 적이 없었던 일을 권한다. 대마초를 피자고 한 것이다. 레스터는 망설이지만 결국 그의 제안에 응한다. 그들이 건물 뒤에 있는데 리키의 상사가 당장 돌아가서 일하지 않으면 해고당할 것이라고 협박한다. 리키는 "알았어요. 그만두면 되잖아요"라고 말한다. 이처럼 기대에 순응하기 거부하는 모습은 레스터가 따를 본보기가 된다. (우리에게 "더 자세히 보라"고 권하는 이 영화에서 겉으로 드러나는 모습과 진짜 현실을 구별하기가 매우 어렵기는 하지만) 이 장면은 그가 진정성을 지향하게 되는 전환점처럼 보일 것이다.

레스터 역시 가족에 대한 의무와 도덕적 기대를 내던진다. 초자아 따위는 집어치우라. 여기서 말하는 진정성에서는 이드id가 전부다. 그래서 레스터는 중산층으로서 자신의 삶의 경계를 무너뜨리기 시작한다. 상사를 협박해서 1년 동안 그에게 무제한의 "자유"를 허락해 줄 퇴직금을 얻어 낸다. 캠리를 팔고 (소년 시절) 꿈의 자동차였던 1970년식 파이어버드Firebird를 구입한다. 가장 불길하게는, 고등학생인 딸의 친구 안젤라에게 연정을 품기 시작한다. 이제 레스터의 모든 삶은 안젤라와 잠자리를 갖겠다는 이 갈망을 중심으로 돌아가기 시작한다. 이 욕망이 그의 상상력을 사로잡는다. 그의 몽상은 늘 옷을 벗은 채 요염한 자세로 장미 꽃잎에 파묻힌 안젤라의 이미지로 가득하다.

지금까지 뻔하고 지루했던 레스터의 삶에 찾아온 이 전환점은 그에게 진정성을 추구하는 삶을 살라고 촉구하는 사건, 자아에 대해 새로운 깨달음을 얻게 된 사건처럼 보일지도 모른다. 레스터는 더 이상 다른 이들의 기대에 순응하지 않게 되었고, 흔히 말하듯 "자신을 찾았으며", 우리 문화가 권하는 대로 자신의 열정을 추구하며 산다. 그의 갈망은 안젤라와 단둘이 남는, 마지막에서 두 번째 장면에서 실현될 것처럼 보인다. 닐 영 Neil Young의 "그렇다고 절망하지 말아요Don't Let It Bring You Down"가 으스스하면서도 암울한 전조를 드리우는 배경음악으로 깔리는 가운데 레스터는 어린 안젤라를 애무하며 "너는 뭘 원하니?"라고 묻는다.

이 물음에 답할 만큼 자신을 제대로 알지 못하는 안젤라는 아직 어린아이인 자신의 참 모습을 드러낸다. "모르겠어요. **아저씨는 뭘 원하세요?**"[9]

"몰라서 물어? 나는 널 원해. 처음 본 순간부터 너를 원했어"라고 레스터는 대답한다.

안젤라가 이런 고백을 할 때까지 이 관능적인 장면은 계속된다. "저는 처음이에요."

레스터가 새롭게 찾았다고 생각했던 진정성이라는 가식이

일순간 카드로 만든 집처럼 박살이 나고 만다. 그 순간, 그의 열정의 대상이었던 매혹적인 여자가 딸아이의 친구인 어린 소녀임을 깨닫는다. 이것은 레스터의 삶에 각성을 촉구하는 사건이다. 계시의 순간이다. 안젤라의 옷을 벗겨 몸을 드러내려는 욕망은 레스터 자신의 사랑의 무질서를 드러낸다. 그가 원한다고 생각하는 바를 얻은 바로 그때, 그는 자신이 정말 원한 것은 다른 것이었음을 깨닫는다. 그리고 장미 꽃잎에서 뒹구는 안젤라에 관한 모든 몽상을 떠올리면서 우리는 문득 정원에서 아메리칸 뷰티(장미의 품종—옮긴이)를 그토록 고이 돌본 사람이 바로 캐롤린이었음을 깨닫는다. 레스터와 함께 우리는 자문하기 시작한다. 이게 정말 내가 원하는 것일까?

● 우리가 무의식적으로 사랑하는 것들

앞서 살펴보았듯이 사랑은 습관이다. 우리의 사랑이 두 번째 천성과 같다는 뜻이다. 사랑은 숨을 쉬거나 눈을 깜빡이는 것처럼 많은 경우 의식적 자각이라는 레이더에 탐지되지 않은 채 우리에게 방향을 지시하고 우리를 앞으로 나아가게 한다. 또한 우리가 우리 욕망을 정서적, 직감적으로 훈련하는 실천과 의례—우리가 "예전"이라고 부른 것—에 오랜 시간에 걸쳐 몰입하기 때문에 방향성과 지향성을 획득하게 된다는 뜻이다. 따라서 습관이 의식 아래에서 작동하는 무의식적인 것처럼 **습관화**의 과정도 무의식적이며 은밀하다. 우리가 문화적 실천들을 예전으로 인식하지 않을 때, 이것들이 그저 우리가 하는 행위가 아니라 **우리에게** 무언가를 행하는 행위임을 깨닫지 못할 때는 특히나 더 그렇다.

다시 한 번 강조하자면, 제자도에 대한 접근 방식은 우리가 인간의 본질을 어떻게 이해하는지에 달려 있다. 제자도에 대한 모든 접근 방식이 인간 행동이 어떻게 만들어지는지에 대한 일군의 가정을 은연중에 내포한다고 말할 수도 있다. 인간이 언제나 "켜져" 있어서 모든 행동을 하기 전에 충분히 생각하고 무슨 일을 하든지 먼저 의식적인 결정을 내리는, 생각하는 사물이라고 가정한다면, 사고방식을 바꾸는 데 제자도의 초점을 맞출 것이다. 지성에 정보를 전달하여 행동을 이끌게 만드는 것을 일차적 목표로 삼을 것이다. "나는 생각한다. 고로 나는 존재한다"라는 말이 "나는 심사숙고한다. 그런 다음 나는 행동한다"라고 가정하는 행동 철학으로 변환된다.

문제는 이것이 대단히 부적합한 인간관으로, 행동에 대한 지나치게 단순화된 이해와 제자도에 대한 환원론적 접근 방식을 만들어 낸다는 점이다. 이런 접근 방식은 사고와 의식적 숙고의 영향력을 무비판적으로 과대평가하며, 따라서 우리의 세계-내-존재가 지향할 방향을 가리키는 모든 종류의 무의식적이거나 잠재의식적인 과정을 간과하고 과소평가하는 경향이 있다. 다시 말해서, 습관의 힘을 과소평가한다. 사실은 대부분의

2. 당신은 당신이 생각하는 바를 사랑하지 않을지도 모른다

경우 우리는 레이더에 탐지되지 않는 직관과 기분attunement(하이데거의 Stimmung을 번역한 용어—옮긴이), 즉 우리 뼛속에 새겨진 일종의 노하우로 세상에서 길을 헤쳐 나간다. 사랑하는 존재 곧 욕망하는 피조물이자 예전적 동물로서 세상에 대한 우리의 일차적 지향은 지적이라기보다는 직감적이다. 이 점에서 영성 훈련에 관한 고대의 지혜가 의식에 대한 현대 심리학의 통찰과 맞닿는다. 그 결과로 만들어진 인간관은 행동과 태도에서 무의식이 차지하는 중요한 비중을 이해하도록 도와준다.

이 책에서 무의식에 대해 말할 때는 프로이트Freud에 관해 들은 내용은 모두 잊어버리려고 노력하라. 우리는 프로이트적인 충동이나 당신 어머니에 관한 수수께끼 같은 심리 분석 신화에 관해 말하려는 게 아니다. 오늘날 심리학자들이 "적응 무의식adaptive unconscious"이라고 부르는 바에 관해 말하려는 것이다. 버지니아대학교University of Virginia 심리학자 티모시 윌슨Timothy Wilson은 중요한 저서《내 안의 낯선 나Strangers to Ourselves》(대단히 아우구스티누스주의적인 제목이다!)에서 이 개념을 설명했다. 지난 20년 동안 심리학에서는 행위를 규정하는 "비의식적" 혹은 "자동적" 작용의 압도적 영향력을 이해하게 되었다. 많은 점에서 이는 아리스토텔레스와 아퀴나스 같은 철학자들의 오랜 지혜를 확증해 준다.[10]

아리스토텔레스는 우리가 **생각**을 통해서는 새로운 습관으로 나아갈 수 없다고 이해했다.

따라서 행위는, 올바르고 절제 있는 사람이 행할 법한 행위일 때 올바르고 절제 있다고 불린다. 그러나 올바르고 절제 있는 사람은 단순히 그런 행위를 행하는 사람이 아니라, 올바르고 절제 있는 사람이 행할 법하게 그런 행위를 행하는 사람이다. 따라서 사람은 **올바른 행동을 함으로써 올바르게 되고**, 절제 있는 행동을 함으로써 절제 있게 된다고 말하는 것이 옳다. 그런 행동을 하지 않는다면 어느 누구도 좋은 사람이 될 기회조차 갖지 못할 것이다.

　　그러나 대부분의 사람들은, 그런 행위를 하지는 않고 이론으로 도피하여, 자기들은 철학자이니 철학을 통해 훌륭한 사람이 될 것이라고 생각한다. 그런 사람들은 오히려 의사의 말을 주의 깊게 들으면서도 의사의 지시대로 하지 않는 환자들과도 같다. 그런 식의 치료법으로는 후자들의 몸이 더 나아질 수 없듯이, 전자들의 혼도 그런 식의 철학으로는 더 나아질 수 없다.[a]

월슨은 프로이트의 특이한 무의식 개념이 지닌 문제점을

2. 당신은 당신이 생각하는 바를 사랑하지 않을지도 모른다

지적하면서, 무의식이 행동에 미치는 영향력의 **범위**를 우리가
제대로 이해하지 못하고 있다고 강조한다.

> [프로이트가]…의식이 정신이라는 빙산의 일각이라고 말했을 때
> 그의 말은 과녁에서 한참을 빗나갔다. 어쩌면 의식은 이 빙산 위
> 에 있는 눈덩이만 한 크기일지도 모른다. '의식적으로' 행동하는
> 인간 조종사의 개입이 거의 혹은 전혀 없이 자동항법장치로 현대
> 의 점보 여객기를 조종할 수 있는 것과 마찬가지로, 정신은 고차
> 원적이며 정교한 사고를 상당 부분 무의식에 위임할 때 가장 효
> 과적으로 작동한다. 적응 무의식은 세계를 판단하고, 사람들에게
> 위험을 경고하고, 목표를 설정하고, 정교하며 효과적인 방식으로
> 행동을 개시하는 일을 탁월하게 해낸다.[11]

월슨은 우리가 하루에 하는 일의 약 5%만이 빙산의 일각
위에 있는 그 눈덩이, 즉 인간 의식으로 처리된 의식적, 의도적
선택의 결과라고 주장한다. 우리가 하는 나머지 행동과 행위는
습득되었지만 이제는 세상을 헤쳐 나가는 온갖 **무의식적** 방식
으로 수면 아래에서 관리된다. 심리학자들은 이러한 습득된 무
의식적 습관을 "자동성automaticities"이라고 부른다. 아리스토텔레스
가 이를 "제2의 천성"이라고 부른 것과 동일한 이유에서다. 즉
우리가 **그에 관해 생각하지 않은 채** 세상을 살아가는 방식이기
때문이다. 자동성이라는 말을 사용하는 목적은 우리를 기계나

로봇으로 환원하고자 함이 아니다. [그 목적은] 어떻게 우리가 세상을 헤쳐 나가는 방식을 습득하며 어떻게 그 방식이 우리 의식에 자리 잡게 되는지를 설명하고자 함이다.

간단한 예로 운전을 배우는 과정을 생각해 보자. 십대 자녀 네 명에게 운전을 가르쳐 본(그러고도 살아남아서 그 이야기를 할 수 있는!) 부모로서 나는 윌슨의 통찰이 옳다고 말할 수 있다. 젊은이가 운전을 배울 때 이 복잡한 활동의 모든 양상이 의식적이며 의도적인 의식의 "일각"으로 통제되고 실행된다. 젊은 운전자는 모든 측면을 **생각해야** 한다. "거울 확인해야지." "출발하려면 오른쪽 페달을 밟아." "깜빡이 켜는 곳은 왼쪽이야." "사각지대 확인하는 거 잊지 마." "정지하려면 왼쪽 페달을 밟아. **오른발로!**" 여기에 클러치까지 더해 보라. 그러면 얼마나 빨리 의식적 사고라는 눈덩이가 혼란에 빠질지 상상할 수 있을 것이다.

이제 이 운전자와 노련한 운전자를 비교해 보자. 당신이 만 16세 생일에 면허증을 받은 날부터 수년 동안 운전을 해 왔다고 생각해 보자. 때는 목요일 오후. 직장에서 매우 힘든 회의를 마치고 이제 막 나왔다. 최악의 기분으로 일과를 마쳤다. 곧장 주차장으로 가면서 회의 장면을 차례로 곱씹는다. 당신을 화나게 한 동료와 당신을 배반한 또 다른 동료, 이 모든 얽히고설킨 관계를 까맣게 모르는 듯한 상사를 떠올리자 다시 피가 끓기 시작한다. 당신은 이제 이를 갈면서 당신이 그때 어떤 말을 했어야 했는지 생각한다. 그 와중에 당신은 이미 주차장을 빠져

나가고 있다. 집으로 운전해 가고 있다는 것조차 기억하지 못한다. 어떻게 그럴 수 있을까? 오랜 시간에 걸쳐 운전에―세상에서 당신의 길을 찾아가기 위해―필요한 습관이 너무 자주 반복되어서 이제는 무의식에 자리 잡아 자동성이 되었다. 이제 **그에 관해 생각하지 않고도** 운전을 할 수 있다. 운전에 필요한 복잡한 행동이 이제는 정체성의 무의식적 차원, 수면 아래 차원에서 관리된다.

월슨이 무의식에 위임된다고 말하는 이런 작용 곧 목표 설정, 상황 판단, 행동 개시에는 욕망의 "작용", 성공회 기도서의 표현처럼 "우리 마음의 책략"이 포함된다. 바로 그런 이유 때문에 성품과 덕도 이 무의식의 차원에 "자리 잡고" 있다. 우리가 습득한 습관은 우리가 세상을 지각하는 방식을 규정하며, 이는 다시 우리로 하여금 특정한 방식으로 행동하게 만든다. 데이비드 브룩스David Brooks는 《소셜 애니멀*The Social Animal*》(흐름출판)에서 이 역학 관계를 포착해 낸다. "훌륭한 인격을 갖춘 사람은 스스로 배우거나 주변 사람들에게 가르침을 받아서 자기에게 닥치는 상황을 올바르게 바라본다. 올바르게 바라본다는 것은 이미 대응에 필요한 모든 준비가 되어 있다는 뜻이다. 이 사람의 마음속에는 무의식적인 판단과 반응의 전체적인 그물망이 이미 마련되어 있어서, 특정한 방식으로 행동하도록 위치와 방향을 잡아 준다."[12] 바로 이런 의미에서 "성품은 운명이다." 성품은 당신이 습득한 성향(덕과 악덕)의 그물망이며, 이것은 자동성으로 작동하여 당신이 특정한 방식으로 행동하게 만든다.

당신이 세상을 바라보는 방식을 규정하는 동시에 당신을 움직이고 당신에게 동기를 부여하는 좋은 삶에 대한 전망을 겨냥하는 당신의 사랑이나 욕망은 대체로 비의식 차원에서 작동한다. 사랑은 일종의 자동성이다. 그렇기 때문에 이것을 어떻게 습득하는지를 잘 알고 있어야 한다. 심리학자 존 바그John Bargh와 타냐 차트란드Tanya Chartrand가 지적하듯이 어떤 자동성은 "빈번하며 일관된 짝짓기"를 통해 의도적으로 습득된다.[13] 다시 말해서, 우리가 어떤 자동성을 습득하고 **실천**하기로 작정할 때 그것이 무의식에 새겨진다. 피아노 연주나 타자, 운전 연습을 기억하는 사람이라면 그 리듬이 습관의 일부가 될 수 있게 반복해서 연습하기로 작정했던 것을 기억할 것이다.

그러나 바그와 차트란드는 우리가 의도와 **무관하게** 자동성을 습득할 수 있다고도 지적한다. 다시 말해서, 우리가 형성적 "실천"**으로** 인식하지 못한 일과와 의례를 규칙적으로 반복한다면 성향과 습관이 무의식에 새겨질 수 있다. 따라서 우리가 선택하지 **않고** 지각하지 못하지만 이런 형성적 의례로 가득한 환경에 규칙적으로 몰입하는 사이에 자동성이 생겨날 수도 있다. 그들은 고정관념을 강력한 사례로 강조한다. 고정관념은 이처럼 무의식적이고 습관적으로 세상을 바라보고 그에 따라 행동하는 방식이다. 편견에 사로잡힌 고정관념을 갖겠다고 굳이 "작정하는" 사람은 아무도 없다. 오히려 의도하지 않았지만 습득된

고정관념은 우리도 모르는 사이에 우리 안에 스며들고 오랜 시간에 걸쳐 행동을 통제하고 지배하는 지각의 습관 곧 자동성이 된다.[14]

이제 이것이 당신이 무엇을 사랑하는지와 관련해 어떤 의미가 있는지 생각해 보라. 사랑을 형성하는 실천을 "예전"이라고 생각한다면, 이는 당신이 알지도 못하는 사이에 다른 신들을 예배하고 있을 수도 있다는 뜻이다. 이런 문화적 예전은 당신이 무심코 행하는 일회성 사건이 아니기 때문이다. 더 중요한 차원에서 이런 문화적 예전은 **당신에게** 무언가를 행하는 형성적 실천이며, 무의식적이지만 효과적으로 당신의 마음이 시온의 노래가 아닌 바빌로니아의 노래를 향하게 만든다.[시 137편] 어떤 문화적 실천은 당신의 사랑을 효과적으로 훈련시켜, 당신으로 하여금 자동적으로 세상에 대한 일정한 지향성을 갖게 만들고 그 지향성이 당신의 무의식적 존재 방식 안으로 스며들게 할 것이다. 그렇기 때문에 당신은 당신이 **생각하는** 바를 사랑하지 않을지도 모른다. 빙산의 일각 위에 있는 사고라는 눈덩이가 당신에게 당신이 사랑하는 것이라고 말하는 그것을 당신은 사랑하지 않을지도 모른다.

두 가지 의미에서 당신은 '텔로스'를 무의식적으로 사랑하는 법을 배울 수 있다. 한편으로 사랑은 습관이기 때문에 대개의 경우 수면 아래서 작동한다. 따라서 당신의 사랑은 **습득된** 것이라고 할지라도 **무의식적**이다. 다른 한편으로는 사랑을 무의식적으로 **습득할** 수도 있다. 다시 말해서, 문화적 몰입의 중요성을 인식하지 못하기 때문에 당신이 자각하지 못하는 사이에 당신의 사랑을 훈련하고 사랑의 대상을 겨냥하고 지향하는 일이 이뤄질 수도 있다. 간단히 말해, 우리는 경쟁하는 **예전**에 참여하고 있다고 깨닫지 못하기 때문에 경쟁하는 왕국을 사랑하는 법을 무의식적으로 배운다. 부분적으로 이는 인격체 **전체**의 역학 관계를 이해하지 못하고 우리의 행동과 행위를 추동하는 수면 아래 양상을 인식하지 못하는 데서 기인한다. 인간을 막대기에 달린 뇌라고 생각한다면 이러한 잠재의식의 역학을 살펴보려 하지도 않을 것이다. 이것이 인간을 생각하는 사물로 보는 관점에서 기독교 제자도에 접근하는 방식의 약점이다. 문화적 실천을 예전, 곧 우리 마음을 사로잡고 우리로 하여금 무언가를 사랑하게 만드는, 습관을 형성하고 사랑을 만드는 **의례**로 보지 못하는 오류 역시 이런 환원론적 인간관을 반영한다. 이는 데이비드 포스터 월리스가 케니언대학 졸업식 연설 첫머리에서 들려준 우화와도 같다. "어린 물고기 두 마리가 물속에서 헤엄치고 있습니다. 그러다가 맞은편에서 다가오는 나이 든 물고기 한 마리와 마주치게 됩니다. 그는 어린 물고기들에게 고개를 끄덕이며 인사를 건넵니다. '잘 있었지, 얘들아? 물이 괜찮아?' 어린 물고기 두 마리는 잠깐 동안 말없이 헤엄쳐 가다가 결국 물고기 한 마리가 옆의 물고기를 바라보며 말합니다. '도대체 물이란 게 뭐야?'"[15]

우리는 우리가 몰입하는 행위에 대해 알고 있어야 한다. "이것은 물이고" 당신은 평생 그 안에서 헤엄치면서 지냈다. 우리의 상상력과 갈망이 환경에 영향을 받지 않으며, 우리의 (이른바 '비판적') 사고에만 영향을 받는 게 아니라는 점을 깨달아야 한다. 그와 반대로 우리의 사랑과 상상력은 좋은 삶의 전망으로 가득한 온갖 종류의 예전에 의해 징집된다. 그런 "세속" 예전에 몰입함으로써 우리는 그것이 약속하는 바를 갈망하는 습관을 갖게 된다.

● 묵시의 실천: 경쟁하는 예전 인식하기

의도적이며 형성적인 그리스도인의 제자도를 실천하기 위해서는 우리가 몰입하는 모든 경쟁적 형성에 주의를 기울여야 한다. 여기에는 두 가지 핵심 측면이 존재한다. 첫째, 1장에서 주장했듯이 우리는 인격체 **전체**를 지각해야 한다. 우리 정체성에서 지성 이전의 측면이 지닌 힘과 의미를 인식해야 한다. 우리 행동을 통제하는 적응 무의식의 중요성을 인식해야 한다. 둘째, 그런 다음에는 문화적 실천을 예전**으로** 보아야 한다. 그리고 바라기는, 그것이 지닌 형성적(혹은 변형시키는) 힘을 경계해야 한다. 이는 중립적이고 무해하다고 여겼던 온갖 문화적 제도와 의례—우리가 행하는 것들—를 다시 바라보고, 그것이 지닌 형성적, 심지어는 예전적 힘—그것이 우리**에게** 무언가를 행할 수 있는 능력—을 깨닫는 것을 뜻한다.

이런 식으로 세계와 우리 문화를 바라보려면 일종의 경종, 즉 이런 제도들의 실체를 파악하기 위해 그에 대해 우리가 느끼는 단조로운 익숙함과 편안함에서 벗어나도록 우리를 흔들어 깨울 전략이 필요하다. 흥미롭게도 성경에서 이 전략을 찾을 수 있는데, 이를 "묵시" 문학이라고 한다. 다니엘서와 계시록의 낯선 글에서 만날 수 있는 이 묵시 문학은 우리로 하여금 우리의 환경을 이루는 제국들을 보고(혹은 간파하고) 그 실체를 인식하게 하려는 성경의 한 장르다. 불행히도 우리는 묵시 문학의 목적이 미래를 예측하는 것이라고 생각해서 이를 "종말" 문학과 연결한다. 하지만 이것은 성경 장르에 대한 오해다. 묵시 문학의 핵심은 예측이 아니라 폭로 곧 주변 현실의 참 모습을 드러내는 것이다. 로마제국이 문명에 대한 선물이자 인간의 궁극적 성취인 것처럼 행세하지만, 하늘의 시각에서 바라보는 요한의 묵시적 관점은 우리에게 그 실체를 보여 준다. 로마는 괴물이다.

따라서 묵시 문학은 우리로 하여금 세계를 비스듬히, 즉 특정한 견해를 통해서 바라보게 하려는 장르다. 이것은 내 방 창에 걸린 수직형 햇빛 가리개와 비슷하다. 햇빛 가리개를 왼쪽으로 45도 돌리면, 정면에서는 가리개가 닫혀서 빛을 차단하는 것처럼 보일 것이다. 하지만 왼쪽으로 몸을 움직여 살과 나란히 서면 그 사이로 바깥세상을 볼 수 있다. 묵시 문학도 이와 같다.

우리를 사로잡는 경쟁적 제국들한테는 무언가 숨기려는 게 있다. 이 제국들은 숨기고 싶어 하는 것들을 은폐하기 위해 살을 살짝 기울이고 있는 셈이다. 이 제국들은 우리를 사로잡고 매료하고 영감을 불러일으키는 아름다운 그림으로 가림막을 삼는다. 이 가림막을 똑바로 쳐다보면 펼쳐진 이미지에 현혹되고 말 것이다. 묵시 문학은 이 기만적인 (잘못된) 표상을 **간파할** 수 있는 새로운 관점을 제공하기 때문에 **계시적이다.** 묵시 문학은 우리에게 몸을 기울여서 가림막 뒤에 있는 괴물들을 간파하게 해주는 새로운 관점을 취하라고 촉구한다.

따라서 우리에게 필요한 것은 일종의 현대적 묵시록 곧 속임수를 간파하고 우리 환경을 이루는 현대 제도들의 종교적(이고 우상숭배적) 속성을 폭로하는 언어와 장르다. 현재의 문화 분석은 인간을 생각하는 사물로 보는 관점에 근거한 경우가 너무 많다. 우리는 문화를 훑어보며 "메시지"를 찾아내어 "거짓" 가르침을 제거하려는 경향이 있다. 하지만 우리가 무엇보다도 먼저 사랑하는 존재라면, 우리 행동이 **무**의식적 습관의 절대적 통제를 받는다면, 지적 위협은 가장 중요한 것이 아닐지도 모른다. 지적 유혹에 너무도 집착한 나머지 우리 마음이 경쟁하는 제국들에 예전적으로 포섭당하고 있음을 깨닫지 못할 수도 있다. 예전이라는 렌즈로 문화를 바라보는 목적은 우리를 흔들어 깨워 우리가 **누구**이며, **어디**에 있는지를 새롭게 깨닫게 하기 위해서다.

이는 우리를 둘러싼 **실천**을 읽어 낼 필요가 있다는 뜻이다. 우리가 몰입해 있는 의례를 해석하는 법을 배워야 한다. 그저 "우리가 하는 것"으로 당연히 여겼던 문화적 의례의 예전적 힘을 인식하기 위해서는 우리에게 익숙한 환경을 묵시론적 시선으로 바라보려고 노력하는 인류학자가 되어야 한다. 목회자는 일상을 기록하는 민족서지학자ethnographer가 되어서, 교인들이 자신의 환경이 형성적이고 너무나도 많은 경우 변형시키는 힘을 지닌 것을 깨달을 수 있도록 도와야 한다. 목회자는 윌리스의 우화에 등장하는 나이 든 물고기처럼 우리에게 "물이 괜찮아?"라고 묻곤 할 것이다. 결국에 우리는 "아, 이게 물이구나"라고 깨닫는다.

한 가지 예를 들어 보자. 일종의 사례 연구다.

내가 부모로서 내심 뿌듯함을 느낀 순간이 있었다. 당시 십대 초반이던 큰아들이 어느 날 "아빠, 신전으로 태워다 주세요"라고 말했다. 나는 아들의 말을 바로 알아차렸다. 아들과 최근에 대화를 하면서, 동네 쇼핑몰이 사실 마을에서 가장 종교적인 장소라는 점을 설명하려고 노력했다. 거기서 메시지를 "설교"하거나 교리를 선전하기 때문은 아니다. 쇼핑몰 문 앞에서 당신에게 인사하며 이 쇼핑몰이 믿는 열여섯 가지 가르침을 담은 신앙고백 진술서를 나눠 주는 사람은 없다. 쇼핑몰은 아무것도 "믿지" 않으며 사람들의 지성을 사로잡는 일에 관심이 없다. (쇼핑몰의 표적은 그보다 수준이 낮다.) 그렇다고 쇼핑몰이 중립적 공

2. 당신은 당신이 생각하는 바를 사랑하지 않을지도 모른다

간이라는 뜻은 아니다. 쇼핑몰이 종교적이지 않다는 뜻도 아니다. 쇼핑몰은 신학적이기 때문이 아니라 예전적이기 때문에 종교적 장소다. 쇼핑몰의 영적 의미(와 위협)는 그 "사상"이나 "메시지"가 아니라 의례에 있다. 쇼핑몰은 당신이 **생각하는** 것에는 관심이 없지만 **사랑하는** 것에는 대단히 관심이 많다. 빅토리아의 비밀Victoria's secret(여성 속옷 브랜드—옮긴이)은 그녀가 사실 당신 마음을 사로잡으려 한다는 사실이다.

따라서 이 익숙한 공간을 바라보는 시선을 재조정할 필요가 있다. 예전이라는 렌즈로 동네 쇼핑몰을 다시 바라보라. 그곳의 공간과 실천, 의례를 읽어 내라. 당신 눈에는 무엇이 보일까?

먼저 건물 자체가 쉽게 알아볼 수 있는 양식으로 설계되어 있어서 우리가 어떤 도시에 있든 고향처럼 마음을 편안하게 해 준다.[16] 대형 유리로 둘러싸인 입구는 현수막과 깃발로 장식되어 있다. 외벽의 익숙한 글자와 상징 덕분에 외부에서 온 신자도 안에 무엇이 있는지 금세 쉽게 파악할 수 있다. 옆으로 뻗어 나가는 구조를 가지고 있는 이 건물의 한가운데는 중세 성당의 전실前室을 닮은 대형 누각 혹은 성소가 있다.[17]

●————————————————————————

한 종교학 교수가 쇼핑몰의 성스럽고 종교적인 기능에 대해 지적한 바 있다.

어떤 이들은 사람들에게 관심이 있기 때문에 종교학에 관심을 기울인다. 사람들은 종교적인 행위를 한다. 삶을 상징화하고 의례화하며 공동체에 속하기를 바란다. 처음 내가 쇼핑몰에 관심을 갖게 된 이유는 쇼핑몰이 이 세 종교적 충동을 모두 구체적으로 표현하기 때문이다. 사각형 건축물, 달력에 따른 의례, 자연 환경에 대한 모사, 순례하는 사람과 장소와 대상이 되고자 하는 노력, 이 모든 것이 종교적 인간*homo religiosus*을 예증한다. **의례 중심지으로서의 쇼핑몰**, 시장 '이상'의 의미를 지닌 공간으로서의 쇼핑몰은 현대인들이 종교적이며 인간적인 삶의 본질적 구성 요소인 갱신과 재결합에 대한 필요를 충족하는 한 방식이다.[b]

우리는 건물의 웅장한 여러 입구 중 한 곳에 도착해 크롬 도금을 한 아치로 만든 주랑을 통과해 유리문 앞에 선다. 그 공간으로 들어가면, 규칙적으로 그곳을 찾는 신자들이 공간의 정신으로 "진입하기" 위한 완화의 공간을 제공할 뿐만 아니라 새로운 구도자를 영접하고 안내하고 인도하는 일종의 나르텍스 narthex(예배당 입구와 본당 사이의 넓은 공간―옮긴이)로 인도된다. 구도자를 위해 대형 지도, 곧 일종의 예배 순서지가 배치되어 있다. 이 지도는 초심자로 하여금 다양한 영적 제물이 자리 잡고 있는 위치를 파악하게 해 주고 미로로 들어가는 길잡이를 제

2. 당신은 당신이 생각하는 바를 사랑하지 않을지도 모른다

공하여 순례자들이 의례를 행할 수 있도록 도와준다. (이곳을 자주 찾는 신자들은 금세 알아볼 수 있다. 그들은 이제는 그곳이 익숙해졌다는 느낌으로 그곳으로 들어오며, 습관을 형성하는 반복 덕분에 주기를 이미 외우고 있기 때문이다.)

내부 설계는 과할 정도로 매혹적이어서 구도자와 신자 모두를 닫힌 내부 공간으로 끌어들인다. 천장의 창은 하늘로 열려 있지만, 벽에는 자동차가 해자垓子처럼 둘러싸고 있는 외부로 열린 창이 없다. 수직적 혹은 초월적 개방성을 느끼는 동시에, 수평적이며 일상적인 세상의 소음과 산만함에서 차단된 느낌이 든다. 이처럼 닫고 감싸는 건축 양식은 성소와 피난처, 도피처를 떠올리게 한다. 우리는 나르텍스 입구에서부터 이 공간으로 들어와 8각형과 원으로 된 미로를 순례하면서 자아를 잃어버리라고 권유 받는다. 그 권유대로 방황하다 보면 목표를 이루기 위해 바쁘게 살아가는 '바깥' 세상의 삶에서 벗어날 수 있을 것만 같다. 또한 순례자는 시간에 쫓기는 일상에서 벗어나 다른 시간, 심지어는 일종의 무시간성이 통제하는 공간에서 살라고 권유를 받는다. 창문도 없다시피 하고 조명도 지나치게 조작되어 있기 때문에 이 공간에서는 마치 해가 멈춘 듯해서 우리는 시간의 흐름을 의식하지 못한 채 이곳의 의례에 몰입하여 자신을 잃어버린다. 일상의 시간은 정지해 있지만, 예배 공간은 여전히 일종의 예전과 축제의 달력으로 통제되고 끊임없이 이어지는 휴일과 축제를 표상하는 색과 상징, 이미지로 다채롭게 장식되어 있다. 여기에 새로운 휴일과 축제가 정기적으로 더해진다. 새로운 축제를 추가할 때마다 더 많은 순례자가 성소를 향한 행진에 동참하고 예배에 참여하기 때문이다.

이 신전의 구조는 건축학적으로 중세 성당―동시에 일어나는 온갖 종교 활동을 흡수하도록 설계된 거대한 종교적 공간―을 떠올리게 한다. 따라서 이 종교적 건물은 묵상을 위한 구불구불한 미로와 여러 성인에게 헌정된 수많은 예배실을 갖추고 있다고 말할 수도 있다. 어느 예배실에 들어갈 준비로 묵상을 하면서 미로를 따라 걷다 보면, 벽과 내부 공간에 늘어서 있는 다채로운 성상을 발견할 수 있다. 스테인드글라스의 1차원적 성인 형상과 달리, 이곳에는 옷으로 장식된 3차원 성상들이 배치되어 있다. 모든 성상이 그렇듯이, 이 성상들은 우리에게 그 본보기를 모방하는 사람이 되고자 하는 욕망을 불러일으킨다. 이런 조각상과 성상(마네킹)은 좋은 삶에 대한 구체적인 이미지를 구현한다. 이런 것들은 우리가 동경하는 법을 배우는 완벽한 이상이다.[18]

이 신전은 이제 세계 전역에서 생겨나고 있는 수많은 다른 신전과 마찬가지로 우리를 **매혹하는** 풍성하고 구체적인 시각 전도 방식을 제공한다. 이것은 우리의 가장 근원적 욕망을 자극하는 **아름다움**이라는 힘을 지닌 복음이다. 이 복음은 가혹한 도덕주의가 아니라 이처럼 시각화된 좋은 삶을 함께 나누자는 매력적인 초대를 통해서 우리가 그곳으로 찾아가지 않을 수 없게 만든다.

우리가 어느 한 예배실 밖에서 걸음을 멈추고 성상에 대해 묵상할 때면 누군가가 다가와 안에서 일어나고 있는 일에 대해 살펴보라고 권유한다. 들어와서 제대로 예배를 드리라고, 직접 보고 맛보라고 초대한다. 복사服事는 우리를 맞이하면서 우리가 제대로 체험할 수 있도록 목자처럼 안내하겠다고 제안한다. 하지만 지혜로운 복사는 우리가 원하면 우리 방식대로 살펴볼 수 있도록 내버려 두기도 한다. 때로 우리는 신중하게, 호기심에 차 머뭇거리는 태도로 들어가서 미로 안의 미로를 헤쳐 나간다. 막연히 무언가 필요하다고 생각하지만 그 필요를 어떻게 충족할 수 있을지는 확신하지 못한 채, 경이의 순간, 즉 영이 우리를 예상치도 못했던 경험으로 이끌 바로 그 순간을 기다린다. 우리는 어떤 욕구를 느끼면서 가서 둘러본다. 무엇을 찾는지 확실히는 모르지만 우리가 필요한 게 반드시 여기 있다는 것을 알기에 **기대하는** 마음이다. 그런데 그것과 마주친다. 우리는 선반을 샅샅이 뒤지던 중 만족을 제공할 바로 그 경험과 제물을 발견한다. 그런가 하면 우리의 예배가 의도적이며 지향점이 분명하고 결의에 차 있을 때도 있다. 우리는 바로 이 순간을 위해 준비된 자세로 왔다. 여기에 온 목적을 정확히 알고 우리에게 필요한 바로 그것을 찾기 위해서 왔다.

어떤 경우든, 신자들이 "선반"이라고 부르는 것을 집중적으로 살펴본 후 우리는 새로 발견한 성물을 손에 들고 예배의 절정에 해당하는 제단으로 나아간다. 복사와 예배를 돕는 다른 이들이 우리가 이 체험을 무사히 마칠 수 있도록 도우며, 제단에는 절정을 이루는 거래를 주관하는 제사장이 서 있다. 이것은 거래의 종교, 교환과 교통의 종교다. 여기서 예배드리라는 초대를 받을 때 우리는 그저 주라는 초대만 받는 게 아니라, 받으라는 초대도 받는다. 이 변화의 체험을 마칠 때 우리는 그저 기분이 좋거나 막연히 경건한 기분만 느끼는 게 아니라 구체적이며 만질 수 있는 무언가를 얻는다. 그 자체가 우리를 이 참여의 순간으로 초대한 성상에 구현된 좋은 삶으로 나아가는 수단이 되는, 말하자면 새로 만든 성물 말이다. 따라서 우리는 제사를 드리고 봉헌을 하지만 그 대가로 성인과 축제를 표상하는 색과 상징으로 포장된 실질적인 무언가를 돌려받는다. 제사장이 축복 기도로 우리를 내보낼 때 우리는 마치 대단원에 이른 것처럼 예배실을 빠져나온다. 하지만 꼭 그곳을 떠나겠다고 생각하기보다는(우리의 시간 감각은 이미 약해져 있다) 묵상을 계속하며 또 다른 예배실로 초대를 받는다. 이처럼 풍성하고 매력적으로 제공되는 좋은 삶에 대한 구체적인 현실을 누가 거부할 수 있겠는가?

이 모든 논의의 목적은 어떻게 세계관—더 적합한 표현으로는 철학자 찰스 테일러Charles Taylor가 "사회적 상상계social imaginary"라고 부르는 것[19]—이 일상 의례와 실천을 통해 "전달되는지"를 이해하기 위해서다. 어떻게 우리는 소비주의자가 되는 법을 배

2. 당신은 당신이 생각하는 바를 사랑하지 않을지도 모른다

우는가? 누군가가 상품이 나를 행복하게 만드는 이유를 설득해 주기 때문이 아니다. 내가 소비주의로 가는 길을 애써 **생각하는** 것이 아니라, 오히려 하나의 생활 방식으로 은밀하게 이끌려 들어간다. 세속 예전이나 다름없는 문화적 실천이 나를 형성해 왔기 때문이다. 그것이 예전이라고 깨닫지도 못한 의례가 나의 사랑을 자동화해 버렸다. 이처럼 구체적이고 본능적이며 반복적인 실천은 인간 번영에 관한 어떤 이야기를 전달하는데, 우리는 그 이야기를 무의식적으로 습득한다. 이런 실천은 좋은 삶에 대한 특정한 전망, 하나님나라에 맞서는 다른 왕국에 대한 전망을 향한 목적론적 지향으로 가득 차 있으며, 거기에 몰입함으로써 우리는 의식하지도 못한 채 무엇을 어떻게 **사랑해야** 하는지를 배운다.

우리가 날마다 반복하는 의례를 문화적 실천으로, 즉 "예전"으로 읽어 낼 수 있다. 이렇게 예전이라는 렌즈를 착용하면 우리는 경기장을 완전히 다른 방식으로, 국가주의와 군사주의의 신전으로 바라볼 것이다. 예전적 시선으로 대학을 바라보면 대학의 "사상"과 "메시지"가 동아리와 대학생 운동선수들의 의례보다 덜 중요한 경우가 많다는 것을 깨닫기 시작할 것이다.[20] 그저 (우리가 보는) **내용** 때문에 스마트폰에 대해 걱정하기보다 하루 종일 우리를 거기에 묶어 두는 의례에 대해 고민하기 시작할 때, 우리는 그 실천의 형식이 **나**를 우주의 중심으로 만드는 자기중심적 전망으로 가득하다는 것을 알아차리게 될 것이다.

이런 예는 수없이 많다. 이런 시각에서 바라보면 우리가 하는 모든 것이 사실은 우리**에게** 무언가를 행하고 있음을 깨닫기 시작할 것이다. 제자도에 영향을 미치는 것은 단지 이런 문화적 제도로 유포되는 메시지나 사상, 정보가 아니다. 실천의 형식 자체 곧 그것이 지닌 형성하는(혹은 변형시키는) 예전적 힘이 영향을 미친다. 예전은 정서적이고 미학적으로 작동한다. 이미지와 이야기, 은유의 힘으로 우리의 직감을 사로잡는다. 그렇기 때문에 가장 강력한 예전은 몸을 지닌 우리의 속성을 겨냥한다. 감각에 호소하고, 감정을 건드린다. 마음에 이르는 길은 몸을 통해서라고 말할 수 있다.

● 세속 예전을 읽는 법: 소비주의 복음에 대한 주석

이 책에서 내가 사용하는 "예전"이라는 용어는 우리의 정체성과 존재 목적에 관한 궁극적인 이야기로 가득 채워진 의례를 가리키는 줄임말이다. 이런 의례는 일종의 궁극적 지향점을 담고 있다. 앞에서 사용한 은유로 돌아가서 이런 예전을 눈금을 조정하는 기술이라고 생각해 보라. 이런 예전은 우리 마음의 눈금을 구부린다. 하지만 그런 예전이 **무**질서해져 경쟁하는 왕국을 지향할 때 그것은 우리를 그리스도 안에 있는 자북에서 멀어지게 만든다. 우리의 사랑과 갈망이 잘못된 방향을 가리키는 까닭은 나쁜 사상에 속아서가 아니라, 변형시키는 예전에 몰입해 왔고 이를 깨닫지 못했기 때문이다. 그 결과 우리는 인간 존재의 '텔로스'와 번영을 위한 규범에 관해 전혀 다른 이야기를 흡수한다. 선한 삶에 관한 경쟁적인 이해에 따라 살기 시작한다.

일종의 사례 연구로 살펴본 쇼핑몰의 예로 돌아가, 그곳에서 벌어지는 예전을 더 주의 깊게 "읽어" 보자. 실천의 행간을 읽어 내고 그 예전에 담겨 전달되는 사회적 상상계를 분별해 보자. 나는 쇼핑몰이 제시하는 왕국이 지닌 몇 가지 특징을 알아차릴 수 있다고 생각한다.

1. 나는 망가진 존재다. 고로 나는 쇼핑한다. 맥주 광고에서 우리를 향해 미소 짓는 얼굴이나 시트콤 세상을 살아가는 부자들을 생각해 보면 소비주의 문화가 장밋빛 안경으로 세상을 바라보는 무제한적 낙관론 문화라고 생각하기 쉽다. 하지만 이렇게 생각한다면 쇼핑몰 의례의 중요한 요소—고백이 아니라 소비로 표출되는 깨진 세상에 대한 쇼핑몰식 이해—를 놓치고 있는 셈이다. 쇼핑몰에서는 이것이 (비록 피상적일 뿐이기는 하지만) "죄"에 해당한다고 말할 수 있을지도 모른다. 핵심은 이것이다. 성공과 행복, 쾌락, 성취를 표상하는 이런 시각적 형상에 내재된 것은 **그것은 내가 아니다**라는, 신랄하지만 명확히 진술되지 않은 인식이다. 우리는 광고판이나 시트콤에서 이런 이미지를 보고, 암묵적인 인식이 우리의 적응 무의식에 스며든다. (물론, 핵심은 우리가 절대로 이것을 **명확히 표현하지는** 않는다는 것이다.) "와, 이 사람들은 뭐든지 다 잘 되는 것 같아. 좋은 삶을 누리는

것 같아. 이들에게도 나름대로 사연이나 갈등은 있겠지만, 역경을 극복하도록 돕는 좋은 가족과 친구들이 있는 듯해. 더군다나 이들은 이 모든 것과 잘 어울리는 액세서리를 하고 있어. 아마도 그들이 행복한 이유 중 적어도 일부분은 이들의 환경과 관계가 있을 거야. 시트콤에 나오는 그 아빠는 한 번에 쇠고기 한 덩어리를 구울 수 있는 대형 바비큐 그릴을 가지고 있어. 그런 게 있다면 누군들 행복하지 않을까? 광고 속 그 아이에게는 빛의 속도로 인터넷에 접속할 수 있는 최신 스마트폰이 있어. 그렇게 친구들과 연락하기가 쉽다면 누군들 행복하지 않을까? 광고판에 등장한 그 엄마는 다 가진 여자 같아. 아이들은 늘 미소를 짓고 아주 말을 잘 듣지. 세련된 헤어스타일에 날씬하기까지 하니 무슨 걱정이 있겠어. DVD 플레이어와 컵홀더가 열네 개나 되는 새 미니밴 때문에 행복하겠지." 기타 등등.

행복과 성취감, 즐거움의 이미지가 사실은 무언가를 넌지시 가리키고 있다는 것을 이해하겠는가? 이런 이미지는 "당신은 우리와 달라. 그건 당신도 알고 우리도 알지"라고 말한다. 그들의 삶과 우리 삶이 다르다는 메시지를 슬며시 전달하려고 한다. 우리 삶은 이런 이미지 속 사람들의 삶처럼 산뜻하고 성공한 것처럼 보이거나 느껴지지 않을 때가 많다. 우리에게 문제가 있으며 이 문제가 우리가 자신에 관해 느끼는 감정을 더 악화시킬 뿐이라는 메시지를 암시적으로 전달하는 것이다. 물론 여드름 연고나 다이어트 약 광고처럼 이런 메시지가 더 직접적일 때

2. 당신은 당신이 생각하는 바를 사랑하지 않을지도 모른다

도 있다. 대개 이런 광고에서는 변죽을 울리며 모호하게 말하기보다는 매우 직접적이며 고통스러운 메시지를 전달한다. "얼굴을 뒤덮은 종기만 한 크기 여드름 때문에 고등학교 댄스파티에 혼자 가게 되었나요?" 머릿속에 그림이 그려진다. 하지만 쇼핑몰과 시장의 예전은 대개 우리가 미치지 못하는 이상을 제시함으로써 우리에게 무언가가 잘못되고 망가져 있다는 생각을 심어 주려 한다.

한편으로 이런 이상은 우정과 기쁨, 사랑, 놀이에 대한 인간의 진정한 욕망이 지닌 힘을 활용한다. 다른 한편으로는 아름다움과 권력, 특권에 관한 덜 바람직한 이상을 주입하고 과장하는 경향이 있다. 따라서 이런 "완벽한" 이미지, 행복의 성상들은 잠재의식을 통해 나 자신에게 무언가가 잘못되었다고 말하는 동시에, '샬롬'—피조물의 번영, 즉 하나님이 피조물에 바라시는 모든 것을 실현하는 세상을 묘사하는 성경의 약어—에 대항하는 이상을 치켜세운다.[21] 시장과 쇼핑몰의 예전은 망가진 나 자신(따라서 구속의 참된 필요성)에 관한 은밀한 메시지를 전달하지만, 수치와 당혹감의 힘을 교묘히 활용하는 방식으로 그런 메시지를 전달한다.

2. 나는 다른 이들과 함께 쇼핑한다. 소비주의가 개인주의 곧 자기중심주의와 자기도취의 표현이라는 말은 이미 진부한 표현이 되었다. 하지만 이 말은 쇼핑몰의 예전에 수반되는 일종의 관계성과 사회성을 놓치고 있는지도 모른다. 쇼핑몰에 가는

것 자체가 사회현상, 즉 다른 이들과 함께 하는 것, 심지어는 다른 이들과 함께 있기 **위해서** 하는 행동처럼 보일 때가 많다. 하지만 시장의 의례는 인간관계에 대한 어떤 전망을 함축하고 있는가? 우리가 짝이나 무리를 지어 쇼핑몰의 예전에 참여할 때, 쇼핑몰이 우리에게 팔고 있는 그 이야기는 인간 상호작용에 대한 어떤 모형을 암시하는가? 나는 쇼핑몰이 회중이 모이는 자리, 심지어는 일종의 우정을 위한 공간이지만 사실 그곳에서 이뤄지는 실천은 공동체가 아니라 경쟁을 부추기는 인간 상호작용의 이해를 가르친다고 생각한다. 쇼핑몰은 우리에게 다른 이들에 대한 사랑이 아니라 대상화의 습관을 심어 준다.

쇼핑몰이 이상적인 이미지를 강조하고 우리가 거의 모든 곳에서 이런 이상적인 이미지에 몰입해 있기 때문에 이런 이미지는 우리가 세상을 인식하는 근본적인 방식 안으로 서서히 침투한다. 그 결과 우리는 그 기준에 비추어 자신을 판단할 뿐만 아니라 동일한 기준으로 다른 이들을 평가하는 습관에 빠져든다. 예를 들어, 친구의 친구가 처음으로 "우리 무리"에 들어오려고 할 때 우리가 어떤 반응을 보이는지를 분석해 볼 수 있다면, 우리가 그 사람을 아래위로 훑어보며 그 사람의 패션과 장신구가 얼마나 최신 유행을 따르고 있는지 재빨리 판단하려는 모습을 발견할 수 있을 것이다. 내 딸 또래 젊은 여성들이 처음 만난 사람을 아래위로 훑어보면서 번개처럼 재빨리 그 사람을 판단하는 모습이나 아무도 보고 있지 않다고 **생각하면서** 그 사람의

2. 당신은 당신이 생각하는 바를 사랑하지 않을지도 모른다

신발이나 가방을 쳐다보는 모습을 나는 수없이 목격했다.[22]

이처럼 입 밖에 내지 않는 판단과 평가를 습관적으로 행할 때 무슨 일이 일어나는가? 내가 보기에는 두 가지 일이 일어난다. 첫째, 우리는 암묵적으로 타인과 우리 자신을 나란히 놓고 평가한 다음, 이 평가 결과를 쇼핑몰의 복음으로부터 받아들인 이상에 비추어 삼각 측량을 한다. 둘째, 그렇게 하면서 머릿속에 점수를 기록한다. 이런저런 점에서 비교했을 때 자신이 이겼다며 자축하거나, 이번에도 기준에 미치지 못함을 깨닫고 낙심한다. 따라서 교묘한 방식으로 우리는 대체로 경쟁—서로와의 경쟁과 우리를 위해 제시된 이상을 표현한 성상과의 경쟁—이라는 관점에서 인간관계를 이해한다. 그 과정에서 우리는 다른 이들도 대상화한다. 우리는 그들을 관찰하고 평가하는 대상, 바라보는 물질로 만들어 버린다. 그리고 이 게임을 하면서 우리 자신까지도 비슷한 종류의 대상으로 만들어 버리며, 바라볼 만한 가치가 있는 대상이 되는 데 성공했는지를 기준으로 우리 자신을 평가한다. 쇼핑몰은 우정을 위한 "제3의 공간"이라고 자랑하지만, 실상 근본적으로 경쟁 형식을 띠는 인간관계를 조장한다. 친구가 되는 법을 배우려면 소비주의의 습관을 버려야 한다.

3. 나는 쇼핑한다(쇼핑하고 또 쇼핑한다), 고로 나는 존재한다. 이상적인 이미지를 표상하는 이런 성상들이 우리가 무엇이 문제이며 어떤 점에서 실패했는지를 우리 마음속에 교묘히 주

입한다면, 시장의 예전은 그 문제를 바로잡으라는 권유라고 할 수 있다. 그것은 시장이 제공하는 재화와 용역 **안에서**, 그것을 **통해서** 일종의 구속을 제공하겠다고 약속한다. 재화와 용역이 당신을 구원할 것이다.

두 가지 의미에서 쇼핑몰은 소비를 구속**으로** 제시한다. 우선, 쇼핑몰 자체를 일종의 심리요법, 치유 행위, 깨진 세상의 슬픔과 절망을 해결하는 방법이라고 본다. 쇼핑몰은 우리의 지리멸렬한 실존의 우울함을 적어도 한동안은 가려 주는 피난처와 휴식을 제공한다. 따라서 쇼핑이라는 행위 자체를 유사 구속의 수단으로 이상화한다.

다른 의미에서 쇼핑의 **목적**은 뚱배, 여드름투성이 얼굴, 유행이 한참 지난 우중충한 옷, 녹슨 고물 차 등 우리의 문제점을 해결하기 위해 상품을 획득하고 용역을 향유하는 것이다. 쇼핑이란 찾고 발견하는 것이다. 우리는 (이 성상들이 구현하는 이상에 미치지 못한다는 점을 감안할 때) 무언가가 필요하다는 생각으로 온다. 그리고 쇼핑몰은 이를 해결해 준다고 약속한다. 쇼핑몰이 전파하는 서사, 스테인드글라스에 그려진 행복한 삶의 모습은 쇼핑몰이 제시하는 그 "왕국", 즉 좋은 삶에 대한 욕망을 우리 안에 심어 준다. 이 왕국에서는 그 이상을 이루고 우리의 실패에 맞서 싸우기 위해 모든 장비를 획득해야 한다.

하지만 여기에는 절대 알려지기를 원치 않는 비밀이 숨어 있어서, 우리에게 이 비밀을 넌지시 알리지만 금세 잊어버리라

2. 당신은 당신이 생각하는 바를 사랑하지 않을지도 모른다

고 권한다. 쇼핑 원정이 끝나고 전리품인 가방들을 다 집 안으로 들여놓을 때 우리는 우리가 떠난 바로 그 "진짜 세상"으로 다시 돌아왔음을 깨닫는다. 짜릿한 쇼핑 체험은 끝났고 이제 우리는 숙제를 하고 잔디를 깎고 설거지를 해야 한다.[23] (언제 다시 쇼핑하러 갈 수 있을까?!) 신상품이 얼마간은 화려함과 매력을 유지하겠지만, 그 눈부심이 금세 사라지는 것을 우리는 (인정하기 싫지만) 알고 있다. 학교에 입고 갈 날을 손꼽아 기다렸던 새 재킷은 두 달만 지나도 칙칙해 보이기 시작한다. 가을에 구입할 때 "모든 것"을 갖춘 것처럼 보였던 최신 휴대전화는 여름이 되면 벌써 뭔가 부족하게 느껴지기 시작한다. 그렇게 갖고 싶었던 비디오 게임은 몇 주만 지나도 건드리지도 않게 된다. 이미 모든 레벨을 깼기 때문이다. 다시 말해서 비스듬히 비추는 쇼핑몰의 조명을 받던 신상품이 주는 짜릿함은 금세 밋밋하고 지루해진다. 더 이상 효과가 없다. 하지만 우리가 달리 갈 데가 있을까? 그러니 언제 다시 갈 수 있을까?

그래서 쇼핑몰의 예전은 단순히 획득의 실천이 아니라, 소비의 실천이기도 하다. 이 유사 구속은 덧없는 두 요소, 즉 지속 불가능한 체험이나 사건의 짜릿함과, 새로운 것의 화려함에 기생한다. 수확 체감 법칙의 적용을 받는 이 둘은 모두 오래 지속되지 못한다. 금세 사라지기 때문에 늘 새로운 경험과 새로운 획득을 요구한다. 그리고 이처럼 끊임없이 계속되는 획득에는 우리가 그다지 생각해 보거나 토론해 보지 못한 부작용이 있는

데, 오래되고 싫증이 난 물건을 **버려야만** 한다는 것이다. 따라서 시장의 예전에서는 상품에 거의 초월적인 화려함과 광택을 부여하여 일종의 마술과 가짜 은총을 지닌 것처럼 보이게 만들지만, 이상한 사실은 바로 그 예전이 우리로 하여금 곧바로 이 상품을 버리도록 부추긴다는 것이다. 쇼핑몰에서는 오늘 신선하다고 추켜세운 것을 내일은 "5분 전 일so five minutes ago"(완전히 구식이라는 뜻의 역설적 관용구—옮긴이)이라며 속된 것으로 취급할 것이다. 따라서 아이러니는 우리가 흔히 "물질주의"라고 비판하는 소비주의가 사실은 물건을 아무것도 아닌 것으로 기꺼이 축소시킨다는 점이다. 한편으로 이런 실천은 물건에 구속이라는 약속을 부여하지만, 다른 한편으로 이런 물건은 그 약속을 결코 지키지 못하며 따라서 그것을 버리고 동일한 (지킬 수 없는) 약속을 제시하는 새로운 물건을 취해야 한다.

●————————————————

브랜드에 대한 충성, 심지어는 "헌신"이라는 말을 자주 듣는다. 하지만 사람들이 정말로 브랜드를 **숭배할까**? 소비주의가 정말로 그런 "예전적" 경험일까? 그것은 당신이 생각하는 것만큼 터무니없는 것은 아닐지도 모른다. 애플과 페이스북 같은 "슈퍼브랜드"의 효과에 관한 최신 연구에서 연구자들은 흥미로운 점을 발견했다. 이른바 애플교 신자들처럼 특정 상품에 열광하는 사람들의 뇌 활동을 분석한 결과, "종교적 이미지가 신앙인의 두뇌를 자극하는 것과 동일한 방식으로 애플 제품이 [이 사람들의] 두뇌의 특정 부분을 자극한다"는 것을 발견했다.[6] **이것이 애플에 대한 당신의 뇌 반응이다.** 그것은 마치 예배처럼 보인다.

이처럼 소비의 예전에 몰입함으로써 우리는 물건을 과대평가하는 동시에 과소평가하도록 훈련을 받는다. 물건에 의미를 부여하여 사랑과 욕망의 대상으로 삼고 물건에 과도한 희망을 거는(아우구스티누스라면 우리가 물건을 **이용하기**만 해야 하는데 그것을 **누리기**를 바란다고 말했을 것이다) 동시에 물건(과 그 물건에 투입된 노동력과 원재료까지)을 쉽게 버릴 수 있는 것으로 취급하도록 훈련을 받는다.

4. **묻지도 말고 따지지도 말라.** 물건을 신성화하는 동시에 세속화하는 쇼핑몰의 의례와 소비의 예전에는 또 다른 영적 요소가 있는데, 이는 일종의 비가시성에 기생한다. 쇼핑몰의 구조 자체가 자동차 소음과 심지어는 태양의 움직임과 격리된 피난처와 안식처인 것처럼, 소비의 예전은 우리 안에 학습된 무지를 야기한다. 특히 이 예전은 우리가 "이 물건이 다 어디에서 왔을까?"라고 묻지 않기를 바란다. 대신 우리로 하여금 일종의 마술, 즉 쇼핑몰에서 우리 집을 거쳐 매립지에 이르게 될 의류와 장

비가 마치 외계인이 떨어뜨린 것처럼 가게에 나타났다는 신화를 받아들이라고 권한다. 디즈니 월드에서 캐릭터 인형이 드나드는 입구와 출구처럼 생산과 운송 과정은 숨겨져 보이지 않는다. 이러한 비가시성은 우연이 아니다. 우리가 이런 삶의 방식이 지속 가능하지 않으며 다수 세계majority world에서 사는 사람들을 이기적으로 착취하고 있음을 인식하지 못하도록 이런 비가시성은 반드시 필요하다. 쇼핑몰의 예전이 좋은 삶과 "미국의 생활방식"으로 욕망하도록 우리를 훈련시키는 삶이 가능하기 위해서는 천연자원의 대량 소비와 값싼 노동력(의 착취)이 필요하며, 그렇기에 이런 삶의 방식은 결코 보편화될 수 없다. (미국 인구는 전 세계 인구의 5%에 불과하지만 세계 에너지의 23-26%를 소비한다.)[24] 소비의 예전은 우리로 하여금 창조세계를 파괴하는 생활방식을 욕망하게 만든다. 뿐만 아니라 다른 이들과 공유할 수 없는 생활 방식을 욕망하게 하며 특권과 착취의 체계를 만들어낸다. 다시 말해서, 이 왕국의 전망을 실현하기 위한 유일한 방법은 우리가 이를 독점하는 것이다. 쇼핑몰의 예전은 불의한 습관과 실천을 조장하며, 무슨 수를 써서라도 우리가 그런 의문을 제기하지 못하도록 막으려 한다. 묻지도 말고 따지지도 말라. 그냥 소비하라.

● 삶의 예전에 대한 감사를 실시하라

물론 쇼핑몰에서 이런 내용을 알려 주는 경우는 전혀 없다. 의류 매장에서 받은 영수증 뒷면에 이런 메시지가 인쇄되어 있지도 않다. 스타벅스의 컵에 "나는 소비한다. 고로 나는 존재한다"라는 문구가 새겨져 있지도 않다. 오히려 한동안 스타벅스는 사람들에게 스타벅스의 예전적 주기를 따르라고 권하면서, "의례를 통해 위로를 받으세요Take comfort in rituals"라고 광고했다. 즉 소비복음 교리는 배우는 것이 아니라 알아차리는 것이다. 이상은 메시지를 통해 유포되지 않고 실천을 통해 전해진다. 다른 문화적 예전도 마찬가지다. 이런 "세속" 예전의 목록은 매우 상황적이며 나라마다 다를 뿐만 아니라 세대마다 다르기도 하다. 그렇기 때문에 목회자는 민족서지학자가 되어 교인들이 자신들의 지역 예전을 식별하고 "주해하도록" 도와주어야 한다.

이를 인식한다는 것은 유혹이라는 역학을 일부 이해한다는 뜻이다. 모든 죄가 결정으로 이뤄지지는 않는다. 우리는 우리가 생각하는 사물이라고 가정하는 주지주의자인 경우가 많기 때문에 유혹과 죄도 그런 식으로 이해하여 유혹이 지적 실체라고 생각한다. 어떤 생각이 우리에게 제시되면 우리가 그에 관해 생각한 다음에 하겠다(거나 하지 않겠다)고 의식적으로 선택한다는 것이다. 하지만 우리가 그저 생각하는 사물이 아니라 습관의 피조물임을 깨닫는다면, 유혹이 나쁜 생각이나 잘못된 선택의 문제가 아님을 깨달을 것이다. 오히려 잘못된 형성과 잘못 잡힌 습관의 문제인 경우가 많다. 다시 말해서, 죄는 개별적인 잘못된 행동과 나쁜 선택만의 문제가 아니다. 죄는 **악덕**을 반영한다.[25] 이를 극복하기 위해서는 단순한 지식 이상의 것, 곧 습관 바꾸기가 필요하다. 우리의 사랑을 재형성해야 한다.

삶에서 매일 반복하는 예전을 인식하는 것에서부터 시작해 볼 수 있다. 우리가 앞서 논의한 문화적 실천에 대한 종말론적 시각을 기르고 예전이라는 렌즈로 일상의 주기를 읽어 내기 시작할 때, 삶의 예전에 일종의 회계 감사를 실시할 수 있을 것이다. 이것은 로욜라의 성 이그나티우스St. Ignatius of Loyola로부터 시작된 영적 실천인 매일 성찰Daily Examen의 확대판으로 볼 수도 있다.[26] 매일 성찰이란 삶에 주목하기 위한 실천이다. 하나님의 임재를 묵상하라. 감사하는 마음으로 하루를 돌아보라. 하나님 앞에서 당신의 감정에 대해 생각해 보라. 그날 기억에 남는 한 가지 사건을 두고 기도하라. 그런 다음 의도적으로 내일을 내다보라.

여기에 더해 예전적 성찰을 한다고 생각해 보라. 삶의 의례와 주기를 돌아볼 시간을 마련하라. 이를 연례 피정의 주제로 삼을 수도 있다. 당신이 매일, 매주, 매월, 매해 반복하는 행위를 생각해 보라. 당신이 하는 것 중에서 당신**에게** 무언가를 행하는 것은 무엇인가? 당신 삶의 세속 예전에는 어떤 것들이 있는가? 이런 예전은 좋은 삶에 대한 어떤 전망을 담고 있는가? 이런 문화적 실천에는 어떤 이야기가 내재되어 있는가? 이것은 당신이

2. 당신은 당신이 생각하는 바를 사랑하지 않을지도 모른다

어떤 종류의 사람이 되기를 바라는가? 이런 의례는 어떤 왕국을 지향하는가? 이런 문화적 제도는 당신이 무엇을 **사랑하기**를 바라는가?

예전이라는 렌즈로 쇼핑몰 같은 것들을 바라볼 때, 당신은 이것을 매우 다른 방식으로 바라보기 시작한다. 어쩌면 전에는 한 번도 당신의 관심을 끌지 못했던 문화적 풍경에 편재하는 이런 특징이 얼마나 중요한지 깨닫기 시작한다. 쇼핑몰이 은밀히 우리의 사랑과 갈망을 만들어 가는 **형성적** 공간임을 자각하기 시작한다. 당신이 원하는 바가 이 성전에서 습득한 습관에 아로새겨져 있음을 인식하기 시작한다. 당신은 바로 이곳이 당신이 사랑하는 법(과 그 대상)을 배운 공간임을 깨닫기 시작한다. 그리고 당신은 걱정하기 시작한다.

좋다. 우리는 거기서부터 시작해야 한다. 말하자면 우리는 뒷문을 통해 더 의도적인 기독교 제자도로 인도될 수 있다. 세속 예전의 형성적 힘을 깨달을 때 비로소 우리가 저항하거나 심지어는 비판해 온 기독교 예전의 중요성을 이해할 수 있다. 예전이라는 렌즈는 역사적 기독교 예배를 선물로 바라볼 수 있는 새로운 방식을 제공할 수도 있다. 3장에서는 이 점에 대해 논의해 보자.

성령은 당신이 있는 곳에서 당신을 만나 주신다

— 포스트모던 시대를 위한 역사적 예배

● 굶주린 마음과 습득된 입맛: 배고픔의 습관 바로잡기

앞서 말했듯이, 우리 마음은 실존적 나침반, 혹은 몸과 직결된 자동 유도장치와 같다. 우리의 사랑은 우리 마음이 지향하도록 조정된 일종의 자북을 향해 자석처럼 당겨진다. 좋은 삶의 특정한 전망에 대한 이런 이끌림이 우리의 행동과 태도를 포함한 모든 삶의 방식을 형성한다. 그래서 예전은 눈금을 조정하는 기술이다. 예전은 우리의 사랑이 특정한 '텔로스'를 겨냥하게 만들어서 우리의 사랑을 훈련한다. 하지만 모든 예전이 똑같이 만들어진 것은 아니다. 어떤 예전은 우리 마음의 눈금을 잘못 조정하여 가짜 자북이나 경쟁하는 자북으로 나아가게 만든다. 하지만 이렇게 잘못된 방향을 지향하는 마음의 나침반을 고치려면 눈금을 재조정해야 한다. 우리의 사랑이 세속 예전으로 무질서해질 수 있다면, 대항하는 예전 곧 복음으로 "가득 차 있으며" 하나님과 그 나라를 가리키는 구체적이며 공동체적인 실천으로 그 사랑의 질서를 바로잡아야(눈금을 재조정해야) 한다는 것도 참이다.

　　마음의 나침반이라는 방향 잡기 은유에 잘 공감이 되지 않

는다면, 신학자이자 노래꾼인 브루스 스프링스틴Bruce Springsteen이 제시한 또 다른 은유를 생각해 보자. "모두가 굶주린 마음을 지니고 있다Everybody's got a hungry heart." 성경도 굶주림이라는 은유를 사용해시 42:1-2 우리의 가장 근원적 갈망을 일종의 굶주림이나 욕망, 갈증으로 묘사한다. 우리 존재의 생물학적 양상에 해당하는 영적 양상이 있다는 말이다. 이사야 55장 1절의 아름다운 원복음에 담긴 초대를 생각해 보라.

> 오호라, 너희 모든 목마른 자들아
> 물로 나아오라.
> 돈 없는 자도 오라.
> 너희는 와서 사 먹되
> 돈 없이, 값 없이
> 와서 포도주와 젖을 사라.

예수님은 산상설교에서 이런 굶주림을 "복이 있다"고 칭찬하신다. "의에 주리고 목마른 자는 복이 있나니 그들이 배부를 것임이요."마 5:6 그리고 자신은 이런 굶주림을 채워 줄 유일한 분이라고 말씀하신다. "나는 생명의 떡이니 내게 오는 자는 결코 주리지 아니할 터이요, 나를 믿는 자는 영원히 목마르지 아니하리라."요 6:35 만약 마음이 위장과 같다면('카르디아'를 요즘 말로 "직감gut"이라는 의미에서 "내장"으로 번역해야 할 또 다른 이유!),

이 은유에 비춰 아우구스티누스의 기도를 이렇게 고쳐 볼 수 있을 것이다. "주께서 주를 위해 우리를 만드셨기에 주께서 우리를 먹이실 때까지 우리 위장은 꼬르륵거릴 것입니다."

이 은유에는 우리가 깨닫는 것보다 많은 뜻이 담겨 있다. 우리는 "당신이 먹는 것이 바로 당신이다"라는 진부한 말을 잘 알고 있다. 하지만 지난 세대에 우리는 굶주림의 속성과 그 가변성에 관해 점점 더 많은 사실을 알게 되었다. 브라이언 완싱크Brian Wansink와 마이클 폴란Michael Pollan 같은 과학자와 작가들은 굶주림이 **습득된다**고 지적한다.[1] 물론 배고프다는 것, 즉 먹어야 한다는 것은 인간의 생물학적 구조의 일부다. 하지만 중요한 의미에서 우리의 굶주림이 취하는 "방향"—우리가 **무엇에** 굶주리는가—은 습득된다. 따라서 당신이 먹는 것이 당신이라고만 말할 수는 없다. 당신이 먹고 **싶어 하는** 바가 바로 당신이며, 이것은 습득된다. 굶주림은 그 자체가 특정한 실천으로 형성된 습관이다. 다시 이런 굶주림은 당신으로 하여금 이런 습관을 강화하는 반복적 행위와 의례를 하게 만든다. 그렇기 때문에 완싱크의 말처럼 먹는 행위는 대부분 "아무 생각 없이" 이뤄진다. 우리가 어리석거나 무지해서가 아니라, 먹는 행위가 습관의 힘이 압도적으로 지배하는 인간 행위, 즉 2장에서 설명한 자동성의 하나이기 때문이다.

흔히 말하듯이 입맛은 습득된다. 하지만 우리가 깨닫지 못하는 사이에 입맛이 훈련될 수 있다. 예를 들어, 수많은 가공식품에 광범위하게 사용되는 액상과당은 가공식품의 부정적인 효과에도 불구하고 그것을 더 많이 먹고자 하는 욕망을 만들어 낸다. 그 결과, "조작된" 입맛 때문에 먹고 싶어 하는 마음이 생기는 악순환이 반복된다. 이런 식으로 먹게 만드는 제도와 환경에 깊이 빠져 있기에 우리는 우리에게 좋지 않은 것들을 갈망하는 법을 배운다. 깨닫지 못하는 사이에 우리는 이런 것들을 먹고 싶어 하도록 훈련을 받고 그런 습관을 갖게 된다(그런 "자동성"을 갖게 된다). 이는 우리의 가장 깊은 실존적 굶주림, 즉 **사랑**도 마찬가지다. 절대로 만족을 줄 수 없는 우상을 갈망하고 목말라 하도록 은밀히 훈련을 받고 있다는 사실을 우리는 깨닫지 못하고 있는지도 모른다.

정말 어려운 점은 이것이다. **생각**만으로는 새로운 입맛을 가질 수 없다는 것.

내 경험을 예로 들어 설명해 보겠다.[2] 지난 몇 해 동안 아내의 꾸준한 전도로 나는 음식 생산과 소비 제도의 불의와 불건전성에 대해 점점 더 확신하게 되었다. 아내의 경우에는 "좋은" 식습관—건강에 유익하며 정의로운 식사, 지역의 밭과 농장에서 기른 음식 소비, 우리의 번영에 이바지하는 음식 먹기—에 대한 헌신으로 이를 표현한다. 그러기 위해 아내는 텃밭을 열심히 일구고 온 가족을 부엌으로 불러 함께 맛있는 요리를 만든다(나는 정말 고마워하고 있다!). 아내는 "행복한 소"와 "행복한 돼지", 즉 가까운 지역에서 동물을 학대하지 않는 환경을 갖춰 기르고 도살한 고기로 냉동실을 채운다.

완고한 남편들이 다 그렇듯이 나는 아내의 주장에 귀를 기울이지 않고 반항했다. 무슨 까닭인지 나는 바버라 킹솔버Barbara Kingsolver와 마이클 폴란, 특히 웬델 베리Wendell Berry 같은 작가가 펼친 동일한 주장을 읽고 나서야 아내의 주장을 이해했다. (이런 관계는 다른 부부들에게도 익숙하게 들릴 것이다.) 이 저자들이 아내가 하지 않은 새로운 말을 한 것은 아니었다. 하지만 웬델 베리의 산문에서 아내의 기본 주장을 발견한 나는 금세 설득당하고 말았다. 나는 잘못을 깨닫는 동시에 확신하게 되었다. 웬델 베리가 내 마음을 바꿔 놓았다.

하지만 장을 보러 가는 길에 재미있는 일이 일어났다. 내 생각과 행동 사이에 상당한 간격이 있음을 발견한 것이다. 어느 날 웬델 베리의 아름다운 산문집《온 삶을 먹다Bringing It to the Table》(낮은산)을 탐독하던 중에 이 사실을 깨달았다. 한동안 어딜 가든 이 책을 가지고 다녔다. 어디서든 30초 자투리 시간이 생기면 읽기 위해서였다. 나는 열정적으로 이 책을 탐독하면서 형광펜을 칠하고 밑줄을 긋고 여백에 중요 표시를 하고 "아멘!"이라고 적었다. 읽다가 핵심 주장을 곰곰이 생각하려고 책에서 머리를 드는 순간, 추악한 아이러니를 깨달았다. 나는 코스트코Costco 푸드 코트에서 웬델 베리의 책을 읽고 있었다.

이 문장에는 잘못된 점이 너무 많기에 어디서부터 시작해야 할지 모르겠다. 혹시라도 모르는 이들을 위해 설명하자면,

코스트코는 대량 생산 식품을 비롯한 상품들을 대용량으로 판매하는 소매점 체인이다. 사실 "코스트코 푸드 코트"는 웬델 베리가 지옥의 여섯 번째 원을 묘사할 때 상상한 바를 뜻하는 줄임말일지도 모른다. 하지만 나는 ("행복한" 돼지고기로 만들지 않은 것이 거의 확실한) 팔뚝 길이만한 코스트코 핫도그를 베어 물고 웬델 베리의 주장에 동조하며 고개를 끄덕이고 있었다. 이게 도대체 어떻게 된 일인가?

이것은 내가 원하는 바와 내가 원한다고 **생각하는** 바 사이의 간격을 보여 주는 생생한 그림이었다. 더 구체적으로는, 나의 지적 확신과 지성 이전의 욕망, 지식과 습관 사이의 간격을 여실히 보여 주었다. 분명히 **생각**을 통해서 새로운 굶주림을 얻을 수는 없었다. 음식에 대한 새로운 지식을 얻는다고 해서 새로운 식습관을 갖게 되지는 않는다. 웬델 베리가 나의 지성을 설득한 후에도 나는 여전히 차를 몰고 맥도날드의 드라이브 스루로 가고 있었다. 나는 마이클 폴란의 주장을 **믿지만** 내가 빅맥을 **원한다**는 사실에는 아무런 변화가 없었다. (요리 채널을 본다고 미식가가 되지는 않는다. 요리 채널을 본다고 해서 꼭 당신이 보는 것을 원하게 되지도 않는다.)

생각만으로는 새로운 굶주림을 얻을 수 없다. 폴란과 베리는 나의 지성을 설득하는 데는 성공했을지 모르지만, 내 습관을 바꿔 놓지는 못했다. 새로운 습관을 갖기 위해서는 전혀 새로운 실천이 필요했다. 그들의 주장이 지적 촉매 곧 내 굶주림-습관이 얼마나 나쁜지를 깨닫게 하는 계기가 될 수는 있지만, 이렇게 습득된 습관을 버리기 위해서는 **대항** 형성적 counterformative 실천, 나의 굶주림을 유지하는 다른 주기와 반복적 행위가 필요했다. 내가 다르게 먹기를 **원하도록** 나의 굶주림을 유지해야 했다. 영적 굶주림도 마찬가지다. 새로운 지식과 정보는 나쁜 습관의 힘을 깨닫게 도울 수 있지만, 그 자체가 그런 습관을 버리게 하지는 못한다. "안다"고 해서 새로운 습관을 가질 수 있는 것은 아니다.

그로부터 몇 년이 지났다. 주장과 확신이 쌓였다. 때로는 부드럽지만 때로는 부드럽지만은 않은 아내의 격려도 더 절박해졌다. 의사는 나를 더 호되게 나무랐다. 의료보험 회사에서도 더 집요하게 몰아붙였다. 그리고 흥미로운 일이 일어났다. 나는 좋은 식습관 원하기를 **원하게** 되었다.

하지만 그런 욕망만으로는 평생 쌓아온 굶주림-습관이 바뀌지 않는다. 원래의 습관을 제거하고 대체해야 하는데, 그렇게 하기 위해서는 실천이 필요할 것이다. 본래 내가 가지고 있던 굶주림도 그런 식으로 습득했기 때문이다. 내 굶주림이 재형성된 방식이 우리의 영적 재형성에 대한 비유가 될 수도 있다고 나는 생각한다.

첫째, 중요한 의미에서 나는 언약 공동체—이 경우는 우리 부부만으로 구성된 "공동체"이기는 하지만—의 일원이 되기로 맹세했다. 그럼에도 불구하고 이는 습관을 바꾸는 것은 공동체의 일임을 시사한다. 참으로 (재)형성적인 실천은 공동체적이기 때문이다. 내 굶주림의 습관을 바꾸기 위한 토대 혹은 무대는 우리 부부가 서로 한 약속, 서로 격려하고 함께 새로운 주기에 따라 살아가고 서로 책임을 지겠다는 약속이었다. 우리는 먹고 운동하는 새로운 의례에 헌신하고, 함께 요리하고 설거지하고, **함께** 저녁마다 꼬르륵거리는 배를 견뎌 내고 단것을 절제하기로 약속했다. 습관 바꾸기의 이런 공동체적 양상은 아무리 강조해도 지나치지 않다.

둘째, 어쩌면 다소 아이러니컬하게도, 내가 원하는 바를 재형성하기 위해 나는 내가 원하지 않았던 실천에 열심을 냈다. 새로운 훈련을 받아들이고 새로운 식습관과 운동 프로그램에 임했다.

운동이 좋아서가 아니라 운동이 유익하다는 것을 알았기 때문에 운동을 시작했다. 나도 모르는 이유로, 달리기를 운동 종목으로 정했다. 그래서 운동화 끈을 묶고 귀에 이어폰을 끼우고 강을 향해 달리기 시작했다. 우리 집은 언덕 위에 있어서 달리기의 전반부는 꽤 쉬웠다. 같은 언덕을 다시 뛰어 **올라가야** 한다는 생각은 하지 못했다. 첫 며칠 동안은 언덕을 올라갈 때 어기적거리며 걷다 서다를 반복했다. 날마다 아내는 "재미있었어요?"라고 물었다. 나는 "하나도 재미없었어요"라고 대답했다.

그러던 어느 날, 아내의 똑같은 질문에 놀랍게도 "예, 좋았어요"라는 대답이 나왔다. 마침내 내가 달리기를 **원한다**는 사실을 깨닫기 시작했다. 출장 때문에 며칠 동안 운동화 끈을 묶지 못할 때면 좀이 쑤셨고, 신나게 달리고 싶어서 안달이 났다. 이제는 출장 갈 때도 운동화를 꼭 챙겨 가서 달릴 만한 곳을 찾는다. 이런 운동 프로그램을 받아들인 나는 근본적으로 다른 사람이 되었다. 이제 나는 운동을 **원하는** 사람이다. 실천이 습관을 낳았고, 이제 그 습관은 내가 그 실천과 그 실천이 약속하는 바(건강, 활력, 단잠, 정서적 안정)를 **원하게** 만들었다. 새로운 갈망을 갖게 되었다. 내가 5킬로미터 달리기를 원하고 출장 중에도 시간을 쪼개서 러닝머신에서 운동을 하게 되리라고는 상상도 못 했다.

규칙적인 운동 이외에도, 웨이트 와처스Weight Watchers(다이어트 관련 상품과 서비스를 제공하는 회사—옮긴이)에게서 약간의 도움을 받고 아내에게서 큰 도움을 받아 새로운 식단도 도입했다. 이것은 새로운 습관 형성 과정을 이해하기 위한 나만의 작은 실험실이 되었다.

먼저, 내가 평생 동안 기껏해야 "고기와 감자"만—그것도 초콜릿이 없을 때만—좋아하는 사람이었음을 깨달아야 했다. 평생 과일이나 채소는 거의 먹지 않고, 손에 들어오는 초콜릿은 모두 다 먹어 치웠다. 반드시 변화가 필요했다. 샐러드와 바나나, 그리스식 요거트를 먹기로 결심하고 먹는 양도 관찰하기 시작했다. 이 과정에서 웨이트 와처스에서 만든 스마트폰 앱의 도움을 받았다. 이 앱으로 내가 무엇을 얼마나 많이 먹고 있는지

확인할 수 있었다. 앱 사용은 대단히 개인주의적인 노력처럼 보일 수도 있지만 사실은 공동체 전체, 곧 영양학자들과 자신들의 지식을 공유해 이 소프트웨어를 통해 내가 그것을 사용할 수 있도록 해 준 다른 사용자들의 축적된 지혜를 대변한다. 어떤 의미에서 이 앱은 공동체와 나를 이어 주는 통로다.

한편으로 이 프로그램은 성찰을 촉구한다. 하루 종일 무엇을 먹고 마시는지 **생각해** 보라고 요구한다. 당신은 계산하고 할당해야 한다. 먹는 음식을 의식하고 양심적으로 거절해야 한다. 하지만 식습관에 대한 의식적이고 주지적인 이런 접근법이 오랫동안 지속될 것이라고 생각하는 사람은 아무도 없을 것이다. 오히려 이런 의식적 성찰의 목적은 새로운 식습관을 만들어 내는 실천을 하게 하는 것이다. 반복을 통해 그런 식습관이 자동화되었을 때 당신은 새로운 식습관을 지닌 사람이 된다. 처음에는 흡사 운전을 배우는 십대처럼 의식이라는 빙하 위에 있는 눈덩이로 식생활을 관리하고, 모든 것을 **생각해야** 한다. 하지만 사실 이것은 습관이 당신의 굶주림을 변화시키는 삶의 방식으로 진입하는 단계에 불과하다.[3]

●────────────────────

그리스도 안에서의 영성 형성을 위해서는 수많은 습관의 재형성이 필요하다. 우리가 평생에 걸쳐 수많은 무질서한 습관을 갖게 되었기 때문이다. 어린이들의 영성 형성이 그리스도의 몸의 가장 중요한 소명 중 하나인 까닭도 바로 이 때문이다. 교회와 그리스도인 가정에서 자란 모든 아이는 태어날 때부터 하나님나라를 지향하는 습관을 형성하는 실천에 몰입할 기회를 얻는다. 그렇기 때문에 어린이의 영성 형성을 중시하는 것 자체가 성령이 주시는 선물이다. 또한 그렇기 때문에 문화적 예전이 영성 형성에 미치는 부정적 영향력에 대한 무관심이나 부주의가 대단히 오래 지속되는 결과를 낳을 수도 있다. 어린이들의 "유연한" 습관과 상상력은 기회이자 도전이다.

이 점을 생생히 보여 주는 자료로는 데스틴 샌들린Destin Sandlin의 탁월한 비디오 〈머리를 거꾸로 써야 하는 자전거The Backwards Brain Bicycle〉를 보라.⁴ 샌들린은 중요 부품이 제대로 작동하지 않는 자전거를 만들었다. 핸들을 왼쪽으로 돌리면 앞바퀴가 오른쪽으로 돌고, 반대의 경우도 마찬가지였다. 샌들린은 평생 동안 자전거를 탔지만, 이 자전거는 정말 탈 수 없었다. 그의 신경 경로와 신체 습관은 정상적인 자전거에 맞게 훈련되어 있다. 그의 "습관"은 대단히 안정되어 있다. 샌들린은 8개월간의 연습이라는 엄청난 노력 끝에야 이 자전거를 탈 수 있게 되었다. **옛 습관은 쉬이 사라지지 않는다.**

하지만 샌들린의 아들의 경우는 전혀 달라서, 단 2주 만에 "거꾸로 자전거" 타는 법을 배웠다. 여기서 우리는 중요한 영적 통찰을 얻을 수 있다. 가정과 교회에서 아이들의 머리에 정보를 주입하는 데만 초점을 맞춰서는 안 된다. 어려서부터 아이들의 습관 형성을 위해 노력해야 한다.

결과는 어땠을까? 나는 새로운 굶주림을 갖게 되었다. 내가 샐러드를 **갈망하거나** 그리스식 요거트를 먹고 싶어 하거나 초콜릿을 거부할 것—이것은 훨씬 더 큰 기적이다—이라고는 상상도 못했다. 의례가 내 습관을 바꿔 놓았고, 바뀐 습관은 새로운 (바르게 질서 잡힌) 굶주림을 만들어 냈다. 나는 바른 것들을 원하기를 원하는 사람에서 이제 그런 것들을 원하고 그에 따라—항상 그렇지는 않지만 대개는—행동하는 사람으로 변했다.

이 유비의 논점이 명백해졌기를 바란다. 사랑이 습관인 동시에 굶주림이라면, 궁극적인 것에 대한 우리의 취향과 갈망도 같은 방식으로 바뀔 것이다. 성찰은 중요하다. 사실 나는 이 책이 사랑의 예전적 형성(과 잘못된 형성)에 **관해 생각해** 보게 하는 촉매제가 되길 바란다. 하지만 성찰을 통해 우리는 새로운 습관을 새겨 넣음으로써 우리의 굶주림을 재형성하는 새로운 실천을 시작하겠다는 자극을 얻어야 한다.

그리스도의 몸인 교회는 하나님이 우리에게 우리의 사랑을 새롭게 하고 우리의 욕망을 재정향하고 우리의 식욕을 다시 훈련하라고 촉구하시는 공간이다. 사실 말씀으로 영양을 공급받는 곳, 우리가 "말씀을 먹고" 생명의 떡을 받는 곳이 바로 교회가 아닌가? 교회는 성령이 우리에게 필요한 것을 먹여 주시는 집, 그분의 은총으로 우리가 다른 무엇보다도 그분을 욕망하는 사람들이 되는 집이다. 기독교 예배는 우리가 하나님과 그분이 욕망하시는 바에 대한 새로운 굶주림을 획득하고, 그에 따라 행동하도록 그분의 창조세계 가운데로 보냄을 받는 잔치다.

하지만 교회의 실천은, 우리를 마음의 근육, 즉 우리가 세상에서 움직이고 행동하는 방식을 좌우하는 근본적 욕망을 훈련시키는 반복 행위로 이끄는 영적 운동이기도 하다. 매튜 볼튼 Matthew Boulton이 지적하듯이, 이 은유는 적어도 장 칼뱅만큼이나 오래된 것이다. "칼뱅에게 교회는 체육관, 운동장, 학교, (우리가 바라고 기도하기는) 거룩하게 하시고 변화시키시는 하나님의 '파이데이아paideia'를 배우고 가르치는 준비와 실천의 공동체다."[4]

거룩해지고 그리스도를 닮아 가는 성화 과정은 오디오북을 듣는 것보다는 웨이트 와처스 프로그램과 더 비슷하다. 성화가 내 지식과 행동의 간격을 메우는 것(말하자면, 더 이상 코스트코에서 웬델 베리의 책을 읽지 않는 것)과 같다면, 그것은 곧 내가 원하는 바를 바꾸는 것을 의미한다. 그렇게 하려면 가장 뿌리 깊은 습관이 바뀔 수 있도록 순순히 훈련과 섭생을 받아들여야만 한다. 하나님의 영은 바로 그 공간, 그 간격에서, 번개 같은 마법이 아니라 우리의 신체적 습관을 징집하는 그리스도의 몸의 구체적 실천을 통해 우리를 만나 주신다. 성화를 그리스도로 "옷 입는"법을 배우는 것롬 13:14; 골 3:14이라고 생각한다면, 이것은 그분의 몸, 그리스도의 몸*corpus Christi*과 하나가 되는 것incorporated과 밀접한 연관이 있다.

제자도는 일종의 이민과 같아서, 어둠의 왕국에서 하나님이 사랑하시는 아들의 왕국으로 이주하는 것이다.골 1:13 그리스도 안에서 우리는 천상의 여권을 받는다. 그분의 몸 안에서 그 왕국의 "주민"처럼 사는 법을 배운다. 새로운 왕국으로 옮겨 가는 것은 다른 영토로 순간 이동하는 것이 아니다. 새로운 삶의 방식에 익숙해지고 새로운 언어를 배우고 새로운 습관을 획득해야 한다. 경쟁하는 왕국의 습관을 버려야 한다. 기독교 예배는 우리가 하늘의 시민, 장차 올 왕국의 백성으로 변해 가는 과정이다.빌 3:20

● 일상에 거하시는 성령님

설교자들 사이에 알려진 오래된 농담이 있는데, 어쩌면 당신도 들어 봤을지 모르겠다. 한 마을에 홍수가 나기 직전이었다. 그 마을에는 하나님이 이 재앙에서 자신을 구해 주실 것이라고 믿는 독실한 그리스도인이 있었다. 그는 하나님이 도와주러 오실 것이라고 확신했다.

물이 무릎까지 차오르고 이웃들이 노 젓는 배를 타고 마을을 빠져나갈 때, 카누에 탄 친구들이 지나가면서 "어서 타! 널

구하러 왔어"라고 말했다. 그 남자는 "아냐, 난 괜찮아. 하나님이 구해 주실 거야"라고 대답했다. 카누에 탄 친구들은 의아한 표정으로 노를 저어 지나갔다.

수위는 계속 올라가고 창문 사이로 물이 들어오기 시작했다. 당황하면서도 여전히 하나님이 도와주실 것이라고 확신했던 이 독실한 그리스도인이 물이 차오른 거실을 가로질러 가는데 모터보트가 빠른 속도로 다가왔다. 그를 구해 주러 온 사람들이 "어서 타세요!"라고 외쳤다. "당신을 구하러 왔어요!" 그 남자는 가쁜 숨을 몰아쉬며 "걱정 마세요. 괜찮아요. **하나님이 구해 주실 거예요**"라고 말했다. 배에 탄 사람들이 계속 배에 타라고 재촉했지만 아무 소용없었다.

결국 남자는 지붕 위로 올라갈 수밖에 없었다. 사방은 어둡고 물은 처마까지 차올랐다. 마을은 쥐 죽은 듯 고요했다. 남자는 추위에 떠느라 정신이 혼미할 지경이었지만 의심을 억누르려고 최선을 다했다. 집 꼭대기에 앉아 있던 그에게 멀리에서 헬리콥터 소리가 들렸다. 굉음은 점점 더 가까워졌고 그는 자신을 구하려고 헬리콥터가 온 것을 깨달았다. 구조 요원이 헬리콥터에서 구조용 바구니를 내리면서 "타세요. 괜찮아요. 저희가 선생님을 구하러 왔습니다!"라고 소리쳤다. 이제 그의 대답이 뭔지 충분히 예상할 수 있을 것이다. 그는 이번에도 하나님이 자신을 구해 주실 것이라고 확신하며 헬리콥터에 타지 않았다. 구조 요원은 그를 설득하려고 애썼지만 소용없었다. 헬리콥터는 구조하려던 사람을 태우지 못한 채 떠났다.

이야기는 비극적 결말을 맞는다. 천국에서 이 당황한 남자는 주께 정중히 여쭈었다. "하나님이 저를 구해 주실 것이라고 생각했습니다. 도대체 어디에 계셨습니까?"

"무슨 소리냐?" 주께서 대답하셨다. "내가 카누와 모터보트와 헬리콥터를 보내지 않았느냐? 그 이상 무엇을 더 바랐느냐?"

오래되긴 했지만 이 이야기는 중요한 진리를 담고 있다. 하나님이 일상에서 우리와 함께하겠다고 약속하셨는데도 우리는 너무나 자주 특별한 것에서 성령을 찾는다.[5] 마치 그분의 은총이 언제나 특별한 "사건"이기라도 한 것처럼 우리는 새롭고 특이한 것에서 하나님을 찾는다. 하지만 하나님은 그분의 성령이 일상적 은총의 수단 곧 말씀과 성례전을 통해 신실히 역사하신다고 약속하셨다. 우리는 은총이 언제나 "가장 새롭고 가장 좋은 것"과 직결되어 있기라도 한 것처럼 새로운 것에서 하나님을 찾지만, 예수님은 우리에게 단순하고 평범한 식사에서 하나님을 찾으라고 말씀하셨다.

●————————————————————

마이클 호튼Michael Horton은 우리에게 특별한 것을 좋아하는 성향이 있으며 그 때문에 우리 바로 앞에 있는 일상적 은총 수단을 무시하게 된다고 지적한다.

미국 기독교는 교회와 개인의 삶에 일어나는 항구적인 대격변에 관한 이야기다. 특별한 회심 체험으로부터 시작된 우리 삶은 가장 새롭고 가장 좋은 것에 대한 끊임없는 기대에 의해 자극을 받는다. 우리는 주일마다 교회에 나오지만 점점 더 **하나님의 평범한 은총의 수단**에 싫증을 내기 시작한다. 과거에 신실한 그리스도인의 증언을 만들어 온 교리와 권징은 무시되거나 더 새로운 유행이나 방법으로 대체되는 경우가 많다. 더 새롭고 개선된 것이 잠시 동안 우리를 현혹할지도 모르지만 그 역시 금세 "구식"이 되고 만다.[b]

더 구체적으로 말하자면, 이 이야기는 우리가 있는 자리에서 하나님이 우리를 만나 주신다는 성육신적 교훈에 관한 예화다. 우리는 틀림없이 신성한, 눈에 확 띄는 소통 방식을 기대할지도 모르지만, 하나님은 홍수가 닥친 집에 카누와 모터보트, 헬리콥터로 나타나신다. 이와 비슷하게, 주님은 우리가 습관의 동물임을 아신다. 그분이 우리를 그렇게 창조하셨다. 하나님은 우리가 항상 잘 알아차리지는 못하는 굶주림에 의해 움직이는 것을 아신다. 습관을 형성하는 실천—이것이 우리에게 원하는 법을 가르친다—이 우리 안에 우리의 욕구와 갈망을 새겨 넣은 것을 아신다. 당신이 무질서한 세속 예전으로 사랑이 잘못 형성된 습관의 동물이라면, 하나님이 당신에게 주시는 최선의 선

물은 당신의 사랑을 재형성하고 다시 훈련시키는 성령으로 충만한 실천이다. 따라서 그분은 우리가 있는 자리에서 대항 형성적 실천을 통해, 굶주림을 만들어 내는 의례와 사랑을 빚어내는 예전을 통해 우리를 만나 주신다. 그분은 하나님의 백성을 위한 하나님의 선물로, 성령이 주시는 힘 덕분에 가능한 실천을 우리에게 주신다. 이것이 바로 달라스 윌라드Dallas Willard가 "훈련의 영"에 관해 말할 때 의미했던 바다. 즉, 영적 훈련은 변화시키시는 성령의 은총이 우리에게 주어지는 통로다.[6] 나는 상식에 반하는 것처럼 보일 수도 있는 주장을 통해 영적 훈련의 개인적 실천에 대한 윌라드의 강조를 보충하고 싶다. 즉, 변화시키시는 성령의 사역이 가장 강력하고 열정적으로 이뤄지는 공간은 그럴 가능성이 가장 적어 보이는 곳, 바로 교회다!

나는 제자도에 관한 급진적인 주장을 하려는 게 아니다. 이 책에서 어떤 새로운 프로그램이나 특이한 공식을 찾지는 못할 것이다. 제자도의 문제를 마침내 해결한 권위자가 밝혀낸, 전에는 몰랐던 어떤 비밀―당신이 텔레비전 광고에서 본 체중 감량약과 같은 영적 비법(그런 게 있다면 좋으련만!)―을 발견하지는 못할 것이다. 오히려 내 주장은 새로움과는 거리가 먼, 아주 오래된 주장이다. 교회 예배가 제자도의 핵심이라는 것이다. 물론, 그리스도인의 영성 형성은 평생에 걸쳐, 월요일부터 토요일까지 매주 계속되는 일이다. 하지만 그것은 말씀과 성찬대 주위에 모인 회중의 예배의 삶에서 퍼져 나오며 거기서 영양을 공급받는다. 교회 없이는 성화도 없다. 건물에 어떤 미신적인 마법이 있어서가 아니라 교회가 하나님의 성령으로 살아 움직이며 성령으로 충만한 실천으로 이뤄진 그리스도의 몸이기 때문이다. 크레이그 다익스트라Craig Dykstra가 말했듯이, "그리스도인의 신앙생활은 많은 실천의 실천이다." 이를 통해 **우리가** 무언가를 성취해서가 아니라, 이런 실천이 "성령이 거하시는 곳"이기 때문이다.[7] 기도와 찬양, 설교와 봉헌, 세례와 성만찬이라는 실천은 하나님이 자비롭게 우리에게 보내 주신 카누와 모터보트와 헬리콥터다. 그분은 우리가 있는 자리에서, 실천으로 형성되는 습관의 피조물인 우리를 만나 주시며, 우리를 그 아들의 **몸**인 실천 공동체로 초대하신다. 예전은 우리가 그리스도로 "옷 입는" 법을 배우는 방식이다.골 3:12-16

● 누구의 예배? 누구의 행위?

안타깝게도 예배가 제자도의 핵심이라는 개념은 오해를 받기 쉽다. 예배에 대한 정의가 너무 협소하며 환원론적이었기 때문이다. "예배"라는 단어를 들을 때 우리 중 90%는 아마도 설교 ("가르침") 전에 드리는 "음악"이나 "찬양"을 생각할 것이다. 따라서 우리는 예배를 일차적으로 **우리가** 하는 무언가로 생각하는 경향이 있다. 그러므로 어떻게, 왜 예배가 제자도의 핵심인지를 바르게 이해하려 한다면, 예배에 대한 이해를 확대하고,

확장하고, 솔직히 말해 수정할 필요가 있다. 그렇게 할 때 우리는 현대에 와서 교회가 잊어버린 지혜를 기억해 낼 것이다. 그런 의미에서 나는 당신이 예전을 끌어안음으로써 해방감을 누릴 수 있기를 바란다.

어떤 이들, 특히 개신교 복음주의자들에게 "예전"은 나쁜 말처럼 들릴 것이다. 이 말에는 의심을 불러일으키는 의미가 가득하다. 이 말은 "공허한 반복", 즉 인간 노력의 표현에 불과한 나쁜 "종교"처럼 들린다. 간단히 말해, 우리는 마치 "예전"이라는 개념이 행위에 의한 구원, 의례 준수에 의한 구원과 연관되어 있기라도 한 것처럼 반응할지도 모른다.

흥미로운 점은, 개신교 종교개혁자들이 중세 로마 가톨릭 예배에 대해 똑같은 종류의 의구심을 품었다는 것이다. 하지만 그들의 반응은 반反예전적이라기보다는 **제대로** 예전적이었다. 문제는 예전 자체가 아니라 무질서한 예전이었다. 특히 종교개혁자들은 사실상 "자연적" 행위로 변질된 예배 행위—예전적 실천을 단순한 인간의 노력으로 이해하는 예배 형식—에 비판적이었다. 이는 몸을 진지하게 여기는 모든 예배 형식에 내재한 유혹이다. 기독교 예배에서 제자도 형성이 호세 바우티스타 José Bautista가 타격 연습이라는 신체적 의례로 탁월한 타자가 된 것과 비슷하게 작용이라도 하듯이, 예전을 다른 모든 행위처럼 **그저** 몸으로 하는 실천으로 여기려는 유혹이다. 예배는 전적으로 몸으로 하는 실천이지만 물질적이기**만** 한 행위는 아니다. 예배

3. 성령은 당신이 있는 곳에서 당신을 만나 주신다

는 온전히 자연적이지만 절대로 자연적이기**만** 한 것은 아니다. 기독교 예배는 바로 삼위일체 하나님의 삶에 참여하라는 초대다. 간단히 말해, 몸에 의한 행위의 중요성을 예배의 자연화로 이해하여 성령의 역동적 임재를 부인해서는 안 된다. 그와 반대로 성령은 이런 물질적 실천을 **통해서**, 그 **안에서** 우리를 만나시고 자라게 하시고 변화시키시며 우리에게 능력을 주신다. 교회의 예배는 우리를 변화시키는 성령이 강력히 임재하시는 독특한 공간이다. 마르바 던Marva Dawn의 말처럼 하나님은 우리 예배의 주체인 동시에 대상이시다. "예전과 의례"의 핵심은 "하나님이 중심이신 강력한 환경"을 만드는 것이다.[8] 예배는 **나를 위한** 것이 아니다. 예배의 일차적 목적은 "내가 느끼는 필요를 충족시키는" 경험이 아니며, 예배를 단지 욕망의 교수법으로 환원해서도 안 된다(이 역시 예배를 나를 위한 무언가로 이해하는 더 세련된 방식에 불과하다). 오히려 예배의 핵심은 하나님이시며, 예배는 그분을 위한 것이다. 하나님이 주체인 동시에 대상이시라고 말하는 것은, 삼위일체 하나님이 예배의 청중인 동시에 행위 주체이심을 강조하는 것이다. 예배는 하나님**께** 하는 행위, 그분을 **위해** 하는 행위다. 하나님은 말씀과 성례전을 통해 예배 **가운데** 활동하신다.

바로 이 점에서 예전의 개혁에 대한 종교개혁자들의 생각은 지금도 유효하다. 니콜라스 월터스토프Nicholas Wolterstorff가 지적했듯이, 종교개혁자들이 반대한 중세 서방 교회는 "심각한 정도로 하나님의 행위가 보이지 않는 예전"이라는 점에서 "자연화"
의 위험에 사로잡혀 있었다. "모든 것이 인간의 행위였다. 사제
가 하나님께 말했다. 사제가 그리스도의 신체적인, 하지만 정태
적인 임재를 발생시켰다.…하지만 행위 주체이신 하나님은 어
디에도 보이지 않았다."[9] 행위에 대해 관심이 존재했다면, 그것
은 "사람들의 일", 즉 아이러니컬하게도 인간만 수행하는 상향
적 표현 행위와 의례 준수에 초점을 맞췄다.

　반대로 월터스토프가 개혁주의와 개신교 예배의 "정수"로
꼽은 것은 행위, 특히 예배에서 **하나님의** 행위에 대한 강조였
다. "종교개혁자들이 이해하고 실천한 예전은 행하시는 하나님
과, 성령의 사역을 통해 응답하는 우리로 이뤄진다."

　　종교개혁자들은 예전을 **하나님의 행위와, 우리가 믿음으로 그 행
　　위를 받아들이는 것**으로 이해했다. 따라서 개혁주의 예전을 지배
　　하는 사상은 이중적이다. 즉, 예전에 참여하는 것이 하나님의 임
　　재뿐만 아니라 하나님의 행위 영역으로 들어가는 것이라는 확신
　　과 우리가 성령의 사역을 통해 믿음과 감사함으로 하나님의 행
　　위를 받아들여야 한다는 확신이다.…예전은 하나님과 하나님 백
　　성의 만남, 양자가 행동하지만 하나님이 먼저 시작하시고 우리가
　　응답하는 만남이다.[10]

　따라서 칼뱅은 성례전이 "엄밀히 말해 인간의 일이 아니라

하나님의 일"이라고 강조했다. "세례나 주의 만찬에서 우리는 아무 일도 하지 않는다. 그저 하나님께 나아가 그분의 은총을 받는다. 우리 쪽에서 보면 세례는 수동적인 일이다. 우리는 그리스도 안에 모든 것을 내어드리는 믿음 말고는 아무것도 가져가지 않는다."[11] 개혁주의 예전 신학자 휴즈 올리펀트 올드_{Hughes Oliphant Old}는 이 점을 잘 포착하여 이렇게 주장한다. "칼뱅이 염두에 둔 바는 하나님이 우리 예배에서 행동하신다는 것이다. 우리가 하나님의 말씀에 따라 그분을 예배할 때 그분은 교회의 예배 가운데 일하신다. 칼뱅에게 교회 예배는 인간의 창의성이 아니라 하나님의 활동에 관한 문제다."[12]

따라서 예배는 하나님이 임재하실 뿐만 아니라 하나님이 행동하시는 자리다. 칼뱅의 은총 신학에서는 하나님이 먼저 은혜롭게 행동하신다는 것을 강조한다. **하나님**이 예배에서 최초이자 주된 행위자시다. 하지만 핵심은 우리를 단순한 청중, 다른 누군가가 하는 행동을 바라보는 구경꾼으로 만들려는 수동성이 아니다(이것이 바로 중세 예배의 문제였다!). 오히려 이처럼 예배에서 이뤄지는 하나님의 행위에 대한 강조에는 은혜로 가능해진 하나님과 백성의 **상호**작용, 부르심과 응답, 은총과 감사라는 예전적 형식도 포함된다. 월터스토프는 이 점이 후대의 칼뱅주의자 네덜란드 신학자 아브라함 카이퍼_{Abraham Kuyper}의 예전 신학에서도 강조된다고 지적한다. 월터스토프는 예전의 개혁에 대한 카이퍼의 제안에 대해 논평하면서 카이퍼가 "예전의 다양한 부분과 예전 전체를 **하나님과 회중의 상호작용**으로 보아야 한다고 생각했다"고 말한다. "예전은 행위다. 이 행위는 인간의 행위이기만 하거나 하나님의 행위이기만 한 게 아니라 '회중이 의식적으로 참여하는 하나님과 그 백성의 상호작용'이다."[13]

하지만 이것을 인간의 노력에 우선성을 부여하는 예전적 펠라기우스주의와 혼동해서는 안 된다. 이런 **상호**작용조차도 은총의 삼위일체적 작동으로 가능해지기 때문이다. 필립 부틴 Philip Butin의 말처럼, 예배는 "삼위일체적 재연"이다. "기독교 예배의 시작을 알리는 '하향적' 움직임은, 성자를 통해 성령에 의해 교회에 신적 본성을 자비롭게 거저 드러내시는 성부의 계시에서 출발한다.…예배에서 인간의 응답이라는 '상향적' 움직임… 도 근본적으로는 하나님이 주도하신다. 인간의 응답인 '찬양과 감사의 제사'는 내주하시는 성령을 원천으로 삼는 믿음에서 나온다."[14] 종교개혁자들은 우리가 감사를 "표현하는" 것조차도 은혜로운 성령의 사역으로 가능해진다고 보았다. 이것이 에베소서 2장 8-10절에 기록된 신비와 복된 소식을 표현하는 예전 신학이다.

종교개혁으로부터 지금의 상황으로 돌아가 보자. 예전의 갱신에 관한 이런 역사적 통찰이 오늘날에도 유효할까? 우리에게도 다시 한 번 예배 개혁이 필요할까? 결국 현대의 복음주의 예배는 아이러니컬하게도 개신교 종교개혁의 원인이었던, 각본에 따라 이뤄지는 자연주의와 예배자를 구경꾼으로 만드는 수동성을 흉내 내고 있는 게 아닐까? "현대적 예배"라는 지금의 형식은 어떤 식으로 **우리**를 예배의 유일한 "행위자"로 만들고 있을까? 그리하여 우리가 예배에서 하나님의 행위의 **우선성**을 이해하지 못하게 만들 뿐만 아니라 하나님이 우리 예배 가운데서 일하시는 것조차 보지 못하게 만들까? 우리는 "임재"에 초점을 맞추는 정태적인 중세의 패러다임에 또다시 사로잡히고 만 것은 아닐까?

어느 주일에 나는 회중석에서 예배를 드리며 딸과 작은 실험을 해 보았다. 우리 교회에서는 대개 찬송가에 있는 곡을 불렀지만 이날은 주보에 인쇄된 현대 찬양곡을 불렀다. 나는 딸에게 문법 분석을 통해 이 노래에 내재된 신학을 살펴보라고 말했다. 딸에게 연필을 주면서 두 가지를 시켰다. "나"라는 말이 나올 때마다 동그라미를 그리고, 하나님이나 그리스도라는 말이 나올 때마다 네모를 그린 다음에 둘을 비교해 보자고 말했다.

둘 중에 어느 쪽이 더 많이 나왔을지 상상할 수 있을 것이다. 나는 현대적 찬양 자체를 비난하려는 의도도 없고, 오래된 찬송가일수록 나쁜 신학의 위험에서 자유롭다고 주장하려는 것도 아니다. 우리가 부르는 노래의 문법 구조를 분석하여, 우리가 예배의 **행위자**를 누구로 생각하는지를 이 노래들이 암시적으로 말하고—따라서 우리에게 가르치고—있음을 함께 인식해 보자는 것이다. 우리가 부르는 노래가 **우리**를 예배의 행위자로 지목할 때("**나** 주를 경배하리, **나** 엎드려 절하며…"), 예배는 근본적으로 인간 의지의 표현, 펠리기우스주의적으로 자기를 주장하려는 시도로 이해된다. 만약 우리가 암묵적으로 예배를 그렇게 이해하고 있다면, 예배가 제자도의 핵심이라는 주장이 이상하게 보일 것이다.

하지만 예배에서 하나님의 행동이 가장 우선이라는—예배가 하나님이 자비롭게 먼저 행하시는 자리라는—의식을 회복한다면, 우리는 예배가 어떻게, 왜 제자도의 핵심인지를 더 잘 이해할 수 있을 것이다. 우리는 다른 기대 곧 살아 계시며 일하시는 주께서 우리를 만나 주시고 새롭게 만드실 것이라는 기대를 가지고 예배당으로 들어가야 한다.

● 표현에서 형성으로

예배에서 누가 일하시는지를 깨달을 때 우리는 "예배"라는 단어에 대한 우리의 태도마저 오염시키고 있을지도 모르는 또 다른 오해에 근본적으로 이의를 제기할 수밖에 없다. **우리가** 예배의 주요 행위자라고 암묵적으로 가정할 때, 우리는 예배를 기본적으로 무언가를 **표현하는** 행위라고 생각한다. "예배"를 우리가 모여서 찬양하는 시간, 예배 중에서 우리 자신을 표현할 수 있는 시간으로 축소시킨 것도 바로 이 때문이다. 우리는 예배를 일차적으로 상향적 관점에서 바라보아, 우리가 찬양을 표현하고 헌신을 보여 주는 시간으로 이해한다. 마치 예배 때 모여 흔히 말하듯이 "단 한 분의 관객"이신 하나님을 위해 무언가를 한다고 생각한다. 예배를 이런 식으로 이해할 때는 예배의 가장 중요한 가치가 **진정성**이라고 가정하는 셈이다. 예배가 하나님에 대한 헌신의 표현이라면 우리가 가장 원치 않는 바는 위선자가 되는 것이다. 우리의 표현은 정직하고 참되고 참신하고 순수하고 "진정한" 것이어야 한다.

하지만 진정성에 대한 열망은 **참신성**을 추구하는 경향을 불러일으키기 쉽기 때문에 흥미로운 문제를 야기한다. 내가 하나님을 얼마나 많이 사랑하는지 보여 주기 위해 예배한다면, 똑같은 행위를 반복해서 할 때 스스로 위선적이라고 느끼기 시작할 것이다. 나의 표현은 "진정성"이 덜하다고 느끼기 시작할 것이다. 따라서 우리는 새로운 예배 방법, 우리의 헌신을 보여 줄 새로운 방법, 우리의 찬양을 표현할 참신하고 새로운 형식을 찾아야 한다. 예배를 표현으로 이해할 때는 예배의 진정성을 유지하기 위해 참신함을 추구한다.

선한 의도에도 불구하고 이러한 "표현"의 패러다임은 이제 예배 형식과 복음 내용의 미심쩍은 구별과 결합된다. 수 세기에 걸쳐 전해 내려온 기독교 예배의 구체적 형태와 실천이 취사선택할 수 있는 형식—심지어는 죽은 의례의 회칠한 무덤—에 불과하며, 따라서 현대적이고 매력적이고 적절한 방식으로 복음 "메시지"를 전달하기 위해서 버릴 수도 있고 버려야만 하는 것이라고 생각한다. 따라서 현대 문화를 "향해" 말하기 위해 우리는 교회를 개조한다.

매력적이며 쉽게 다가갈 수 있고 당혹스럽지 않은 형식에 복음의 내용을 담아내려는 열망에서 우리는 더 익숙한 동시대의 문화 형식을 찾는다. 현대의 구도자와 그리스도인들에게 낯설고 이상한 오래되고 케케묵은 중세의 실천에 동참하라고 요구하는 대신, 너무나도 익숙해서 그들이 쉽게 참여할 수 있는 현대의 실천을 채택하여 예배를 개조한다. 고딕 성당의 위협적이며 으스스한 분위기 대신에, 커피숍이나 공연장, 쇼핑몰 같은 분위기에서 드리는 예배로 초대한다. 우리는 형식과 내용의 구별을 확신하기 때문에 복음의 내용을 정제해서 이런 새로운 형식에 담아낼 수 있다고 믿는다. 다양한 실천이 사실상 중립적이기 때문에 영원한 메시지를 영원하지 않은 그릇에 담아낼 수 있다고 믿는다. 참신하고 익숙한 형식으로 예수를 제시하기 위해서 ("전통"으로 취급해 폐기할) 역사적 예배라는 물려받은 옛 형식으로부터 "예수"를 정제해 낸다. 커피숍에서 이뤄지는 거룩한 경험을 통해 와서 예수를 만나라. 쇼핑몰을 본떠서 개조해서 익숙하게 느낄 만한 예배 공간으로 와서 복음을 들으라.

물론 문제는 이런 "형식"이 메시지를 담는 중립적인 용기나 폐기할 수 있는 통로가 아니라는 것이다. 이미 살펴보았듯이, 단순히 참신한 형식으로 받아들인 것이 사실은 이미 특정한 '텔로스', 즉 좋은 삶의 암묵적 전망을 지향하는 실천이다. 나는 이런 문화적 실천이 어떤 '텔로스'를 지향하며 나의 사랑과 갈망을 형성하는 경향이 있기 때문에 그 자체로 **예전**이라는 점을 보여 주려고 노력했다. 형식 자체가 우리가 세상을 이해하고 세상과 관계 맺는 법을 가르치는 욕망의 교수법이다. 따라서 복음 메시지를 정제해서 쇼핑몰이라는 형식에 심고자 할 때, 사람들이 그리스도와 만날 수 있는 참신한 방법을 찾는다고 생각하겠지만 사실은 그 실천 형식 자체에 이미 세상을 이해하는 특정한 방식이 가득 차 있다. 쇼핑몰의 예전은 모든 것을 나를 행복하게 만들기 위해 사용 가능한 상품으로 이해하는 소비주의를 마음 차원에서 가르치는 공간이다. 살아 계신 역사의 주님을 만나는 대신에 그런 예전을 통해 "예수"를 만날 때, 나는 예수를 나를 행복하게 만들기 위해 사용할 수 있는 또 다른 상품에 불과하다고 암묵적으로 교육받는다. 그분을 내 선반에 추가하기를 열렬히 원할지도 모르지만, 우리는 이런 획득을 제자도와 혼동해서는 안 된다.

예배를 표현으로 이해하는 이러한 상향식 패러다임이, 특히 북미 복음주의권에서 예배를 떠올릴 때 우리 머릿속에 즉각 떠오르는 이미지를 상당 부분 특징짓는다. (구글에서 "예배"를 검색할 때 나오는 이미지를 살펴보면 내 말뜻을 이해할 수 있을 것이다.) 너무나도 많은 사람이 "예전"에 미심쩍은 태도를 품는 까닭도 바로 이 때문이다. 예배를 표현이라고 생각한다면 의례를 "행위에 의한 의로움_{works righteousness}"과 혼동하고 말 것이다. 즉 "예전적" 예배—고대의 형식과 실천을 반영하는 기독교 예배—를 사람들이 하나님의 호의를 "얻으려고" 노력하는 진실하지 못한 방식이라고 생각할 것이다.

하지만 이는 예전적 예배 형식을 오해하여 표현이라는 패러다임으로 바라보는 태도다. 예배를 표현으로 보는 사람들은 자신들의 방식이 예배를 이해하는 유일한 방식이라고 생각하기에, 자신들의 표현주의적 관점을 역사적 기독교 예배에 강요하여 진정성이 없는 기계적인 반복만 부각한다. 하지만 아이러니컬하게도 이런 태도는 예배를 표현으로 보는 패러다임이 **우리**를 예배의 주된 행위자로 만든다는 사실에서 기인한다. 다시 말해서, 표현주의는 상향식 관점에서 인간의 노력에 가치를 부여하며, 그 결과 오히려 행위에 의한 의로움에 더 가까워진다.

하지만 역사적 기독교 예배의 실천은 그리스도인들이 말씀과 성찬대 주위로 모이는 "전통적인" 옛 방식에 그치지 않는다. 이 실천은 예배의 본질에 대한 근본적으로 다른 이해, 기독교 예배의 일차적 **행위 주체**에 관한 근본적으로 다른 패러다임에 뿌리를 내리고 있다. 역사적 기독교 예배는 상향식 관점에서 예배가 **우리의** 헌신과 찬양의 표현이라고 강조하는 대신, 예배를 통한 만남에서 하나님이 주요 행위자 혹은 주체라는 확신에 뿌리를 내리고 있다. 이를테면, 예배는 위로부터 아래로 이뤄진다. 우리는 그저 하나님께 헌신을 보여 드리고 찬양을 드리기 위해서만 예배를 드리지 않는다. 우리는 이 만남에서 하나님이 위로부터 아래로 우리를 (다시) 만드시고 빚으시기 때문에 예배하라고 부르심을 받았다. 예배는 하나님이 우리 마음의 지향을 재조정하시고 우리 욕망을 재형성하시고 우리 사랑의 습관을 바로잡으시는 무대다. 예배는 그저 우리가 뭔가를 하는 것이 아니다. 하나님이 우리에게 무언가를 행하시는 공간이다. 예배는 하나님이 우리 마음을 다시 훈련시키시는 체육관이기에 제자도의 핵심이다.

● 형식이 중요하다

이는 직관에 반하는 가설을 만들어 낸다. 예배에서 하나님의 행위가 우선이라는 성경적 인식을 회복하는 만큼 우리는 예배 **형식**의 중요성에 대한 이해도 회복하게 될 것이다. 이것이 "직관에 반한다"라고 말한 까닭은, 우리가 예전적 형식주의를 종교개혁자들이 문제를 제기했던 의례 지상주의와 연관시키기 때문이라고 나는 생각한다. 하지만 우리가 예배 형식에 주목하고 의도적인 태도를 취해야 하는 까닭은 바로 예배에서 하나님의 삼위일체적 행위와 활동을 깊이 지각하기 때문이다. 특히 성령이 몸을 입은 피조물인 우리를 만나 주시는 방식으로 우리에게 예배 형식을 선물로 주셨기 때문이다. 예배의 핵심이 **형성**formation임을 깨달을 때 우리는 비로소 왜 **형식**form이 중요한지를 이해하기 시작할 것이다. 기독교 예배에서 우리가 순종하는 마음으로 행하는 실천을 통해 하나님은 그분의 왕국을 향해 우리의 사랑을 재습관화하신다. 그렇기 때문에 우리는 이런 실천에 담긴 이야기에 관해서도 의도적인 태도를 지녀야 한다.

나는 예배 "형식"이라는 용어를 두 가지 의미로 사용한다. ① 기독교 예배의 전체적 서사와 ② 이 구현된 서사의 구성 요소를 이루는 구체적 실천이다. 형성적인 기독교 예배는 우리 마음을 하나님과 그분의 나라를 지향하도록 재조정하는 실천의 집합체로서 의도적이며 성경적인 **형태**를 지닌다. 다음 장에서는 어떻게 역사적 기독교 예배가 그리스도 안에서 세상을 자신과 화해시키시는 하나님의 이야기로 우리를 초대하는지고후 5:19를 더 자세히 살펴볼 것이다. 여기서는 개괄적인 주장만을 제시하려 한다. 즉, 예배는 일차적으로 혁신적 창의성을 위한 공간이 아니라 지혜로운 수용과 신실한 반복을 위한 공간이다. 그렇다고 예배에 신실한 혁신의 여지가 없다는 뜻은 아니다. 예배에서는 창의성과 참신성 자체가 선은 아니라는 뜻일 뿐이다. 우리는 선물로 받아야 할 예배 형식을 물려받는다.

나는 지금 예배 "양식"에 관해서 말하는 게 아니다. 형식과 양식의 구별이 불분명하기는 하지만 적어도 이 점은 분명히 밝혀 두려 한다. 목적 지향적이며 역사적인 기독교 예배의 형식에 관해 말할 때 나는 "현대적" 예배에 반대해 "전통적" 예배를 옹호하는 주장을 하는 게 **아니다**. 기타에 반대하고 파이프 오르간을 옹호하거나 찬양대와 드럼에 대한 논쟁에서 어느 한쪽을 편들려는 게 아니다. 물론 음악 양식도 형식의 일종이지만, 내가

여기서 말하려는 바는 그게 아니다.[15]

　나의 주장은 더 근본적이면서 덜 과거 지향적이다. 기독교 예배가 성경 이야기로 빚은 실천의 집합체일 때 예배는 제자도의 핵심이 된다. 성경 이야기가 중심이고 성령으로 가득한 예배만이 대항하는 세속 예전으로 형성된 습관을 제거할 수 있는 **대항** 형성적 실천이 될 수 있다. 오늘날 "예배"로 불리는 모든 것이 이런 대항 형성적 힘을 지닌 것은 아니다. 오늘날의 예배가 세속 예전에 예수라는 이름만 덧붙인 형태에 불과한 경우가 너무나 많기 때문이다. 이런 예배는 예배라는 이름은 취하면서도 그 능력은 거부한다. 따라서 예수에 관한 노래를 부르지만 예배 "경험"의 형태나 형식은 소비주의 복음을 부추길 뿐이며, 예수와의 무의식적 만남을 또 다른 상품으로 취급할 뿐이다. 이런 현대적 예배 형식에는 '샬롬'에 대한 하나님의 전망이 아니라, 소비와 폐기를 통한 행복이라는 소비주의의 전망을 '텔로스'로 삼는 이야기가 담겨 있다.

　그렇기 때문에 포스트모던 시대에 살고 있는 우리는 고대 그리스도인들에게 많이 배워야 한다. 그들을 둘러싼 문화의 의례와 예전은 훨씬 더 노골적이었기 때문에—예를 들어, 우리의 시민적·정치적 공간은 경기장과 의사당, 대학처럼 완곡한 방식으로 세속적 전망을 유포하는 반면, 그들의 시민적·정치적 공간은 신전이었다—초기 그리스도인들은 예배를 위해 어떤 실천을 채택할지를 더 의도적이고 의식적으로 결정했다. 그들의 예전적 삶의 정신은 이스라엘에서 그 기원을 찾았지만, 단순히 회당을 "예수화"하지는 않았다. 제자들이 그리스도의 공동체를 형성할 주기와 실천을 가려내고자 할 때 신실한 혁신이 이루어졌다. 여기에는 (예를 들어, 우리에게 세례와 주의 만찬을 주셨던) 예수님의 명령에 대한 구체적 응답뿐 아니라, 하나님나라를 지향하는 예전에 포함될 형성적인 문화적 실천을 신중하게 고르고 재전유하고 재조정하는 과정도 포함된다. 따라서 나라가 임하기를 기도하셨던 승천하신 그리스도를 중심으로 이뤄진 예배 공동체를 특징지어야 할 문화적 실천이 무엇인지를 분별하기 위해 그리스도의 몸은 계속해서 노력해 왔다.

그 덕분에 모든 그리스도인은 신앙 형성을 위한 지혜의 원천이 될 풍성한 예배 유산을 물려받았다. 그렇기 때문에 우리는 역사적, 의도적, 형성적 기독교 예배의 형태를 "공교회적^{catholic}"이라고 말할 수 있다. 이것이 "로마 가톨릭"이기 때문이 아니라, 역사적 기독교 예배의 유산이, 예수님이 약속하셨듯이 성령이 진리로 인도하시는 그리스도의 몸의 축적된 지혜를 나타내기 때문이다.[요 16:13] 이것을 그저 교리적 올바름에 관한 약속이라고만 생각하지는 말자. 이것은 바로 그 성령이 그리스도의 몸이 신실한 삶의 길을 분별할 수 있도록 이끄실 것이라는 약속이기도 하다. 4장에서는 이런 형성적 예배의 줄거리를 살펴보고 그에 따른 "무대 연출"에 관해 생각해 볼 것이다. 하지만 이 예전적 유산을 우리의 공교회적 신앙—니케아 신조처럼 모든 기독교 전통이 공유하는 교회의 공통된 정통 유산―의 표현으로 바라보는 것이 중요하다. 우리의 예배가 공통된 형식을 지닐 때, 예배는 기독교 이후 시대에서 교회의 증언을 위해 특히나 중요한 우리의 하나됨과 일치를 강화한다.

예배가 단순히 무언가를 표현하는 것이 아니라 우리를 형성한다면, 우리는 우리를 형성하는 예배 형식에 의식적이며 의도적인 태도를 취해야 한다. 여기에는 한 가지 더 중요한 함의가 있다. 예배를 단순한 표현과 분리할 때, 이는 **반복**에 대한 당신의 생각을 완전히 바꿔 놓는다. 예배를 상향적 표현 행위로 생각할 때는 반복은 진실하지 않으며 진정성이 부족한 것처럼 보일 것이다. 하지만 예배를 하나님이 당신의 가장 근원적 습관을 다시 만들어 가시는 하향적 만남으로의 초대로 이해할 때 반복은 전혀 다르게 보일 것이다. 반복은 하나님이 우리 습관을 바로잡으시는 방식이다. 형성적 패러다임에서 반복은 거짓이 아니다. 당신은 **보여 주는** 것이 아니라 **복종하는** 것이기 때문이다. 반복 없는 형성은 없기 때문에 이 점은 대단히 중요하다. 덕의 형성을 위해서는 실천이 필요하며, 반복 없는 실천이란 존재하지 않는다. 우리는 삶의 다른 모든 영역, 예를 들어 골프 스윙과 피아노 연주, 수학 실력을 기르고자 할 때 반복을 좋게 받아들인다. 주님이 우리를 습관의 동물로 창조하셨다면 어떻게 반복이 영적 성장에 해롭다고 생각할 수 있겠는가?

오스카 와일드Oscar Wilde의 도발적인 글 "예술가로서의 비평가The Critic as Artist"는 우리에게도 적절한 통찰을 제공한다. 사랑하는 법을 배우기 위해서는 실천이 필요하며 실천하기 위해서는 반복이 필요하다. 어떤 의미에서 우리는 믿기 위해서 **질서에** 속해 있다. 이 글 속 대화에서 길버트가 "당신은 사랑하기 원하는가?"라고 묻는다. "사랑의 연도連禱를 사용하라. 그러면 그 말들이 세상이 그 말들의 원천이라고 믿는 갈망을 만들어 낼 것이다."[16] 성령이 우리 마음에 넉넉히 쏟아부으신 그 사랑을 길러 내기 위해 그분이 우리에게 이 사랑의 연도를 주셨다. 기독교 예배라는 예전은 우리가 반복해서 드리는 바로 이 사랑의 연도다.

당신은 어떤 이야기 안에 있는가?

— 형성적 기독교 예배의 서사 구조

● 직감으로 복음 이해하기

예배는 직감을 사로잡고, '카르디아'를 재조정하고, 상상력을 장악할 때에만 제자도의 핵심이 될 수 있다. 우리는 예전적 동물이기에 우리 마음을 사로잡기 위해 다투는 경쟁적인 예전들을 인식해야 하며, 그런 다음 재조정과 재습관화의 활동인 기독교 예배, 즉 바르게 질서 잡힌 예전에 헌신해야 한다. 당신이 예배에서 하나님의 백성을 이끄는 책임을 맡고 있다면 이것은 더 중요한 함의가 있다. 모든 목회자와 장로는 이 형성적 과제를 수행하는 예배를 계획하고 이끎으로써 영혼을 돌보고 마음을 관리할 책임을 진 관리자다.

　　새로운 정보information만으로는 잘못된 형성deformation에서 해방될 수 없다. 하나님은 감각적인 경쟁적 예전이 지닌, 잘못된 형성을 초래하는 습관을 만들어 내는 힘으로부터 우리를 구원하기 위해 책만 주지 않으셨다. 오히려 그분은 우리를 성경 이야기로 가득 차 있을 뿐만 아니라 그 이야기를 우리 마음에 새겨 넣음으로써 우리 에로스의 방향을 조정하는, 몸으로 행하는 다른 예전으로 초대하신다. 이 예전을 통해 우리 사랑의 바늘을 자북이신 그리스도를 향해 구부리신다. 성경은 예배라는 목적 지향적이며 공동체적 의례를 통해 독특한 방식으로 우리 안으로 스며든다. 성경적 세계관으로 방향이 설정되고 성경적 지혜로 인도 받는 백성이 되려 한다면, 우리가 할 수 있는 최선의 영적 투자는, 말씀이란 배우기보다는 깨달아 아는 것이라는 확신에 뿌리를 내린 역사적 기독교 예배의 풍성한 유산을 발굴해 내는 것이다. 성경에서 말하는 구속 드라마는 그것을 "착 달라붙게" 만드는 방식으로 예배에서 재연된다.[1] 공부와 암기도 중요하지만 역사적 기독교 예배의 공동체적·반복적·시적 리듬에는 상상력을 만들어 내는 독특한 힘이 있다.

앨런 제이콥스Alan Jacobs는 토머스 크랜머Thomas Cranmer가 이런 확신—기독교 예배가 무엇보다도 먼저 성경적이어야 하며, 말씀이 의례를 통해 우리 안으로 스며든다는 확신—으로 성공회 기도서를 만들었다고 탁월하게 설명한다. 크랜머는 성경이 그리스도인의 삶의 중심이라는 복음적 확신 때문에 예전에 반대하기는커녕 오히려 기도서에 실릴 의례를 만들었다.[2] 여기에는 "달력"의 정례화도 포함된다. 이는 하나님의 백성이 정기적으로 성경 전체를 읽고 매월 (교회의 오래된 찬송가인) 시편 전체를 읽게 해 주는 공적 성경을 말하는데, 지금의 성서일과와 비슷하다. 하지만 미리 정해진 성경 읽기 주기 외에도 크랜머의 기도는 성경의 언어로 흠뻑 젖어 있다. 그의 기도서 덕분에 영국의 그리스도인들은 잠재의식 차원에서 성경적 감수성을 흡수할 수 있었다. 제이콥스는 성공회 기도서의 영향력을 마지못해 인정하는 이몬 더피Eamon Duffy의 말을 인용한다. "매주 낭독된 크랜머의 절제되고 웅장한 산문은 그들 마음속으로 들어가 그 마음을 사로잡았으며, 그들이 하는 기도의 기본 요소, 가장 엄숙하고 가장 어려운 순간에 그들이 하는 말이 되었다."[3] 크랜머의 산문이 성경의 언어를 사용하기 때문에 성공회 기도서의 전례와 의례는 그 리듬에 맞춰 기도하는 이들의 상상력 안으로 깊숙이 파고든다.[4]

그리스도의 형상을 닮는다는 것은 그분을 따라 하나님을 생각하는 것일 뿐만 아니라 하나님이 욕망하시는 바를 욕망하는 것이기도 하다. 그러려면 우리 마음의 습관을 재조정하고 우리 상상력을 다시 사로잡아야 하는데, 하나님의 말씀이 우리의 사회적 상상계의 지향적 중심이 되고 우리가 무언가에 관해 **생각**하기도 전에 그것을 지각하는 방식을 규정할 때 그런 일이 생긴다. 따라서 쇼핑몰이나 경기장, 대학 동아리의 세속 예전처럼 기독교 예전은 지성에만 초점을 맞추지 않는다. 몸에도 영향을 미치고 감각을 통해 욕망을 징집한다. 대항 형성적인 기독교 예배는 신체적이며 감각적이고 직감적이어야 한다. 마음에 도달하려면 몸을 통해 가야만 한다. 그렇기 때문에 대항 형성적인 기독교 예배는 정보를 나눠 주기만 해서는 안 된다. 그런 예배는 그리스도 중심의 상상력을 길러 내는 공간이며, 거기서 우리는 다른 곳에서 흡수한 상징적 우주를 의례적으로 씻어 낸다.

기독교 예배는 그저 우리가 어떻게 생각해야 하는지를 가르치는 데 그치지 않고, 어떻게 사랑해야 하는지를 가르친다. 이를 위해 우리를 성경 이야기 속으로 초대하고 그 이야기를 우리 뼛속에 심어 넣는다.

흔히 마크 트웨인Mark Twain의 말이라고 하는 경구가 이 점을 잘 포착한다. "고양이 꼬리를 붙잡고 옮겨 본 사람은 그렇게 해 보지 않으면 알지 못하는 무언가를 배우게 된다." 이 말을 잠시 생각해 보라. 전에 내가 고양이 꼬리를 붙잡고 옮겨 봤다고 상상해 보라. 그 경험이 어땠는지를 구체적이고 생생하게 설명할 수 있는 능력이 있다고 상상해 보라. 내 설명을 듣는 것은 실제로 고양이 꼬리를 붙잡고 옮기는 것과는 **전혀** 다를 것이다. 왜 그럴까? 그 경험 자체에 환원 불가능한 요령이 포함되어 있기 때문이다. 실제로 해 보아야만 알 수 있는 것이 있다. 나는 그 행동에서 말로는 절대 표현할 수 없는 무언가를 배우게 되며, 환원할 수 없는 방식으로 그것을 이해하게 된다.

마찬가지로 우리는 기독교 예배의 주기와 리듬을 통해 복음에 관해 다른 어떤 방식으로도 배울 수 없는—아마도 말로 표현할 수도 없는—무언가를 배운다. 기독교 예배라는 실천에는 우리가 지성보다 더 깊은 차원에서 "안다"는 의미에서 하나님에 대한 이해가 담겨 있다. 신념이나 교리, 기독교 세계관으로 이것을 설명할 수는 없지만, 이러한 상상력 차원의 복음 이해는 세상에서 우리가 행동하는 방식을 바꾸어 놓는다.

이 장에서는 우리의 (재)형성을 위해 전해진 전통이라는 선물, 곧 역사적 기독교 예배의 줄거리와 실천에 대해 생각해 볼 것이다.

● 예배가 성품을 만든다

앞서 말했듯이 모든 예전은 '텔로스' 곧 그 의례에 가득 채워진 번영에 대한 암묵적 전망을 지향한다. 이런 예전으로 형성된 사람들은 그 목적을 추구하며 욕망하는 사람들이 된다. 따라서 아무런 성찰 없이 소비주의 예전에 몰입한다면 우리는 시간이 흐르면서 인간 삶의 궁극적 목적이 획득과 소비라고 "배우게" 될 것이다. 소비주의 교리문답은 "사람의 제일 되는 목적은 무엇인가?"라고 묻는다. "내가 그것을 영원히 누릴 수 있으리라고 착각하면서 물건을 획득하는 것이다." 혹은 아우구스티누스가 "지상 도성"의 다양한 영역에서 이뤄지는 "공민적 의례"라고 묘사한 바에 몰입한다면, 우리는 지배를 '텔로스'로 추구하고 그에 따라 살아가도록 형성될 것이다.

기독교 예배는 번영에 대한 나름의 전망, 단순히 "영적"이거나 피안적이거나 몸과 분리된 천국을 지향하지 않는 전망으로 가득 차 있다. 창조세계의 '샬롬'에 대한 성경적 전망은 "천상적"이지만, 이 땅에서 실현되는 천상적 질서에 대한 전망이다.계 21:1-2 이는 우리가 기도함으로써 배우는 '텔로스'다. "나라가

임하시오며 뜻이 하늘에서 이루어진 것같이 땅에서도 이루어지이다." 마 6:10 현실을 도피하는 전망이 아니라, 회복하는 전망이다. 하나님은 만물을 파괴하지 않으시고 **새롭게 하실** 것이다. 따라서 우리의 '텔로스'에 대한 성경적 전망은 앞서 말했듯이 성화된 인본주의 곧 어떻게 인간답게 살지에 대한 전망이다. 성경적 전망은 자연적인 것과 초자연적인 것의 이분법을 철저히 거부한다. 오히려 앙리 드 뤼박 Henri de Lubac의 말처럼, 인간성은 초자연적인 것을 자연적으로 욕망하도록 창조되었으며, 은총이 초자연적으로 작용할 때 우리는 비로소 우리가 창조된 자연적인 목적을 실현할 수 있게 된다.[5] 라이트 N. T. Wright는 성경적 기독교에서 자연적인 것과 초자연적인 것이 이처럼 조화를 이룬다는 사실을 탁월하게 설명해 낸다.

성품과 미덕이 제2의 천성이 되는 것은 진정한 인간이 되는 것과 다르지 않다는 것이 기독교적 견해라는 것이다. 진정한 인간상이란 우리가 상상조차 하기 힘든 최고의 인간이 되는 것이다. 만일 그렇다면 미덕에 대한 다른 관점들과 기독교의 관점 사이에는 중복되는 부분이 있을 것이다. 사실 초기 그리스도인들은 예수 안에서 그리고 그분을 통하여 완전히 다른 인간이 되는 길을 찾는 동시에, 옛 현인들에게서도 최상의 지혜를 발견할 수 있다고 주장했다. 신약성경에서도 이런 부분이 드러나는 게 사실이다.[6]

보이지 않는 하나님의 형상^{골 1:15}이신 그리스도 안에서 우리
는 우리의 창조 목적대로 그 형상을 지닌 존재가 된다.^{창 1:27-30} 계
속되는 라이트의 설명은 인간 본성의 "목적"에 관한 아우구스
티누스의 주장을 떠올리게 한다.

'우리는 애초에 왜 여기에 있는 것인가?' 이에 대한 기본적인 대
답은…우리가 여기에 있는 이유는 타고난 하나님의 형상을 반영
하는 진정한 인간이 되기 위함이고, 그것은 예배를 통하여 그리
고 다른 넓은 의미의 선교를 통하여 이루어진다. 아울러 그것은
예수를 따르는 것을 통해 이룰 수 있다. 성령의 사역으로 인해 우
리 안에 성품의 변화가 일어날 때, 우리는 사실상 '규율을 지키
게' 될 것이다. 단, 밖에서 부과한 의무감 때문이 아니라 우리 속
에 형성된 성품으로 인해 그렇게 할 것이다. 그리고 우리는 또한
마음이 이끄는 대로 행하고 진정한 삶을 살게 될 것이다. 단, 평
생 열심히 훈련받은 그 항공기 조종사와 같이 내면 깊숙이 형성
된 변화된 성품이 작동하면 자발적인 결정과 행동으로 열매를 맺
는 삶을 살 것이다. 그리고 이 세상에서 우리가 직면한 도전은 삶
의 모든 영역에서 참신한 차세대 지도자들을 키우는 일, 곧 돈이
나 권력에 대한 탐욕이 아니라 지혜와 섬김의 정신으로 성품이
다듬어진 인물을 기르는 일이다.⁷

라이트는 "우리는 애초에 왜 여기에 있는 것인가?"라고 묻

는다. 이 물음은 우주만큼 광범위하면서도 한 회중에 직접 적용되는 함의가 있다. 한편으로 이것은 궁극적 질문, 인간이 직면한 "중요한 질문" 중 하나다. 이 모든 것은 어떤 의미가 있는가? 정말 중요한 것은 무엇일까? 우리 삶의 목적은 무엇인가? 우리는 무엇을 위해 존재하는가? 다른 한편으로 이것은 우리가 예배에 관해 던져 볼 수 있는 질문, 통로를 걸어 회중석으로 가거나 오르간 전주를 들으며 몸을 배배 꼴 때 우리 안에 들끓는 물음이기도 하다. 우리는 왜 이곳에 와 있는가? 무엇을 하러 여기 왔는가? 예배의 목적은 무엇인가?

흥미롭게도 두 질문에 대한 라이트의 대답은 동일하다. 우리가 존재하는 목적, 우리가 이곳에 와 있는 목적은 "타고난 하나님의 형상을 반영하는 진정한 인간이 되기 위함"이다. 예배의 목적은 인간 존재의 목적과 직결된다. 다시 말해서, **예배**의 목적은 **창조**의 목적과 직결된다. 기독교 예배의 목적은 창조 명령의 갱신이다. 하나님의 형상으로 (재)창조되어 그분의 형상을 지닌 존재로 세상**으로**, 세상**을 위해 보냄을 받는** 것이다.

달리 설명하자면, 기독교 예배의 한 가지 목적은 이중 의미에서 우리 "성품을 형성하는 것"이다. 첫째, 이미 살펴보았듯이 라이트는 우리에게 성경을 행동하시는 하나님에 관한 드라마로 보라고 권한다. 우리는 이 이야기의 등장인물이 되도록, 하나님의 창조세계를 돌보고 가꾸어 그분께 영광을 돌리는, 하나님의 형상을 지닌 존재라는 역할을 하도록 부르심을 받았다. 이 역할을 배운다는 것은 우리가 창조된 목적에 부합하는 존재가 된다는 뜻이다. 이것은 역할극이나 가장이 아니다. 우리는 이 역할을 하기 위해 태어났다. 이런 등장인물이 될 때 우리는 우리 본연의 모습이 된다. 이 역할을 맡는 것이 우리 소명을 찾는 것이다. 이런 주장은 "당신께서는 우리를 당신을 향하여 있도록 지으셨기에, 우리의 마음은 당신 안에서 안식할 때까지 쉴 수 없습니다"라는 유명한 기도로 시작하는 아우구스티누스의《고백록》의 주장과 비슷하다. 아우구스티누스는 평생 엉뚱한 곳에서 사랑을 찾아 헤맸으며, 그를 비인간화하며 창조주에게서 더 멀어지게 하는 삶을 살고 그런 등장인물이 되려고 했다. 그는 그리스도로 "옷 입고" 나서야 비로소 자신을 찾고 창조된 목적에 부합하는 존재가 되었다. 그때에야 비로소 그는 창조된 목적에 부합하는 등장인물 역할을 할 수 있었다.

하지만 기독교 예배는 또 다른 의미에서 우리 "성품을 형성한다." 성령은 예배 주기를 통해 우리를 특정한 종류의 사람으로 만드는 **성품**을 우리 안에 새겨 넣으신다. 이 두 의미의 "성품 형성"은 어떻게 연결되는가? 하나님의 드라마 속 등장인물이 되는 것과 덕을 반영하는 성품을 획득하는 것은 어떤 관계가 있는가? 알래스데어 매킨타이어Alasdair MacIntyre는 중요한 책《덕의 상실After Virtue》(문예출판사)에서 "'나는 무엇을 해야 하는가'라는 물음에 답하려면, 먼저 '나는 어떤 이야기의 일부인가'라는 물음에 답할 수 있어야 한다"라는 유명한 말을 남겼다.[8] 이제 우리는 이 주장을 새롭게 이해할 수 있다. 무엇을 성품으로, 덕으로 삼을지를 결정하는 것은 바로 내가 속한 이야기, 내가 등장인물이 되는 이야기다.

무엇을 덕으로 삼을지는 상정된 목표나 목적, 즉 '텔로스'와 관계가 있다. 습관이 특정한 '텔로스'를 지향하는 성향, 특정한 "방향"으로 행동하는 성향이라면, 어떤 습관이 덕인지 악덕인지를 결정하기 위해서 먼저 '텔로스'를 결정해야 한다. 따라서 어떤 습관이 덕인지 악덕인지를 알기 위해서 우리는 라이트가 던진 물음에 대답해야 한다. "우리는 애초에 왜 여기에 있는 것인가?"

그렇기 때문에 덕은 탁월함에 대한 이해와 직결된다. 덕이란 우리가 창조된 목적을 이루는 선을 성취하게 만드는 성향이다. 다시 말해서, 덕은 우리로 하여금 우리에게 최선인 '텔로스'를 지향하도록 만드는 좋은 습관이다. 이 **목적**을 명확히 이해할 때 비로소 우리는 어떤 사람이나 사물이 제 기능을 하는지를 알 수 있다. 도덕과 무관한 예를 생각해 보자. 내가 플루트를 사용하여 모닥불에 마시멜로를 굽는다고 생각해 보자(사정을 다 이야기하자면 너무 길어지니 자세한 건 묻지 말라). 상상할 수 있듯이 제대로 될 리가 없다. 그래서 나는 짜증을 내며 악기를 집어 던진다. "정말 나쁜 플루트야!" 사실은 플루트가 나쁜 게 아니다. 내가 플루트를 본래 목적대로 사용하지 않았을 뿐이다. 마시멜로 굽기는 플루트의 적합한 '텔로스'가 아니다.

4. 당신은 어떤 이야기 안에 있는가?

인간의 '텔로스'에 대한 심각한 의견 불일치가 무엇이 덕이며 악덕인지에 관한 근원적으로 다른 설명을 만들어 낼 수 있음을 이제 이해할 수 있다. 하지만 우리는 이런 다른 목적들을 분명히 표현하는 법이 별로 없다. 대체로 이런 설명들은 인간에 대해 매우 다른 **목적**을 상정하는 여러 다른 이야기(혹은 다른 세계관이나 사회적 상상계라고 말할 수도 있다)들에 암시되어 있다. 예를 들어, 권력과 지배와 폭력에 가치를 부여하는 이야기나 세계관에서는 그리스도의 약함과 겸손을 악덕으로 볼 것이다. 반대로 그리스도인들은 그리스도를 덕의 본보기로 보고, 따라서 우리는 그분의 약함과 겸손을 우리가 동경하는 덕으로 평가한다.

사실 그리스도인들의 '텔로스'는 **그리스도**시다. 예수 그리스도는 우리가 창조된 목적, 우리가 부르심을 받은 목적을 구현하신 분이다. 그렇기 때문에 "사랑을 더하라"라는 바울의 권고골 3:14는 "주 예수 그리스도로 옷 입으라"라는 권고롬 13:14와 같다. 그렇게 할 때 비로소 우리는 인간이 된다. 이것이 바로 우리가 "존재하는 목적"이다.

그렇다면 어떻게 이것이 가능할까? 그리스도 안에서 세상을 자신과 화해시키시는 하나님의 드라마에 정기적으로 몰입함으로써 가능하다. 이것이 바로 기독교 예배의 핵심이다. 기독교 예배는 반복해서 우리를 그 이야기 안으로 초대하여, 우리가 복음의 드라마를 거듭 재연하는 동안 우리 "성품을 형성한다." 예전이 우리의 사랑을 형성한다면, 즉 사랑하는 법을 배우려면 실천이 필요하다면, 기독교 예배라는 실천은 복음의 줄거리를 반영하고, 기독교 예배의 구조는 성경의 이야기 줄거리를 재연하게 해야 한다. 교회의 오랜 유산을 살펴보면 기독교 예배를 이렇게 이해했음을 알 수 있다. 우리는 새로운 예전을 만들어 낼 필요가 없다. 성령이 이미 교회에 주신 것에서 선물을 발견하고, 기독교 예배의 축적된 지혜를 계승하여 이를 우리 상황에 맞게 신실하게 적용할 수 있다.

●────────────────────────────────────

우리는 때로 기도를 행동과 맞바꾸려는 유혹을 받는다. 하지만 한스 우르스 폰 발타자르Hans Urs von Balthasar는 예배가 선교를 위한 것이라고 상기시켜 준다.

따라서 교회의 기도든 개인의 기도든 기도는 모든 행동보다 우선한다. 기도가 (오늘날 흔히 말하듯 "재충전"을 위한) 심리 에너지의 원천이어서가 아니라, 사랑에 걸맞은 예배와 영광 돌림의 행동, 즉 가장 근본적 차원에서 이기심 없이 응답하려고 노력하며 이를 통해 하나님의 선포를 이해했음을 보여 주는 행동이라는 뜻에서 그렇다. 오늘날 그리스도인들이 신구약 전체가 증언하며 바울과 요한의 신학뿐만 아니라 예수의 삶 전체가 증언하는 기도의 이러한 근본적 우선성을 포기하고, 그 대신 이웃에서, 심지어는 순전히 세속적인 일과 기술 활동에서 그리스

4. 당신은 어떤 이야기 안에 있는가?

도와의 즉각적 만남을 추구하는 것은 어리석은 일일 뿐만 아니라 비극적인 일이다. **관상 가운데 하나님의 얼굴을 만나지 못한 사람은,** 억압받고 치욕을 당한 이들의 얼굴에 그분의 얼굴이 드러날 때조차도 활동하시는 그분의 얼굴을 알아보지 못할 것이다.[a]

● 우리를 회복하는 예배

형성적인 기독교 예배는 우리의 상상력을 사로잡는 방식으로 주의 아름다움과 그분이 바라시는 창조세계의 '샬롬'에 대한 전망을 그려 낸다. 우리가 자신이 갈망하는 바를 **향해** 행동한다면, 또한 우리의 상상력을 사로잡은 바를 갈망한다면, 재형성적 기독교 예배가 우리 상상력을 사로잡을 필요가 있다. 이는 곧 우리가 **미적** 피조물, 즉 설득당하기보다는 감동받는 존재임을 이해하는 방식으로 기독교 예배가 이루어져야 한다는 뜻이다. 마음은 이야기와 시, 은유, 이미지로 튕겨지는 현악기와 같다. 우리는 상상력이라는 타악기 리듬에 맞춰 실존적 발을 구른다. 1장에서 지적했듯이, 앙투안 드 생텍쥐페리는 이 점을 탁월하게 포착했다. "배를 만들고 싶을 때는 사람들에게 목재를 모으라고 다그치며 과제와 일거리를 할당하지 말고, 다만 먼 바다에 대한 그리움과 갈망을 일깨워라."

● 이야기는 우리의 상상력을 사로잡고,
하나님의 한없는 광대하심을 갈망하도록 가르친다.

— 존 에버렛 밀레이 〈롤리의 소년 시절〉

나는 런던 테이트 브리튼Tate Britain 미술관에서 늘 나를 매혹시킨 그림을 만나고는 이 점을 다시 생각해 볼 수 있었다. 라파엘 전파 화가 존 에버렛 밀레이John Everett Millais, 1829-1896 경의 〈롤리의 소년 시절The Boyhood of Raleigh〉이라는 그림이다. 월터 롤리Walter Raleigh 경은 엘리자베스 1세가 파견한 용맹한 탐험가 중 한 사람이다. 그는 현재의 노스캐롤라이나에 최초의 영국 식민지를 세웠다. 하지만 그는 엘 도라도El Dorado를 찾아 두 차례 항해를 하기도 했다. 이 그림에서 밀레이는 무엇이 그런 모험가와 탐험가를 만들었을지 상상해 본다. 그의 가설은? 훌륭한 이야기꾼이 있었을 것이라는 추측이다. 롤리와 옆에 앉은 어린 친구는 대양을 가리키면서 바다 건너편에 무엇이 있는지 이야기해 주는 늙은 선원의 말에 푹 빠져 있다. 밀레이의 해석에 따르면, 롤리의 삶 전체를 지배하고 이끈 갈망을 만들어 낸 것은 바로 이 이야기였다.

마찬가지로 기독교 예배는 우리로 하여금 삼위일체 하나님이라는 대양으로 항해를 떠나고 싶은 마음이 들게 하고 우리 안에 장차 올 나라인 "더 나은 본향", 곧 하늘에 있는 본향을 사모하는 마음이 생겨나게 하는 이야기를 들려주어야 한다.히 11:16 성경이 그리는 '샬롬', 곧 어린 양이 우리 빛이 되시는 세상, 칼을 쳐서 쟁기를 만드는 세상, 모두가 풍요를 누리는 세상, 모든 족속과 방언과 나라에 속한 사람들이 같은 찬양을 부르는 세상, 정의가 물같이, 공의가 마르지 않는 강같이 흐르는 세상은 기독교 예배에서 재연되어야 할 전망이다. 이 전망이 우리를 **사로잡**

을 것이다. 그저 우리가 그것이 하나님이 원하시는 바임을 "알기" 때문이 아니라 기독교 예배라는 가시적 실천이 이를테면 그 전망을 성경 이야기의 은유와 시편의 시, 찬송가와 합창곡의 박자, 떡과 포도주라는 만질 수 있는 성례전의 요소, 스테인드 글라스에 그려진 이미지를 통해 그려 보이기 때문이다. 이 모두가 우리 상상력에 영향을 미치며 우리가 무언가를 원하도록 가르친다.

예배는 소설과 같은 방식으로 작용한다. 둘 다 이야기로 전해지고 상상력을 겨냥한다. 따라서 설명하지 말고 보여 주라는, 소설가를 위한 공리가 예배 인도자에게도 적용된다. 평론가 제임스 우드James Wood는 심오한 문학 비평서《소설은 어떻게 작동하는가How Fiction Works》(창비)에서 문학의 작동 방식을 깊이 탐구한다. "소설은 우리에게 무언가를 **믿어 달라고** 요구하지 않고 그것들을 **상상해 달라고** 요구한다. '등에 내리쬐는 태양의 열기를 상상하는 것은 내일 해가 쬘 것이라고 믿는 것과는 판이한 정신활동이다. 전자가 대체로 감각에 속하는 경험인 반면, 후자는 전적으로 추상적이다.'"[9] 기독교 예배에 관해서도 시사하는 바가 큰 통찰이 아닌가? 우드는 계속해서 "우리가 이야기를 할 때, 설령 교훈을 가르치기를 바란다고 할지라도, 우리의 일차적 목표는 상상하는 경험을 만들어 내는 것이다"라고 말한다.

아리스토텔레스 시대 이후로 사람들은 문학의 과제 중 하나를 '미메시스', 즉 모방이라고 설명해 왔다. '미메시스'는 신약

4. 당신은 어떤 이야기 안에 있는가?

성경의 중요한 주제이기도 하다(고전 4:16; 11:1; 엡 5:1; 빌 3:17 을 보라). 하지만 우드는 그렇다고 해서 문학과 시가 현실을 "모사"해야 한다는 뜻은 아니라고 지적한다. 사실 문학의 핵심은 **그럴 듯하다**는 감각을 만들어 내는 것이다. 아리스토텔레스는 최선의 예술은 다른 방식으로는 불가능해 보이는 바를 그럴 듯하게 만든다고 말한다. 핵심은 **모방적 설득**mimetic persuasion, 즉 그런 일이 **일어날 수도 있다**고 우리를 설득하는 것이다.

이것이 바로 기독교 예배가 매주 해야 하는 바가 아닌가? 예배란 불가능한 일이 없으신 하나님의 영이 **이런 일이 일어날 수 있다**고, 즉 그렇지 않다고 부르짖는 수백만의 목소리에도 불구하고 복음이라는 은혜의 기쁜 소식이 **진리**라고 우리를 설득하시게 하는 행위다. "죽은 자가 부활할 것이다"라는 문장을 이해하는 것과, "그분이 다시 사셨다!"라는 말이 참이라면 어떤 기분일지를 **느끼는** 것은 전혀 다른 문제다. 하지만 이것이 우리의 상상력을 통해 갖게 되는 확신이다.

우리의 사랑을 회복하는 예배는 우리의 상상력을 회복하고 우리를 다시 이야기 안으로 이끄는 예배다. 역사적 기독교 예배는 예배라는 형식 안에서 구속 이야기를 재연하는―"온 세상에 대한 참 이야기"를 재연하는―서사 구조를 지닌다.[10] 그리고 상상력의 언어로 이 이야기를 한다. 즉, 우리로 하여금 이야기를 통해 이해하게 만든다. 목적 지향적이며 역사적인 예전은 우리의 감각을 성화하기 때문에 우리의 상상력을 회복한다. 의식보다 앞서는 인간 영역 속 깊숙이 성경 이야기를 새겨 넣어서 우리가 복음에 관해서 "생각하지" 않고도 복음이라는 "배경"에 비추어, 그 "배경"을 통해서 세상을 지각하게 만든다. 이 정도로 심층적 차원에서 형성되었을 때 비로소 루이스[C. S. Lewis]처럼 이렇게 말할 수 있다. "저는 태양이 떠오른 것을 믿듯 기독교를 믿습니다. 그것을 보기 때문이 아니라 그것에 의해서 다른 모든 것을 보기 때문입니다."[11] 이것이 당신의 뼛속 깊이 새겨진 "신념"이다.

예배는 매주 우리의 지성에 정보를 전달할 뿐만 아니라 우리의 상상력, 즉 말로 표현할 수는 없지만 우리가 세상을 암묵적으로 이해하는 심층적인 미적 영역에—사회적 상상계의 차원에서—영향을 미치는 훈련을 통해 우리의 사랑과 갈망을 징집하는 실천을 행하도록 우리를 초대함으로써 이렇게 작동한다. 인간으로 존재한다는 것은 세상에 대한 어떤 이야기에 매료되어 살아간다는 뜻이다. 기독교 예배는 성경이 그리는 세상에 대한 그림, 시인 제라드 맨리 홉킨스[Gerard Manley Hopkins]의 말처럼 "하나님의 위엄으로 가득 차 있는" 그림으로 우리의 상상력을 채워 넣는다.

우리를 회복하는 예배는 우리를 다시 이야기로 이끄는 예배다. 우리를 새롭게 하는 예배는 무의식 차원에서 우리 정체성을 다시 이야기하는 예배다. 그러기 위해 기독교 예배는 성경 이야기로 통제되고, 우리의 신체성을 건드림으로써 우리를 끌어들일 수 있어야 한다. 이것이 역사적 기독교 예배를 특징짓는 이중 확신이며, 그렇기 때문에 이 유산을 신실하게 되찾는 것이 신앙의 미래를 위한 선물이다. 이제 예전적 전통이 **어떻게** 이를 구현하는지 생각해 보자.[12]

●————————————————————————————————

경쟁하는 문화를 만드는 이들도 이야기가 성품을 "형성한다"는 사실을 이해하고 있다. 예를 들어, 디자이너와 사업가들에게 상품을 통해 세상에 "다시 주술을 걸라"고 권유하는 미디어 사업가 데이비드 로즈David Rose의 통찰을 생각해 보자.

주술 걸기 사다리Ladder of Enchantment의 마지막 단계는 이용자를 매료할 이야기를 만들거나 덧붙이는 것이다. 왜 이야기인가? 우리는 모두 우리 삶을 주인공(우리)과 주제, (지금까지는 재미있지만 아직 끝나지 않은) 줄거리를 지닌 이야기라고 생각한다. 또한 다른 사람, 심지어는 물건에 관한 이야기도 좋아한다. **이야기는 우리의 호기심**(다음에 무슨 일이 일어날까?)**과 감정**(나라면 그 상황에서 어떻게 할까?)**을 사로잡는다.** 이야기에는 우리를 끌어들이는 독특한 힘이 있으며, 더 나아가 우리로 하여금 감정이입을 하게 하고 우리를 매료하는 힘이 있다. 개인화와 사회화, 게임화의 힘을 활용할 줄 아는 디자이너들은 우리 머릿속에 드라마를 심어 넣을 수 있다. 그들은 우리로 하여금 이야기에 빠져들게 하며, 그 결과 서사가 우리 정신과 [우리] 마음을 사로잡는다. 그것은 유산과 민담, 신화의 일부가 된다. 우리는 이 이야기의 일부가 되고, 심지어 그 이야기의 중심인물이 된 것처럼 느낀다.[b]

● 줄거리: 기독교 예배의 서사 구조

모든 전통에서(따라서 "공교회성", 즉 보편성을 띤다)[13] 역사적 기독교 예배는 하나님이 그분의 은혜로 만물을 자신과 화목하게 하신 사건골 1:20을 중심으로 한 기본 줄거리나 서사 구조를 반영한다. 많은 이들이 역사적 기독교 예배는 회중을 네 장으로 이뤄진 이야기로 초대한다고 지적했다.

모임   ▶   들음   ▶   사귐   ▶   보냄

수 세기에 걸쳐 전해 내려온 기독교 예배의 서사 구조는 하나님과 창조세계의 관계를 거시적으로 재연한 것이라고 할 수 있다. 각 단계에는 추가되는 요소가 있다. 예를 들어, 여는 "장"에 해당하는 **모임**은 예배로의 **부름**으로 시작된다. 이는 하나님이 은혜 가운데 먼저 우리에게 찾아오셨음을 상기시키고, 창조주가 우리를 부르셔서 우리가 존재하게 되었음을 떠올리게 한다. 연주가 시작되고 교인들이 천천히 걸어 들어와 무리와 합류하면서 모호하게 시작되는 예배와 달리, 예배로의 부름으로 시작되는 예배에서는 예배 가운데서 일하시며 우리가 그곳에 있기를 **원하시는** 하나님의 말씀을 먼저 받는다. (이런 기독교 예배 구조 자체가 이미 대항문화적이라는 점에 주목하라. 이런 예배 구조는 자기중심성과, 세상을 우리가 원하는 방식으로 만들려는 욕망을 버리게 한다.) 따라서 예배로의 부름은 우리 삶에서 창조주의 으뜸 되심과 주권을 매주 재연하는 행위다. 우리는 창조하시는 하나님에 의해 인간 존재로 부르심을 받았듯이, 성령의 능력으로 그리스도 안에서 우리를 구속하신 바로 그 하나님에 의해 새로운 삶으로 부르심을 받았다. 하나님의 창조력이 우리를 인간으로 존재하게 하셨듯이, 새롭게 하시는 성령의 능력이 우리를 참 인간으로 살아가게 해 줄 것이다.

하나님의 거룩한 임재로 들어오도록 부르심을 받고 그분의 은혜로 환영을 받은 우리는 그분의 거룩하심과 우리의 죄인 됨을 깨닫고 죄를 고백하는 시간을 갖는다.[14] 우리는 이 공동체적 실천을 통해 우리의 무질서한 욕망으로, 또한 불의한 체제 안에서 공모자가 됨으로써 하지 말아야 할 바를 행한 죄와 해야 할 바를 행하지 않은 죄를 직시한다. 매주 죄를 고백하라는 요청을 받는 것은 복음 이야기의 핵심 장을 기억하라는 뜻이다. 기독교 예배로 모인 수많은 모임에서 이 장을 없애면 우리는 무엇을 잃어버리게 될까? 자기 신뢰라는 세속 예전에 저항하는 복음의 중요한 측면, **대항** 형성적 측면을 놓치게 된다. 일주일 내내 세속 예전은 "자기 자신을 믿으라"라고 암묵적으로 가르친다. 이것은 은총을 거부하는 자기 확신의 거짓 복음일 뿐이다. 죄의 고백이라는 실천은 우리의 사랑을 재형성하기 위한 핵심 훈련이다.

하지만 죄의 고백이라는 그리스도인의 실천은 "벌레 신학worm theology"이라는 비참한 곤경과는 다르다. 죄를 고백할 때마다 곧바로 용서와 사죄라는 복된 소식의 선포가 이어지기 때문에 이것은 일종의 영적 피학증에 불과하다. 용서라는 복된 소식 자체가, 참 평화가 아니라 재화와 용역만 제공하는 소비주의 복음의 무력함과 절망에 맞서는 대항문화적(따라서 대항 **형성적**) 실천이다.

이제 역사적 기독교 예배가 "서사적 논리"가 있는 줄거리를 중심으로 구조화되어 있음을 이해할 수 있을 것이다. 거룩하지만 용서하시는 하나님의 임재로 은혜롭게 부르심을 받은 후에는 이제 **들음**의 장으로 들어간다. 여기에는 하나님의 율법, 즉 우리 삶을 향한 그분의 뜻이 선포되는 것을 듣는 행위가 포함된다. 이 율법은 우리가 구원을 획득하기 위해 "지키려고" 애쓰는 괴로운 멍에가 아니다. 우리는 그리스도 안에서 (오직 그분 때문에) 용서를 받았음을 이미 알고 있다. 오히려 우리는 율법을 선물로, 즉 하나님이 우리에게 유익하며 우리를 번영으로 이끄는 삶의 방식으로 은혜롭게 인도하시는 방편으로 받아들인다.

율법이 선포될 때 하나님은 우리를 "우주의 결대로" 살아가는 삶으로 초대하신다.[15] 하나님의 말씀이 선포되는 것을 들을 때, 우리는 성경 이야기를 **우리** 이야기로 만들고 우리 자신을 구속 드라마의 등장인물로 바라볼 수 있는 기회를 다시 한 번 얻는다.

이는 우리가 하나님과 다른 사람들과 나누는 **사귐**에서 절정에 이른다. 우리는 우주의 창조주와 만찬을 나누도록, 왕과 함께 식사를 하도록 초대를 받는다. 하지만 우리 **모두**가 초대를 받기에 그들과도 화해해야 한다. 그리스도와의 사귐이 우리가 그분의 몸으로서 나누는 사귐 가운데로 흘러넘친다. 이는 **사회적** 실체, 심지어 **정치적** 실체의 재연이다. 이 식탁에는 특별석도, VIP를 위한 예약석도 없다. 여유 있는 사람들만 안심 스테이크를 즐기고 나머지는 식탁에서 나온 부스러기만 먹는 일도 없다. 주의 만찬은 불평등이 심해지는 세상에서 평등을 이루는 현실, "만민을 위하여 기름진 것과 오래 저장하였던 포도주"를 베푸는 연회사 25:6라는 이상을 재연하는 행위다. 이 이상한 잔치는 또 다른 도시 곧 천상 도성의 공민적 의례이기 때문에 충성 맹세, 즉 신앙고백이 포함되어 있다. 이 사귐을 통해 우리 마음은 하나님의 삼위일체적 삶의 중심으로 이끌려 들어간다. 따라서 이 예전의 핵심은 '수르숨 코르다*sursum corda*', 즉 "마음을 드높이는" 것이다. 예배에서 우리는 "주님께 마음을 들어 올린다." 주의 만찬은 단지 과거에 이미 성취된 바를 기억하는 행위가 아니라, 우리 마음에 영양을 공급하는 잔치다. 우리의 가장 근원적이며 가장 인간적인 굶주림을 재교육하는 실존적인 식사다.

삼위일체 하나님의 삶으로 초대를 받은—그리스도 안에서 재창조되고 그분의 말씀으로 지혜를 얻고 생명의 떡으로 영양을 공급받은—다음에는 하나님의 선한 창조세계를 가꾸고 돌보며 모든 백성을 제자로 삼도록 세상으로 보내진다. 예배의 마지막 장인 **보냄**은 하나님의 형상을 지닌 인간이 본래 받은 사명을 다시 한 번 확인하는 행위다. 왜냐하면 그리스도—와 기독교 예배라는 실천—안에서 우리는 마침내 하나님이 창조하실 때 의도하신 인간이 될 수 있기 때문이다. 따라서 우리는 살아 숨 쉬는 하나님의 "형상"으로서, 하나님의 창조세계라는 성전에서 살도록 보냄을 받는다. 우리는 창조세계를 가꾸고 다른 이들도 이 이야기에서 자신의 인간성을 찾도록 이끌라는 사명을 수행함으로써 그분의 형상을 지닌 존재로 살아갈 수 있다. 따라서 예배는 축복이자 **가라**는 명령을 담은 축도로 마무리된다. 하지만 이 명령은 우리를 절대 떠나지도 버리지도 않으실 성자의 임재 **가운데**, 그 임재와 **더불어** 가라—평안히 가서 주를 사랑하고 섬기라—는 명령이다.

이것은 역사적 기독교 예배의 "줄거리"를 대단히 간략하게 묘사한 내용에 불과하다. 이 책 마지막의 참고 문헌에는 예배의 줄거리를 더 자세히 설명해 주는 자료를 수록했다. 하지만 어떤 의미에서 이 줄거리를 요약해 주는 책을 읽는 것과 당신이 직접 이 실천에 몰입하는 것은 전혀 다른 문제다. 고양이 꼬리를 붙잡고 옮기는 일처럼 직접 해 보지 않으면 절대로 이해할 수 없는 것이다. 모든 분석이나 설명의 목적은 이 실천에 담긴 의미를 이해하도록 돕고, 우리가 예배할 때 무엇을 왜 하는지를 이해하도록 돕기 위해서다. 그렇지 않다면 의례는 "전통적"—혹은 더 나쁘게는, 미신적이며 판에 박힌—행동으로만 보일 것이다. 하지만 이 실천에 내재된 성경 이야기를 이해하고 나면, 예배가 어떻게, 왜 제자도의 핵심인지를 이해할 수 있을 것이다. 예배는 변화시키시는 하나님의 은총의 성례전적 핵심이다. 예배는 우리 에로스의 나침반을 수리하는 시설이라고 생각할 수도 있다. 혹은 칼뱅이 주장했듯이, 교회의 예배는 성령이 우리로 하여금 우리 마음을 회복시키시고 우리를 새로운 이야기 안으로 이끄시는 영적 운동을 단계적으로 하게 만드시는 체육관으로 생각해 볼 수도 있다. 솔직히 말해서, 아침에 일어나서 운동하러 가기 싫은 날도 있다. 침대가 너무 안락하고 밖은 너무 추워서 그냥 가만히 있고 싶다. 하지만 하나님의 백성은 거기에 없고, 성령의 성례전도 그곳에 없다. 그리고 당신이 원하지 않는다고 "느낄" 때조차도 주의 만찬이라는 식사는 필요하다. 말씀이라는 양분이 필요하다. 당신이 어떤 사람이 되고 싶어 하는지 당신은 알고 있으며, 이 이야기에 몰입할 때 성령이 당신의 습관을 바꿔 놓으실 것을 알고 있다.

● 간주: 몇 가지 어려운 질문

하지만 만약 당신이 속한 회중의 예배가 이런 모습이 아니라면 어떻게 해야 할까? 당신이 다니는 교회의 주일 집회에서 이런 서사 구조와 비슷한 것을 전혀 찾아볼 수 없다면 어떻게 해야 할까? 두렵고 떨리는 마음으로 나는 세 가지를 말하려 한다.

- 첫째, 자세히 살펴보라. 이 줄거리는 "고교회" 예전만이 지닌 특징이 아니다. 나무에 집중하느라 숲을 놓치지는 말라. 특정한 "양식"에 초점을 맞추느라 예배 전체를 관통하는 서사적 뼈대를 놓치지는 말라. 하지만 "예배"라는 말을 예배의 한 부분—음악—에 한정해서 사용하는 교회에 출석하고 있다면 아마도 지금 우리가 설명한 서사 구조를 발견하지 못할 것이다. 그런 경우에는…

- 이를 해결하기 위해 함께 노력하라. 목회자나 장로, 예배 인도자라면, 예배를 갱신하는 데 역할을 할 기회가 있을 것이다. 교인이라면 교회 지도자들에게 교회의 예전적 전통이라는 지금까지 묻혀 있던 보물에 대해 생각해 보자고 권유할 수 있다. 그렇게 갱신을 위해 노력할 때, 제자도를 위한 선물이라는 관점에서 토론이 이뤄질 수 있도록 유도하라. 역사적 예배라는 보물을 선반에 올려 둔 채 실제로 활용하지 않는다면, 성령이 가능하게 하신 대항적 형성과 재형성의 기회를 놓치는 셈이라는 것을 형제자매들이 이해할 수 있도록 도우라. 이것을 "복구" 계획이나 "전통적" 예배

의 수호, 황금시대로의 향수어린 귀환이라는 틀에서 바라보지 않게 하라. 이런 역사적 기독교 예배의 실천이 중요한 까닭은 이것이 신앙의 과거가 아니라 **미래**이기 때문이다.

- 마지막으로, 갱신이 불가능해 보인다면 많이 기도하고 조언을 듣고 다른 곳에서 예배해 본 다음에 어려운 결정을 해야 할지도 모른다. 나는 아주 조심스러운 태도로, 이 점을 강조하고 싶다. "완벽한 교회"는 세상 어디에도 없다. 하지만 나는 정말로 예배가 제자도의 핵심―따라서 교회가 그리스도인의 삶의 중심―이라고 믿기 때문에, 우리가 지금까지 설명한 재형성적 잠재력을 드러내는 실천의 공동체에 몰입하는 것이 제자도에 필수적이라고 믿는다. 이것은 당신의 마음이 걸린 문제다.

실제로 많은 점에서 정통적이며 신실하고 강력한 기독교의 미래는 예배의 갱신에 달려 있다고 생각한다. 기독교의 미래를 개척하려면 먼저 계보 연구가 필요하다. 우리는 어떻게 여기까지 이르렀는가? 이 점에서 찰스 테일러는 기독교의 동시대적 표현, 특히 복음주의에 중요한 영향을 미친 근대 기독교의 특수한 조류를 강조한다. 테일러는 이것을 "탈육신excarnation"의 동학으로 묘사한다.[16]

의도적으로 도발적인 이 용어는 우리 신앙고백의 핵심 교의, 즉 성육신―하나님이 인간이 되셔서 육신을 입으셨다는 주장, 하나님이 자신을 낮추셔서 몸을 입고 성육신하셨다는 주장─과 배치된다. 성례전에 대한 전통적 기독교의 이해 곧 물질적이며 몸을 입은 것이 영원하고 신적인 것을 매개한다는 확신의 이면에는 바로 이 성육신 개념이 자리 잡고 있다. 따라서 그리스도인들은 인간 예수가 하나님을 구현한다고 확신할 뿐만 아니라 창조세계에 성령의 임재가 가득 차 있다고 전통적으로 강조했다.

하지만 테일러는 개신교 종교개혁의 의도하지 않은 결과 중 하나가 세상의 탈주술화disenchantment라고 주장한다. 후기 종교개혁자들은 세상에 대한 주술화되고 성례전적인 이해가 단순한 미신으로 타락하고 말았다고 비판했기 때문에 그저 말씀, 즉 복음 메시지를 듣는 것만을 강조했고 기독교 예배의 무미건조한 단순성을 옹호했다. 그 결과로 탈육신 과정이 발생했다. 기독교 신앙은 몸과 분리되어 메시지로 요약되고 머리로 이해할 수 있는 "지적" 사안으로 변하고 말았다. 앞서 언급한 표현을 사용하자면, 이것은 막대기에 달린 뇌를 위한 무언가로 축소된 기독교다.

영적이지만 종교적이지 않다는 "영성"은 이런 종류의 탈육신적 종교를 자각하지 못한 채 모방하는 경우가 많다. 우리 시대의 자기 계발 영성은 놀라울 정도로 "개신교적"이다. 영감을 주는 경구, 단조로운 일상을 견디게 해 주는 "오늘의 명언", 스타벅스 컵에 적힌 감동적인 한 줄 문구를 생각해 보라. 이런 것들은 모두 우리가 계속해서 의미 있는 삶을 살기 위해서 필요한

4. 당신은 어떤 이야기 안에 있는가?

"메시지"다. 이것은 탈주술화된 우주에서 살아가는 생각하는 사물들에 맞춤한 영성이다.

기독교의 미래와 관련해 이것이 왜 중요할까? 온 세상이 탈주술화되었고 우리는 평평해진 "자연" 속에 갇혀 있으므로, 미래에도 살아남을 수 있는 기독교의 형태는 바로 재주술화된 기독교일 것이라고 나는 예상하기 때문이다. 탈육신한 기독교는 사실상 그 책무를 다른 것에게 양도한 셈이다. 메시지와 영감을 주는 생각, 당신의 지적 저장소를 채워 줄 연료를 찾는다면, 기꺼이 이를 제공해 주는 문화 산업이 이미 존재한다. 왜 굳이 교회가 필요할까? 엘런이나 오프라(두 사람 모두 유명한 토크 쇼 진행자—옮긴이), 테드 강연을 보면 된다.

하지만 사람들 머릿속에 끊임없이 떠올라 사람들을 멈춰 서게 하는 것은 하늘빛으로 우리의 놋 하늘(신 28:23을 참고하라—옮긴이)에 구멍을 내는 종교 공동체와의 만남일 것이다. 낯설지만 그렇기 때문에 더욱 매혹적인 이 공동체는 "고대" 기독교 공동체일 것이다. 그 냄새와 종, 모든 고딕 요소와 더불어 역사적이며 "성육신적인" 기독교 예배라는 우물물을 길어 올리는 공동체, 초월의 향기를 풍기는 영성을 구현하는 공동체일 것이다. 나는 그런 공동체가 대규모나 인기 많은 대중 운동이 될 것이라고 주장하지 않는다. 하지만 고대의 성육신적 실천이 탈육신한 영성의 빈약함에 대한 해답이기 때문에 그런 공동체는 성장할 것이다. 다시 말해서, 역사적 기독교 예배는 제자도의 핵심일 뿐만 아니라 전도의 핵심일지도 모른다.

스스로 원하는 대로 하라고 부추기는 얄팍한 영성이 사람을 고립시키고 외롭게 하며 결국 위기를 견뎌 낼 수 없음이 분명해졌을 때, 영적이지만 종교적이지 않다고 생각하는 많은 사람들이 전혀 다른 무언가에 놀라울 정도로 열린 태도를 보일지도 모른다. 일부는 자신도 전혀 예상하지 못한 방식으로 "거부"가 온전함으로 나아가는 길이 아닐지도 모른다고, 제약이라는 선물 안에서 자유를 찾을 수 있을지도 모른다고, 기독교 예배라는 낯선 의례가 자신의 가장 인간적인 갈망에 대한 해답일지도 모른다고 생각하기 시작할 것이다. 이 "세속 시대"에 기독교 공동체가 가꿔야 할 자질은 신실한 인내다. 기독교 공동체는 세속 시대를 선물로 받아들여서, 이것을 "영적인 것"에 대한 유일한 대안으로 제시할 수 있는 **성육신적** 정통 기독교를 갱신하고 가꿔 갈 기회로 삼아야 한다.

● 죄의 고백이라는 선물

여기서 나는 한 가지 예, 즉 죄의 고백과 사죄의 확신이라는 실천을 강조하려 한다. 이것은 기독교 예배의 서사 구조를 구성하는 한 장에 불과하지만, 이 이야기의 핵심 요소를 예배에서 배제할 때 어떤 위험이 뒤따르는지를 여실히 보여 준다.

1980년대에 북미 복음주의권은 후에 메가처치로 알려지게 된, 혁명에 가까운 혁신을 경험했다. 복음주의 기독교의 이 새로운 언어를 규정한 것은 사실 크기가 아니라 전략이었다. 메가처치 운동 배후에 자리 잡은 목회와 전도의 철학을 흔히 "구도자 중심"이라고 설명했다. 주일 집회에서는 이미 그리스도인인 사람들이 믿음 안에서 자라게 하는 데 초점을 맞추기보다는, "구도자들", 즉 아직 그리스도인은 아니지만 다가가기 쉽고 자신들을 반갑게 맞이하고 즐겁게 해 주며 유익한 정보를 제공하는 "행사"에 참석해 볼 생각을 할 정도로 호기심이 있는 사람들을 환대하는 데 더 집중했다.

하지만 교회가 **그런** 종류의 공간이 되려면 이를테면 덜 **교회처럼** 느껴져야 했다. 구도자에게 민감한 교회가 되기 위해서는 "교회에 다니지 않는" 이들에게 걸림돌이 된다고 여겨졌던 실천과 전통의 요소를 제거해야 했다. 이들이 환영 받는다고 느낄 수 있게 하려면, 교회가 익숙하고 다가가기 쉽고 "멋있는" 곳처럼 느껴져야 했다. 사람들이 콘서트의 짜릿한 즐거움이나 상품을 구입할 때 느끼는 기분을 연상할 수 있도록 전문적인 경험을 제공해야 했다. 구도자 중심 교회는 쇼핑몰과 콘서트, 스타벅스가 하나로 합쳐진 곳처럼 **느껴졌다.** 이런 곳들이 사람들이 **좋아하며** 편안하게 느끼는 공간이기 때문이다.

이 변화는 북미 복음주의 교회의 건축과 장식뿐만 아니라 예배하는 방식도 크게 바꿔 놓았다. "전통" 예전은 구식이고 무미건조하며, 최악의 경우는 지루하다고 생각했다. 구도자의 관점에서는 성만찬 같은 역사적 기독교 예배의 다른 요소들은 그저 이상할 뿐이었다. 구도자에 민감한 회중은 더 긍정적으로 느끼는 복음의 요소를 전면에 내세우기 위해 기독교적 선포와 예배의 특정 요소들을 약화시켜야 했다. 진노는 더 적게, 행복은 더 많이. 심판은 더 적게, 격려는 더 많이. 죄의 고백은 더 적게, 용서는 더 많이.

구도자 중심 교회에서 사라진 전통적 기독교 예배의 요소 중 하나는 공동체가 함께 죄를 고백하는 실천이다. 역사적 예배에는 언제나 우리 죄에 대한 공동체적, 공적 고백이 포함되었다. 매주 하나님의 백성은 거룩하신 하나님 앞에 모일 때마다 자신들의 실패와 잘못, 하지 말아야 할 바를 행한 죄와 해야 할 바를 행하지 않은 죄를 고백했다. 그들은 "우리가 행한 바와 행하지 않은 바"를 뉘우쳤다. 이렇게 죄를 고백한 다음에는 언제나 "사죄 선언"과 용서의 확신—그리스도 안에서 우리가 용서를 받았다는 기쁜 소식의 선포—이 뒤따랐다.

이렇게 정기적으로 죄를 고백하는 엄격하고 불편한 실천은 구도자들이 "즐길" 만한 것처럼 보이지 않는다. 이런 실천은 까다로운 질문을 제기하며 자신에 관한 불편한 진실과 마주하게 만든다. 구도자들에게 민감한 태도와는 정반대처럼 느껴진다.

하지만 죄를 고백하는 기회가 **바로** 우리가 갈망하는 바라면 어떨까? 죄를 고백하라는 권고가 사실은 우리가 찾고 있는 바에 대한 대답이 아닐까? 우리는 죄를 고백하기 **원하지만** 그런 기회가 주어질 때까지 깨닫지 못하는 것은 아닐까? 다시 말해서, 죄의 고백은 모든 깨진 마음의 갈망이 아닐까? 그렇다면 죄를 고백하라고 권하는 것은 우리가 할 수 있는 가장 "세심한" 행동, 구도자를 위한 선물일 것이다.

희한하게도 현대의 텔레비전은 이 진리를 이해하고 있는 것처럼 보인다. 이 점을 예증하는 두 가지 분명한 예가 떠오른다.

첫째는 어둡고 음산하지만 탁월한 HBO 미니시리즈 〈트루 디텍티브_True Detective〉다. 첫 번째 시즌에서는 매튜 맥커너히Matthew McConaughey와 우디 해럴슨Woody Harrelson이 루이지애나의 형사 러스트 콜과 마티 하트로 등장한다. 여기서 굳이 자세한 줄거리를 소개할 필요는 없다. 러스트가 부서에서 가장 믿을 만한 수사관임을 보여 주는 방송분만 언급하려 한다. 그는 거의 모든 사람한테서 자백을 받아 낼 수 있다. 어떻게 그럴 수 있느냐는 질문에 그는 자신의 방법이 인간 본성에 관한 철학에 근거를 두고 있다고 설명한다.

생각해 봐. 모든 사람은 자신한테 뭔가 문제가 있다는 걸 알아. 그 문제가 뭔지 모를 뿐이야. 모두가 고백하고 싶어 해. 모두가 자백으로 카타르시스를 느끼고 싶어 해. 죄가 있는 사람들은 특히나 더 그렇지. 그런데 모든 사람은 죄가 있어.

여기에 구도자 중심 교회 운동이 상상조차 못했던 진리가 있다. 사람들은 고백하기 **원한다**는 것이다.

BBC 멜로드라마 〈라스트 탱고 인 할리팩스*The Last Tango in Halifax*〉
에서도 이 진리를 발견할 수 있다. 이 작품은 아름다운 요크셔
를 배경으로 각각 비밀과 어두운 과거를 지닌 두 가정의 이야기
를 엮어 낸다. 시즌2 후반부에, 제멋대로인 딸 길리언은 새로 의
붓 자매가 된 캐롤라인에게 충격적이고 불편한 고백을 한다. 고
백은 원초적인 욕구로 분출되었다. 말 그대로 길리언에게서 터
져 나왔다. 감독은 이어서 길리언이 싱크대에 구토하는 장면을
보여 줌으로써 이를 조금 더 분명히 했다. 이 이미지는 전혀 완
곡하지 않은 방식으로 고백하려는 직감적이며 신체적인 충동을
보여 준다. 여전히 충격에 사로잡힌 캐롤라인이 길리언에게 그
런 고백을 한 이유를 묻자, 길리언은 **그래야 했고**, 심지어 그러
길 **원했다**고 말한다.

고백하려는 이런 욕망은 상식에 반하는 것처럼 보일 수도
있다. 구도자 중심 운동에서는 고백이 비그리스도인이 결코 하
고 싶어 하지 않는 일이라고 가정했음이 분명하다. 도대체 왜
죄인이 자신의 죄와 마주하기를 원한다는 말인가? 하지만 대중
문화에서 찾아볼 수 있는 이런 예들은 사실 그 반대가 참이라
고 말해 준다. 우리는 우리의 잘못과 망가짐에 관한 진실을 이
미 마음속 깊이 알고 있다. 만약 그렇다면 우리 죄를 고백하라
고 권하는 의례는 사실 우리에게 주어진 선물이다. 죄를 고백하
는 의례는 그 자체가 복음을 전하는 힘을 지니고 있다.

그레이엄 그린Graham Greene의 소설 《조용한 미국인The Quiet American》(학문사)의 마지막 부분은 이 점을 탁월하게 포착해 낸다. 화자인 파울러는 파일이라는 젊은 남자를 살해하는 데 가담한 후에 사죄한다.

"미안해요, 푸옹."

"뭐가요? 놀라운 소식을 전하는 전보네요. 언니가…"

"그래요. 가서 언니에게 전해요. 먼저 내게 키스해 줘요." 신이 난 그의 입술이 내 얼굴에 미끄러지듯 닿더니 그는 떠났다.

나는 콘티넨탈호텔에서 건너편 소다 음료대를 바라보던 파일과 나란히 앉아 있던 첫날을 떠올렸다. 그가 죽은 후 만사가 잘 풀렸지만, 나는 사과할 대상이 있었으면 하고 얼마나 간절히 바랐던가!

물론, 기쁜 소식은 그 말을 할 수 있는 누군가가 존재한다는 사실이다.

● 고백의 시학

지금까지 나는 기독교 예배가 다른 방향을 지향하는 이야기, 그리스도 안에서 세상을 자신과 화해시키시는 하나님의 이야기 안에 우리를 자리 잡게 하기―그리고 그 이야기가 우리 안에 자리 잡게 하기―때문에 우리 사랑의 습관을 바꾸어 놓는다고 강조했다. 하지만 몇 가지 "사실"을 간추려 정리한 클리프노츠CliffsNotes(유명한 책의 내용을 짧게 요약해 놓은 참고서―옮긴이)와 달리, 기독교 예배는 이 이야기의 줄거리를 재연하는 데 그치지 않는다. 예배는 이야기처럼 상상력을 자극하는 방식으로 행해지며, 신문 기사보다는 소설에 가까운 방식으로 영향을 미친다. 이야기는 기독교 예배의 **내용**일 뿐 아니라 **형식**이기도 하다.

성경에 나오는 하나님의 구속 이야기가 우리가 알아야 할 정보에 불과하다면, 주님은 우리에게 책 한 권과 많은 숙제만 주셨을 것이다. 하지만 그리스도가 승천하신 이후 하나님의 백성은 말씀과 주의 만찬 주위로 한 몸으로 모여서 기도하며 노래하고, 고백하며 감사하고, 기독교 예배라는 의례에 담긴 하나님의 형성적 은총으로 재형성될 수 있도록 마음을 들어 올리라고 부르심을 받았다. 모인/부르심을 받은 회중이 예배할 때 단순한 정보 유포를 넘어서는 무언가가 이뤄진다.

오늘날 예배 중에 일어나는 것과 똑같은 일이 이스라엘까지 거슬러 올라가는 하나님 백성의 옛 예배 가운데도 일어났는데, 그 예배도 특정한 **시학**이 특징이었다. 하나님이 습관의 피조물이며 예전의 동물인 우리와 만나신다면, 이는 그분이 시학에 감동을 받고 정서적으로 영향을 받는 상상력의 동물인 우리와 만나신다는 뜻이기도 하다. 이것은 시편만큼이나 오래된 형성에 관한 핵심적 통찰이다.[17] 욕망을 형성하는 예배는 교훈적인 데서 그치지 않고, 시적이기도 하다. 그림을 그리고 은유를 만들어 내고 이야기를 들려준다.

그런 의미에서 복음은 지성에 저장된 정보에 그치지 않는다. 복음은 세상을 바라보는 방식으로서 우리 상상력의 배경을 이룬다. 우리의 뼛속까지 파고드는 이야기는 상상력의 차원에서 우리에게 와 닿는 이야기다. 교훈이 아니라 시가 상상력을 사로잡는다. 핵심 요점이 아니라 이야기가 우리를 매료한다. 시의 가락과 장단은 논문이 결코 할 수 없는 방식으로 상상력의 매우 섬세한 영역까지 스며든다. 소설의 드라마와 등장인물들은 책의 주장을 잊어버린 다음 한참이 지난 후에도 여전히 뇌리에 남아서, 우리가 세상에서 살아가는 방식을 바꿔 놓는다. 단테Dante나 디킨스Dickens, 데이비드 포스터 윌리스의 글을 정말로 몰입해서 읽어 본 사람은 모두 세상을 다른 방식으로 살아간다. 이야기는 끈질기게 살아남는다.

실제로 작가 데이비드 포스터 윌리스는 여기서 내가 묘사하려고 노력하는 바와 비슷한 것을 전혀 다른 맥락에서 묘사한다. 테니스 영웅 로저 페더러Roger Feder의 "유연한 우아함liquid grace"을 이야기하는 매력적인 글에서 페더러 같은 선수의 기량을 만들어 낼 수 있는 형성적 훈련에 대해 설명하면서, 윌리스는 내가 서투르게 묘사하는 바를 정확히 짚어 낸다.

강력한 서브로 넘어온 테니스공을 잘 받아 내기 위해서는 흔히

"운동 감각"이라고 부르는 것이 필요하다. 운동 감각이란 복잡하고 대단히 민첩한 과업 체계를 통해 몸과 몸의 인위적 확장을 통제할 수 있는 능력을 뜻한다. 영어에는 이 능력의 다양한 요소를 가리키는 수많은 용어가 있다. 느낌, 감각, 형식, 고유 수용성 감각proprioception, 협응력coordination, 손과 눈의 협응력, 운동 감각, 우아함, 통제, 반사 신경 등. 유망한 어린 선수들에게 운동 감각을 정교하게 만드는 것이 우리가 흔히 듣는 매일 반복하는 훈련 프로그램의 핵심 목표다. 여기서 훈련은 근육은 물론 신경을 훈련하는 것이다. 날마다 수천 번씩 공을 칠 때 보통의 의식적 사고로는 할 수 없는 바를 "느낌"으로 할 수 있는 능력을 기를 수 있다.[18]

"보통의 의식적 사고로는 할 수 없는 바를 '느낌'으로 할 수 있는 능력." 제자도의 목적을 설명하기에도 맞춤한 표현이다. 성자의 형상을 닮는다는 것은 복음을 "운동 감각"으로, 뼛속에 지닌 노하우로 흡수하여 의식적 사고로는 할 수 없는 바를 "느낌"으로 할 수 있게 된다는 뜻이다. 당신은 그리스도 안에서 재창조되었으므로 당신이 알지도 못하는 방식으로 그분을 사랑할 수 있는 방법이 있다. 당신은 세상에 대해 그리스도처럼 "느끼고", "그에 관해 생각하지 않아도" 그렇게 행동한다.

이런 종류의 "감각"은 지식보다 더 심층적이다. 이것은 시적으로, 상상력의 차원에서 흡수한 노하우다. 형성적 예배는 이 차원에서 우리에게 말을 건다. 우리에게 보여 주고,[19] 우리를 만지고, 우리를 형성한다. 이 점을 예증하기 위해 고백의 예로 돌아가 보자. 죄의 고백이라는 실천과 공동체적 훈련은 우리의 세계-내-존재를 통제하는 이야기의 중요한 요소다. 하지만 고백이 만들어 내는 감각을 우리 뼛속에 지니려면, 우리의 고백조차도 교훈적이기보다는 시적이어야 한다. 다시 말해서, 우리가 죄를 **어떻게** 고백하느냐가 이 실천이 참으로 형성적일지, 그렇지 않을지에 중요한 영향을 미친다.

죄를 고백하는 기도의 전혀 다른 두 예를 생각해 보자. 첫째는 최근의 기도인데, 나는 그 출처를 밝히지 않을 것이다. 그 이유는 금세 알게 될 것이다.

오늘 우리는 지구를 보호하기 위해 충분한 노력을 하지 않았음을 고백합니다. 정부를 향해 경고에 근거한 기준을 마련해야 한다고 요구하지 않았음을 고백합니다. 소비자로서 기업들이 연약한 생태계를 파괴하고, 인간, 특히 우리 중 가장 약한 이들에게 해를 입히는 위험한 독성 물질을 배출하도록 내버려 두었음을 고백합니다.

정의의 하나님, 우리가 하나님께 의존하고 있으며 모든 피조물과 연결되어 있음을 알게 하시고, 우리가 행동해야 할 필요성을 깨달아서 "파괴"에 이르는 지금의 길과 긍휼과 생명 존중이라는 도덕적으로 책임 있는 길 사이에서 중대한 선택을 하는 문제에 관해 우리 정치 지도자들에게 명확한 신호를 보낼 수 있도록 도와주소서.

이 기도는 "시적"이라고 부르기 어렵다. 순전히 내용에만 초점을 맞추는 이 기도는 일차적으로 교훈적인 기도로 작성되었다. 노래처럼 부를 수 있는 박자나 운율이 없기 때문에 회중이 함께 낭독하기가 매우 어려울 것이다. 그래서 금세 잊히는 죄의 고백이 될 것이다.

이 기도와 유서 깊은 고백 기도를 대조해 보라. 이 기도는 시적이어서 오래 기억에 남고, 그렇기 때문에 익숙하게 들릴 것이다.

은혜로우신 하나님,
우리가 생각과 말과 행동으로,
행함으로써,
행하지 않음으로써,
하나님께 죄를 범했음을 고백합니다.
우리는 온 마음으로 하나님을 사랑하지 않았습니다.
우리는 이웃을 우리 자신처럼 사랑하지 않았습니다.
우리는 진심으로 사죄하며 겸손히 회개합니다.
하나님의 아들 예수 그리스도를 통해,
우리에게 자비를 베푸시고 우리를 용서하소서.
그리하여 우리가 하나님의 뜻을 기뻐하고,

4. 당신은 어떤 이야기 안에 있는가?

하나님의 길을 걷게 하시고,

이로써 하나님의 이름에 영광을 돌리게 하소서. 아멘.

이 기도를 처음 읽거나 들은 사람도 기도의 가락과 리듬을 느낄 수 있을 것이다. 이 기도에서는 병행과 병렬, 대칭과 연속, 암시와 두운을 활용해 의식의 레이더 아래에서 우리에게 영향을 미친다.

이제 회중의 입술에서 흘러나오는 이 기도를 듣는다고 생각해 보라. 반복해서 하는 이 기도는 노래처럼 살아 있는 느낌이다. 시적 고백의 목적은 예쁘게 꾸미려는 게 아니라, 우리 죄와 잘못과 실패를 우리 것으로 받아들이기 위해서다. 하지만 이 기도가 기억에 남고 상상력이라는 깊은 샘으로 스며드는 까닭은 이 고백이 시적이기 때문이다. 이는 이 기도가 상상력에 잠재되어 주중에 언제든지 우리 입술까지 올라올 준비가 되어 있다는 뜻이기도 하다. 그럴 때 이 기도는 우리가 우리 죄를 자백하면 그분은 미쁘시고 의로우시므로 우리 죄를 용서해 주실 것이라는 약속을 확신할 수 있게 해 준다.요일 1:9 따라서 이 기도는 주일 아침만을 위한 "의례"가 아니다. 우리가 한 주 동안 그리스도를 따르기 위해 힘쓸 때에 우리와 동행하는 선물이기도 하다.

그러고 나서 진심으로 감사드리라. 왜냐하면 언제나 이 기도를 드린 다음에는 반드시 복된 소식이 선포되기 때문이다.

전능하신 하나님이 우리 주 예수 그리스도를 통해
당신에게 자비를 베푸시고,
당신의 모든 죄를 용서하시고,
모든 선 가운데 당신에게 힘을 주시고,
성령의 능력으로,
당신을 영생 가운데 지키시기를 빕니다. 아멘.

당신은 입술로 겸손히 죄를 고백할 준비를 한 채 하나님의 자비를 갈망하며 이웃을 위해 그 자비를 구현하기를 간절히 바라며 하루하루 다른 이야기 안에서 살아간다.

마음을 지키라

— 가정의 예전

"우리가 사랑함은 그가 먼저 우리를 사랑하셨음이라."요일 4:19 이 진리는 이 책에서 내가 설명하는 바, 즉 인간을 사랑하는 존재로 보는 모형과 거기서 나오는 제자도에 대한 전망을 확신할 수 있게 해 준다. 심지어 우리가 아직 원수였을 때 하나님이 먼저 우리를 사랑하셨다는 사실롬 5:8-10은 우리의 사랑을 가능하게 하는 동시에 그 사랑을 불러일으키는 첫 번째 은총이다. 요한의 놀랍고 아름다운 주장은 그분이 먼저 우리를 사랑하셨기 때문에 우리가 **하나님**을 사랑할 뿐만 아니라 그분이 먼저 우리를 사랑하셨기 때문에 우리가 **사랑할** 수 있다는 것임을 주목하라. 우리의 무질서한 사랑조차도 우리가 그분의 형상으로 창조되었다는 사실에 대한 간접 증거가 될 수 있다.

스위스의 신학자 한스 우르스 폰 발타자르는 아름답고 성경적인 이미지, 자연적인 동시에 초자연적인 은유를 통해 이 점을 탁월하게 포착해 냈다. 그는 "여러 날, 여러 주 동안 아이에게 미소를 지은 다음에야 어머니는 비로소 아이가 미소로 응답하는 것을 볼 수 있다. 어머니는 아이의 마음속에 사랑을 일깨우며, 아이는 사랑에 일깨워졌을 때 지식에도 일깨워진다"라고 지적한다.[1] 이는 마치 우리가 알기 위해 사랑하는 것과 같다. 하지만 우리는 사랑받을 때 사랑하게 된다. 발타자르는 어머니가 먼저 사랑한다는 점을 강조하면서 계속해서 이렇게 말한다. "초월적 존재인 어머니에 의해 사랑의 관계가 먼저 시작되었기 때문에 지식의 관계가 시작된다." 이것은 초월적이며 영원한 실체를 보여 주는 자연적이지만 도상圖像적인 이미지다.

마찬가지로 하나님은 인간에게 자신을 사랑으로 드러내신다. 그분은 사랑을 발산하시며, 이 사랑은 인간의 마음속에 사랑의 빛을 비춘다. 인간으로 하여금 이것, 즉 절대적 사랑을 지각할 수 있게 하는 것은 바로 이 빛이다. "어두운 데에 빛이 비치라 말씀하셨던 그 하나님께서 예수 그리스도의 얼굴에 있는 하나님의 영광을 아는 빛을 우리 마음에 비추셨느니라."고후 4:6 이 얼굴 안에서 존재의 제1근원이 어머니와 아버지로서 우리에게 미소 지으신다. 우리는 그분의 피조물이기에 사랑의 씨앗이 하나님의 형상('이마고')인 우리 안에 잠재해 있다. 하지만 아이가 사랑받지 않으면 사랑에 일깨워질 수 없듯이, 인간의 마음도 그분의 은총이라는 거저 주시는—그 아들의 형상 안에서—선물 없이는 하나님을 이해할 수 없다.[2]

아기를 미소 짓게 만드는 어머니의 미소는 우주의 진리를 담고 있는 소우주다. 성육신을 통해 우리에게 먼저 다가오신 하나님의 은총—"그가 먼저 우리를 사랑하셨음이라"—이 곧 육신을 입고 우리를 만나시고 우리도 그분을 사랑할 수 있는 은총까지 주시는 창조주의 미소다. 이 이미지는 너무도 감각적이며 구체적이기 때문에 강력하다. 통통한 볼이 그려지고, 갓 태어난 아기에게서만 나는 냄새를 맡을 수 있고, 젖 빠는 아이가 내는 소리를 들을 수 있고, 어머니의 얼굴에 퍼지는 경이감과 사랑 가득한 평온한 미소를 떠올릴 수 있다. 발타자르는 이 미소가 그 자체로 성례전 곧 은총의 수단이자 사랑의 통로라고 주장한다. 우주의 창조주가 같은 방식으로 우리를 만나 주시는데, 육신이 되신 성자 안에서 우리를 만나 주셔서 우리를 돌보아 주신다.[3] 예수님은 하나님의 미소시다. 우리의 반응을 촉발하는 이 성례전적 자극이 그분의 몸에서 지속된다. 그분은 우리에게 떡과 포도주와 물을 주셔서 감각적인 방식으로 우리 믿음이 자라나게 하신다.

하지만 이 은유는 다른 점에서도 시사하는 바가 크다. 이 은유는 가정이 사랑을 키우는 공간이며 우리가 아기였을 때부터 사랑하는 법을 가르쳐 주는 근원적으로 형성적인(혹은 잘못 형성시키는) 공간임을 상기시킨다. 그분이 먼저 우리를 사랑하셨기 때문에 우리는 사랑한다. 하지만 **어떻게** 사랑하는지는 가정에서 배운다.[4] 이것은 우리가 인식하고 명명해야 할 중요한 현실이다. 주일 아침 한 시간 반으로는 날마다 경쟁적인 예전에 몰입해 있는 마음의 습관을 바로잡기에 충분하지 않다. 물론 회중이 모여서 드리는 예배가 제자도의 핵심이지만, 그렇다고 해서 공동 예배가 제자도의 **전부**라는 뜻은 아니다. 공동체의 예배는 필수적이며 근원적인 방식으로 우리 마음의 지향을 바로잡지만, 우리는 주중에도 하나님나라를 지향하는 예전에 몰입할 기회를 마련해야 한다. 주일 아침의 예전(대문자 L로 시작하는 Liturgy)이 주중에 우리의 실존을 규정하는 예전들(소문자 l로 시작하는 liturgies)을 만들어 내야 한다. 월요일부터 토요일까지 우리가 실천하는 제자도는 그저 성경에 대한 지식을 습득하는 데 초점을 맞춰서는 안 된다. 우리는 주일에만 예전의 동물이고 주중에는 생각하는 사물인 존재가 아니기 때문이다. 오히려 날마다 하는 실천을 매주 드리는 예배의 실천과 결합하여 공동 예배의 형성적 힘을 확장하고 강화해야 한다.

우리의 리듬을 지배하는 예전에 대해 관심을 기울여야 할 다른 공간이 많다. 그리고 이를 예배의 형성적 실천을 우리 삶의 다른 영역으로 확장할 기회로 삼아야 한다. 예배를 제자도의 핵심으로 인식한다는 것은 제자도를 주일에만 한정한다는 뜻이 아니다. 예배를 확장하여 삶의 방식으로 만든다는 뜻이다.

따라서 교회에서 행하는 기독교 예배라는 예전에 관심을 기울여야 한다면, 집의 예전에도 마찬가지로 관심을 기울여야 한다.[5] 더 구체적으로, 우리는 우리 가족의 배경음악을 이루는 리듬과 의례에 주목하고, 이런 활동이 어떤 '텔로스'를 지향하는지 생각해 보아야 한다. 정신없이 돌아가는 삶의 속도 때문에 우리는 별다른 반성 없이 일상에 쫓기며 살아가는 경우가 많다.

"좋은 부모"가 하는 일이라고 생각하는 것을 한다. 이런 것들이 우리에게 무언가를 행할 수도 있음을 깨닫지 못한 채 "우리가 하는 일"이라고만 생각할지도 모른다. 이런 것들이 우리 마음이 지향하는 방향을 좌우하는 힘을 지니고 있음을 인식하고 우리가 가정에서 행하는 의례를 재조정해야 함을 깨달아야 한다. 따라서 이 장에서는 가정의 예전에 대한 일종의 감사를 실시해 보라고 권한다.

하지만 우리는 집의 의례가 회중의 의례로부터 나와서 우리를 그 의례로 이끈다는 점도 생각해 보아야 한다. 어떤 가정이나 가족도 그 자체로 "교회"일 수는 없다. 어떤 가정도 하나님의 가정을 대신할 수 없다.엡 2:19 우리 모두는 우리 가정이 하나님의 가정 안에 자리 잡게 해야 하며 우리 가족을 교회라는 "첫 번째 가정" 내에 위치시켜야 한다.[6] 그렇게 하기 위해서는 교회 예배가 우리가 어떻게 가정과 가족이 될 수 있는지 가르쳐 준다는 것을 먼저 깨달아야 한다. 그런 다음에는, 어떻게 그리스도의 몸의 예전(대문자 L로 시작하는 Liturgy)이 가정의 예전들(소문자 l로 시작하는 liturgies)에 양분을 공급하고, 우리를 다시 교회의 예전으로 나아가게 할 수 있는지 생각해 보아야 한다.

● 가정을 만드는 이들을 위한 예전적 교훈

나는 우리가 예배에서, 늘 인식하지는 못하는 차원에서 무언가를 배운다고 주장했다. 우리는 기독교 예배라는 실천에 담긴 성경의 진리를 배우기보다는 알아차린다. 이 실천은 설명보다 더 강력한 방식으로 하나님이 우리에게 바라시는 바를 그려 보인다. 교회 예배에는 번성하는 가정과 가족이 어떤 모습인지에 대한 중요한 그림이 새겨져 있다. 이 암시적인 그림을 더 명시적으로 만듦으로써 어떻게 우리가 가정의 예전적 질서를 바로잡을 수 있는지에 대해 지혜를 얻을 수 있다. 예배에 포함된 가정에 대한 강력한 두 이미지, 즉 세례와 결혼에 대해 생각해 보자.

첫째, 우리는 "표현"이라는 관점에서 세례를 바라보는 경향을 버려야 한다. 세례는 일차적으로 우리가 믿음과 헌신을 보여 주는 수단이 아니다. 더 일반적으로 예배가 그렇듯이, 여기서도 행위 주체는 하나님이시다. 세례는 은총의 수단, 즉 은혜 가운데 먼저 일하시는 하나님이 우리를 구별하시고 인 치시는 방식이기 때문에 성례전이다. 세례란 우리가 그렇지 않을 때조차 하나님은 그분의 약속을 성취하시는 언약을 지키시는 주시라는 표지다. 그렇기 때문에 초대교회 이래로 온 가족이 세례를 받았다.^{행 16:33; 고전 1:16} 또한 그렇기 때문에 역사적으로 "공교회적" 기독교에서 믿는 부모는 자녀들에게 세례를 받게 했다.⁷ 성례전으로서 세례는 아래에서 위로 **우리** 믿음을 표현하는 행위가 아니라 위에서 아래로 내려오는 하나님의 은혜로운 약속의 상징이다. 그분은 우리가 믿을 수 있기도 전에 우리를 택하셨다. 그분은 우리가 사랑하는 법을 알기도 전에 먼저 사랑하신다.

세례는 우리가 한 **백성** 됨을 뜻한다. 하나님은 세례를 통해 새로운 '폴리스*polis*', 사회 계급과 혈연 귀족이 폐지된 새로운 종교적, 정치적 실체(피터 레이하르트Peter Leithart가 "세례의 도성"이라고 부른 것)[8]를 이루는 특별한 백성을 만드신다. 이것은 별 볼일 없는 사람들로 이뤄진 공동체다. "육체를 따라 지혜로운 자가 많지 아니하며 능한 자가 많지 아니하며 문벌 좋은 자가 많지 아니하도다."고전 1:26 하지만 이것이 하나님의 도성, 전복적인 하나님나라의 특징이다. "하나님께서 세상의 미련한 것들을 택하사 지혜 있는 자들을 부끄럽게 하려 하시고 세상의 약한 것들을 택하사 강한 것들을 부끄럽게 하려 하시며 하나님께서 세상의 천한 것들과 멸시 받는 것들과 없는 것들을 택하사 있는 것들을 폐하려 하시나니."고전 1:27-28 세례의 도성 시민들은 "가지지 못한 이들"일 뿐만 아니라 "아무것도 아닌 이들"이다! 하지만 이들은 하나님의 형상을 지닌 존재, 장차 올 왕국을 증언할 능력을 부여 받고 세상을 새롭게 할 책임을 맡은 하나님의 공주와 왕자로 택함을 받았다.

따라서 세례는 사회적 실체를 만드는 동시에 상징한다. 그래서 세례는 모여서 드리는 공동 예배의 맥락에 자리 잡는다. 한 사람만 세례를 받을 수도 있지만 우리 모두가 이 성례전에 참여한다. 회중은 단지 구경꾼으로 와 있지 않다. 이 의례는 적어도 자신의 세례를 떠올리게 하고, 그렇게 함으로써 우리 자신이 했던 "충성 맹세"를 되풀이하게 하고 우리가 또 다른 도성의 시민임을 상기시켜야 한다. 바로 그런 까닭에 일부 교회에서는 예배당 입구에 물을 갖다 둔다. 이 물을 만질 때 우리가 **누구** 소유인지를 다시 한 번 기억할 수 있다. 우리는 기도하거나 예배하러 들어갈 때 물을 휘졌거나 만지거나 자신에게 물을 바르는 신체적 행위를 통해 우리가 구별된 백성임을 되새긴다. 세례는 가정이나 국가와 같은 다른 사회 집단에 대한 우리의 관계를 재정립하는 실천이다.

그렇다면 세례는 가정과 관련해서 어떤 의미가 있는가? 이 예배의 실천에는 어떤 가정관이 담겨 있는가? 이 의례에 참여할 때 우리는 직감 차원에서 무엇을 배우는가? 세례 예전은 회중인 우리에게 언약의 약속을 맺으라고 촉구한다. 예를 들어서, 목회자는 세례 받을 어린이를 소개하면서 회중에게 이렇게 묻는다.

주의 백성인 여러분은 사랑으로 이 아이들을 맞이하고, 이들을 위해 기도하고, 믿음 안에서 이들을 교육하는 일을 돕고, 신자의 사귐으로 이들을 격려하고 지지하겠다고 약속합니까?[9]

이때 회중은 "그렇게 하겠습니다"라고 대답한다. 언약은 우리를 한 공동체, 한 "도성"('폴리스' 곧 그리스인들이 말한 일종의 "공화국republic")으로 묶어 준다. 우리가 새로 구성된 '폴리스'라면, 새로 구성된 가정, "하나님의 권속"엡 2:19이기도 하다. 하나님의 집에서는 혈연관계가 상대화된다. 세례를 받을 때 우리가 부모와 회중으로 한 약속은, 이 "가정"이 너무나도 자주 우상화되는 핵가족이라는 폐쇄적인 단위가 아님을 분명히 말해 준다. 따라서 기독교 회중이 세례의 의미를 참으로 실천하고 구현하고자 한다면, 혈연관계보다 그리스도의 피가 더 우선하는 공동체, "자연적" 가정이 이기적이고 폐쇄적인 울타리 안에 갇히지 않는 공동체가 되어야 한다.[10] 정교회 신학자 알렉산더 슈메만Alexander Schmemann은 이 점을 탁월하게 짚어 낸다. "끊임없이 자신의 이기심과 자기만족을 십자가에 못 박지 않는 결혼, '스스로 죽고' 자기 너머를 지향하지 않는 결혼은 기독교적 결혼이 아니다. 오늘날 결혼의 진짜 죄는 간음도, '부적응'도, '정신적 학대'도 아니다. 진짜 죄는 가정 그 자체의 우상화, 결혼을 하나님나라를 지향하는 것으로 이해하기를 거부하는 태도다."[11]

그와 반대로 교회는 도전이자 축복인 우리의 "첫 번째 가정"이다.[12] 한편으로, 교회는 후기 근대의 광적 자율성이 지배하는 또 하나의 영역, 즉 가정의 사생활에 도전한다. 다른 한편으로, 교회는 반가운 위안이 되기도 한다. 우리는 이 아이들을 우리 혼자 힘으로 기르지 않아도 된다!

슈메만이 지적한 가정의 "우상화"는 폐쇄적이며 자기 충족적이고 자율적인 단위로 기능하라는 거의 불가능한 압력을 가정에 가한다. 슈메만이 안타까워하듯이, "오늘날 가정이 쉽게 깨지고 이혼이 마치 결혼에 늘 따르는 그림자처럼 되어 버린 것은, 가정을 중시하지 않기 때문이 아니라, 가정을 우상화했기 때문이다."[13] (사상적으로 더 "진보적"이든, 더 "보수적"이든) 정치적 자유주의의 의례에서는 가정을 선량한 시민인 동시에 책임을 다하는 생산자이자 열성적인 소비자를 길러 내는 공간으로 묘사한다. 곧 독립에 대한 미국의 이상의 일부로서 가정을 사적이며 폐쇄된 집 안에 가둔다.[14] 그 결과, 도저히 견딜 수 없는 무게를 가정에 부여한다. 매카시는 자유주의가 암시하는 "가정에 대한 지배적 신학에서는 가정을 고립시키며 자기 충족적 공동체가 되어야 한다는 어렵고 고독한 책임을 가정에 떠넘긴다"라고 지적한다. 하지만 세례의 약속은 그런 구조를 거부한다. 사랑과 그 의무는 "개인 주거지"와 "핵가족"이라는 경계를 가로지른다. 우리로 하여금 우리 집 지붕 아래 있는 것보다 더 큰 집으로 들어가게 하기 때문이다. 세례의 약속은 가족에 관한 전혀 다른 신학을 보여 준다. 이 신학에서는 "가정이 우리가 필요한 모든 것을 우리에게 줄 것이라고 기대하지 않을 때 가정은 제구실을 할 수 있다"고 인정한다. 그 대신, 세례로 재정립된 가정의 사회적 역할은 "더 큰 사회적 실체에 의존한" 가정이 되는 것이다. "신학적 관점에서 가정은 우리가 교회라고 부르는 사회적 모험의 일부가 되도록 부르심을 받았다."[15]

그렇다면 세례는 혁명에 가까운 성례전이며, 우리가 물려받은 사회적 삶에 관한 관념들, 심지어는 "보수적"이며 "종교적"이라고들 주장하는 관념들 다수를 혁명적으로 바꿔 놓는다.

매카시가 다른 책에서 지적하듯이, "세례는 우리가 태어나면서 맺은 인간관계들을 수정하는 공동체를 수립한다."[16] 세례는 제사장의 혈연관계를 상대화하듯이, 집과 가정의 혈연관계조차도 바꾸어 놓는다. 우리가 세례 받을 때 하는 약속은 "교회가 우리의 첫 번째 가정"이라는 사실을 증언한다. "교회가 우리의 첫 번째 가정이라면 우리의 두 번째 집은 교회가 규정해야 하며, 우리 집 문은 낯선 이와 병든 이, 가난한 이들에게 열려 있어야 한다."[17] 세례는 집을 개방하며, 자기 충족성이라는 실현 불가능한 부담에서 집을 해방시킨다. 또한 가정을 개방하여 하나님 나라의 표지인 [기존 질서를] "무너뜨리는 우정"으로 나아가게 한다.[18]

그렇기 때문에 우리 집에서 신앙 형성에 관해 내릴 수 있는 가장 중요한 결정 중 하나는 교회에 헌신하는 것이다. 지혜로운 신앙 형성은 교회의 공동 예배 생활이라는 중심에서 시작된다. 따라서 부모가 자녀의 신앙 여정을 위해 할 수 있는 최선의 결정 중 하나는, 지금까지 설명한 이 이야기를 재연하는 예전적 실천이 이뤄지는 회중 가운데 그들이 자라게 하는 것이다. (이에 관해서는 6장에서 더 자세히 논할 것이다.)

가정과 집에 대한 암묵적 이해가 세례를 통해 재연된다. 결혼 예식도 마찬가지다. 우리가 의식적으로 생각하지 않을지라도, 이런 의례를 통해 우리는 **어떻게** 가정이 되는지를 배운다. 사촌의 결혼과 대학 시절 룸메이트의 결혼, 조카의 결혼식에 참석하면서, 당신은 가정이 어떤 모습이어야 하는지에 관한 전망을 "남 몰래" 받아들인다. 이것은 고양이 꼬리를 붙잡고 옮기는 법을 배우는 것과 비슷하다. 따라서 이 역시 문화적 몰입의 한 단면이며, 따라서 우리는 결혼이라는 문화적 예전을 분별하고 판독할 수 있는 비판적이고 "묵시적인" 능력을 기를 필요가 있다.

결혼 산업의 폭발적 성장이 좋은 소식, 우리 문화가 결혼과 가정을 소중히 여기기 시작하는 징조라고 생각할지도 모른다. 하지만 행간을 읽어 내고 우리 문화의 관습에 담겨 있는 좋은 삶에 대한 전망을 실제로 분별해 낸다면 그렇게 생각할 수 없을 것이다.

새로운 시선으로 익숙한 현상을 바라보려고 노력해 보라. 예전이라는 렌즈로 "결혼 시즌"을 바라보라. 무엇이 보이는가?

이 시즌은 주말마다 세피아 톤 사진으로 페이스북과 인스타그램을 가득 채우는 행사들이 이어지는 때다. 우리가 밤늦게까지 춤을 출 때 핀터리스트에 수집해 놓은 희망찬 미래가 현실이 될 것이다. 롤라팔루자Lollapalooza나 보나루Bonnaroo(둘 다 미국의 야외 음악 축제—옮긴이) 이야기가 아니다. 당신 사촌의 결혼식 말이다.

첫 번째 페이스북 게시물부터 흥분이 고조되었다. 턱수염을 기른 멤버들이 "깜짝" 등장해 밴조를 연주하면서 세레나데를 부르는 가운데 인터스트리얼-칙industrial-chic(오래된 기계나 산업

설비를 소품으로 활용하는 실내 디자인 형식—옮긴이) 스타일의 브루클린 해군 공창을 배경으로 그가 약혼녀에게 청혼하는 영상이 올라왔다. 물론 이 영상은 높은 조회 수를 기록하고, 결혼식에 대한 기대감을 한껏 높였다. 신랑 신부의 문신을 겹쳐 그린 수제 청첩장은 참석 여부를 알릴 때 사용하도록 빈티지 우표와 함께 1950년대 양철 여송연 케이스에 담겨 도착했다. 결혼 피로연에서는 푸드 트럭이 와서 한국식 타코를 제공할 것이다. 약혼식 때 초청된 밴드가 더 많은 만돌린과 함께 다시 와서 촛불로 밝힌 차양 아래서 연주할 테고, 모두가 신랑이 준비한 수제 맥주를 즐길 것이다. 결혼식 전용 블로그를 개설하고, 당연히 전용 해시태그도 사용할 것이다. 피로연을 마치면 돌아가는 하객 모두에게 신랑 신부의 이름을 새긴 하모니카를 선물할 것이다. 이날을 잊을 사람은 아무도 없을 것이다. 주도면밀하게 사진을 찍고 게시물을 작성하고 공유하고 트위터에 올리고 업로드할 것이기 때문이다. 우리 모두는 잘 알고 있다. 인터넷은 절대 잊지 않는다는 사실을.

결혼 산업은 해마다 490-510억 달러의 매출을 올린다고 추정된다. "리얼리티" 방송 채널에서는 〈완벽한 웨딩드레스를 찾아서Say Yes to the Dress〉나 〈브라이드질라스Bridezillas〉 같은 결혼 관련 프로그램을 방영한다. 내가 과학과는 거리가 먼 방식으로 핀터리스트를 조사해 보니 결혼 관련 내용이 인터넷 내용물의 약 80%를 차지하는 듯하다. 내가 다니는 교회의 나이 든 성도들이 말하듯, 신랑 신부가 주일 밤 교회에서 결혼식을 올리던 시절은 지났다. 오늘날 결혼식은 너무 중요해서 아무렇게나 치를 수 없다. 웨스 앤더슨Wes Anderson 풍으로 찍은 결혼식 영상이 비메오Vimeo에 게시될 때 비로소 결혼식이 마무리된다. "우리 결혼합니다! 이제 **결혼식** 계획을 세워야 합니다!"

이 모든 것은 우리 사회가 그 어느 때보다 결혼을 소중히 여긴다는 증거가 아닐까?

별로 그렇지 않다. 사실, 여러 수치를 보면 결혼 산업의 규모가 커진 만큼 이혼 산업의 규모도 커졌음을 알 수 있다(이런 현실을 다룬 다큐멘터리가 제작되기도 했다).[19] 여기서 우리는 결혼식의 화려함에 주목한다. 결혼식은 우리가 주인공이 되어 사랑을 과시하고 다른 이들이 결코 잊지 못할 방식으로 그들을 우리의 낭만적 사랑으로 초대하는 행사가 되었다. 결혼 산업은 경쟁과 새로움, 남보다 한 발 앞서고 싶어 하는 마음 때문에 번창한다. (페이스북 게시물이 독신인 사람들에게 미치는 영향에 대해서는 아직 고려하지도 않았다.) 찰스 테일러의 지적처럼 "진정성의 시대"에 결혼식은 "상호 과시"의 동학에 사로잡혔다. **겉으로 보이는 것**이 중요하다. 그렇기 때문에 우리는 결혼 생활을 유지하는 꾸준한 노력보다는 결혼식이라는 행사의 과시적인 화려함을 만들어 내는 데 더 초점을 맞춘다.

하지만 결혼 산업의 암묵적 신화는 우리가 결혼을 대하는 방식을 반영하기도 한다. 우리가 결혼식에 가득 채워 넣은 신화

5. 마음을 지키라

때문에 결혼은 거의 실패할 수밖에 없다. 마치 결혼이 아주 오랫동안 상대의 눈을 깊이 바라보는 행위이기라도 한 것처럼, 결혼식은 이루어질 수 없는 두 연인의 낭만적 "짝짓기"를 중심으로 거행된다. 물론 여기에도 유익이 있다. 하지만 그렇다고 하더라도 배우자는 나를 **봐주는** 사람, 나의 필요를 채워 줄 사람, 내가 원하는 바를 이뤄 줄 사람, "나를 완성해 줄" 사람이다. 낭만적인 짝짓기조차도 일종의 자기애가 되고 만다. 〈새터데이 나이트 라이브〉의 "미하모니MeHarmony"(온라인 중매회사 이하모니 eHarmony의 패러디로 이성 분장을 한 같은 배우를 등장시켜 자신과 똑같지만 생식기관만 다른 사람을 찾아 준다고 광고하는 내용—옮긴이) 패러디는 이 점을 잘 포착해 냈다.

이런 낭만적 이미지는 신혼여행에서부터 드러난다. 결혼 생활을 시작하기 위해서는 (부부 관계에 독약이나 다름없는) 단조로운 일상에서 벗어나 "먼 곳으로 떠나야 한다." 이런 논리에 따르면, 결혼 생활을 지속하려면 "데이트를 위한 외출"이나 "계속해서 열정을 지펴 줄" 둘만을 위한 낭만적 도피 계획을 끊임없이 마련해야 한다. 제발 자녀는 천천히 갖도록 하라. 이 신화에 따르면, 자녀는 결혼의 흥을 깨는 존재나 마찬가지다. 결혼은 낭만이고, 낭만은 당신 둘만을 위한 것이기 때문이다.

너무나 많은 결혼식이 행복하게 짝을 이룬 **당신들**을 축하하는 화려한 행사다. 우리는 동반자라기보다는 구경꾼으로 와 있다. 그런 의미에서 이런 결혼식은 뒤따르는 결혼 생활의 전조

● 뱅크시의 그림이 보여 주듯,
결혼 "산업"의 의례는 자아도취의 예전이다.

— 뱅크시 〈휴대전화 연인들〉

인 경우가 많다. 연인들이 서로 눈을 바라볼 때는 세상을 등지고 있다. 뱅크시Banksy가 그린 "휴대전화 연인들Mobile Lovers"은 이런 자아도취의 태도를 따끔하게 꼬집고 있다.

　우리 둘밖에 없다는 식의 이런 "낭만적" 사랑관과 결혼관은 우리 문화의 거의 모든 서사를 뒤덮고 있으며 많은 결혼 의례, 특히 결혼식을 일차적으로 "표현"의 관점에서 바라보는 의례에서 재연되고 있다. 실제로 이런 사랑관과 결혼관은 우리의 사회적 상상계에 씨줄과 날줄처럼 얽혀 있어서 (교회도 이런 신화에 속아 넘어가기 쉽기 때문에, 어쩌면 교회 안에서조차도) 대안을 상상조차 할 수 없을 지경이다. 결혼식은 낭만적 꿈의 실현이 아닌가? 결혼이란 일종의 항구적 결혼식/신혼여행이라는 이상향이 아닌가?

　이런 문화적 예전에 담긴—그리고 텔레비전 드라마와 로맨틱 코미디에서 그리는—가정에 대한 전망과 정교회 결혼 의례에 담긴 대항문화적, 성경적 전망을 대조해 보라.[20] 의례는 두 "악장" 혹은 단계로 이뤄진다. 첫째는 약혼식Service of Betrothal이다. 교회 입구나 현관에서 사제는 신랑과 신부 모두에게 질문한다. 신랑에게: "당신은 당신 앞에 있는 이 여자를 당신의 아내로 맞이하겠다는 선하고 자유로우며 자발적인 의지와 확고한 의도가 있습니까?" 신부에게: "당신은 당신 앞에 있는 이 남자를 당신의 남편으로 맞이하겠다는 선하고 자유로우며 자발적인 의지와 확고한 의도가 있습니까?" 신랑 신부는 차례로 "그렇습니다"라고 대답한다. 이것이 그들이 예식 중에 하는 **유일한** 말이다. 결혼식은 이들이 "자신들의 사랑을 보여 주는" 표현의 기회가 아니다. 새로움을 추구하기 위해 자신만의 특이한 서약을 써올 필요도 없다. 여기서 행위자와 행위 주체는 교회의 신랑이신 주시다. 남편과 아내(그리고 예비 어머니와 아버지)로서 이들의 삶은 그 삶과 결합된다. 삼위일체 하나님이 이 예식의 중심이시다. 이 예식은 이 진리가 동일하게 적용되는 결혼 생활에 대한 전망을 드러낸다. 이는 "성부와 성자와 성령의 이름으로" 받은 그들의 세례를 떠올리게 하는 서약으로 아름답게 확증된다.

●————————————

우리의 친구 크리스토퍼 케이즈Christopher와 제니퍼 케이저Jennifer Kaczor는 자신들이 결혼하기 전에 시작된 가족에 관한 의미 있는 이야기를 들려준다. 크리스는 "흡혈귀 아이들에 관한 신화"라는 짧은 글에서 이렇게 회상한다. "많은 사람들이 그렇듯이 나는 대학 시절에 다양한 경험을 했다. 학교 대표 운동선수로 뛰었고, 학교 신문 편집자였다. 철학을 사랑하게 되었고, 대학원에 진학할 생각을 하기도 했다. 가능성이 무궁무진한, 멋진 삶이었다. 그런데 어느 날 걸려온 전화 한 통이 만사를 바꾸어 놓았다. 단 한마디였지만 정말로 중요한 한마디, '나 임신했어.'"[a]

그 순간, 그는 세상이 끝났다고 생각했다. "나는 자녀들이란 하수구, 즉 재정적 하수구, 정서적 하수구, 꿈을 말살하는 배수구나 다름없다는 신화를 믿고 있었다. 아이들이 부모의 피를 빨아먹는 흡혈귀나 마찬가지라고 생각했다." 이것이 바로 "낭만적" 결혼관이 조장하는 신화다.

하지만 나중에 딸이 태어났을 때는 온 세상에 달라졌다. 크리스는 이 아이를 비롯하여 다른 여섯 아이를 기르면서 자녀가 결혼 생활을 방해하거나 위협하는 존재가 아니라 선물임을 깨달았다. 아이들은 감사와 겸손, 인내, 꾸준함과 같은 덕을 "입으라"는 초대장이다. 그는 이렇게 고백한다. "아이를 갖는 것은 나한테 일어날 수 있는 최악의 일이라고 생각했다. 잘못 생각해도 크게 잘못 생각했던 것이다." 아이들은 흡혈귀 아이들이라는 신화를 퇴치하는 나무 십자가와 같다. "아이가 생기는 것은 멋진 인생의 '종말'이 아니라, 오히려 멋진 인생에서 누릴 수 있는 일부분이다"라고 그는 결론 내린다.

약혼식에서 반지를 낀 신랑과 신부는 예배당 복도를 행진한다. 이는 그들이 결혼을 통해 하나님나라 안으로 들어가는 것을 보여 주는 행위다. 이 가정은 그리스도의 몸인 첫 번째 가정 안에 자리 잡는다. 슈메만은 "결혼 성례의 의미는 '자연적' 결혼을 '그리스도와 그분의 교회의 큰 신비' 속으로 끌어들임으로써

결혼에 새로운 의미를 부여해 준다는 데 있다. 다시 말해, 이 성례는 결혼뿐 아니라 실은 인간의 모든 사랑을 변모시켜 주는 성례다"라고 논평한다.[21] 결혼이라는 "자연적" 제도가 예배당 안으로 들어갈 때, 그것은 "'장차 올 세상' 속으로 들어가는 출발점인 교회와의 결혼의 출발점"이 된다.[22] 이것은 그리스도 안에서 그 '텔로스'를 발견하는 초자연적인 것에 대한 우리의 자연적 욕망을 보여 주는 이미지다. 이것은 장차 올 나라에 대한 맛보기다.

이는 이 의례의 두 번째 악장 혹은 단계, 즉 대관식Service of Crowning으로 이어진다. 이 예식에서 부부 이야기가 전체 구원사 이야기, 그분의 신부인 하나님 백성에 대한 하나님의 신실하심에 관한 이야기 안에 새겨진다. 이 순서에서 드리는 기도에서는 성경의 본보기들—소망과 불임을 놓고 씨름했던 이들을 포함해 남편과 아내, 어머니와 아버지들—에 대해 감사드린다. 신부와 신랑은 이야기를 통해 〈브라이드질라스〉에 나오는 가정과는 당연히 전혀 달라 보이는 신실한 가정이란 어떤 모습인지를 증언하는 구름처럼 허다한 증인에 둘러싸인다. 이 단계의 절정은 부부에게 관을 씌우는 순서다. "성부와 성자와 성령의 이름으로" 하나님의 남종과 여종인 이들에게 말 그대로 관을 씌운다. 슈메만의 말처럼, 이는 "각 가정은 작은 나라이고, 작은 교회이며, 따라서 하나님나라 성례의 하나이자 그 나라로 가는 길의 하나"임을 생생히 보여 준다.[23] 결혼은 선교이고, 두 사람은 함께 **증인이 될 것이다.** 슈메만은 이를 아름답게 설명한다.

결혼 예식에서 관은 바로 이것을 표현해 주는 것이다. 여기 한 작은 나라가, 하나님나라를 닮은 무언가가 될 가능성이 있는 나라가 이제 시작되고 있다. 물론 이 기회는 상실될 수도 있다. 하룻밤 만에 상실될 수도 있다. 그러나 지금 이 순간에는 여전히 열린 가능성이다. 아니, 비록 수천 번 이상 상실되었다 하더라도, 그 두 사람이 여전히 함께 머무는 한, 그들은 지금도 여전히 진정한 의미에서 서로에게 왕이자 왕비다. 40여 년의 세월이 흐른 뒤에도, 아담이 자기 곁에 여전히 머물고 있는 하와를 보는 것, 이들의 이런 연합은 실로 하나님나라의 사랑에 대한 작은 선포다. 영화와 잡지에서 결혼의 "아이콘"은 늘 어떤 젊은 부부들이다. 그러나 전에 나는 파리의 한 초라한 공원 벤치에서, 가을 오후의 따사로운 햇살을 맞으며 앉아 있는 어느 가난한 노부부를 본 적이 있다. 서로 손을 잡고 있던 그들은 그렇게 아무 말 없이, 계절의 마지막 온기를, 그 옅어져 가는 빛을 즐기고 있었다. 침묵 속에서. 이제 모든 할 말은 다 했고, 모든 열정은 소진되었으며, 모든 폭풍은 다 가라앉았다. 이제 그들은 삶의 모든 것을 뒤로하고 있었다. 그러나 실은 그 순간 그 모든 것은 그들에게 현존하고 있었다. 그 침묵, 그 빛, 그 온기, 그 말없이 잡은 두 손에서 말이다. 그렇다. 그것들은 참으로 현존하며, 영원을, 기쁨을 맞을 차비를 하고 있었던 것이다. 그 모습은 지금도 내게 결혼과, 그 천상적 아름다움

에 대한 비전으로 남아 있다.[24]

이것은 왕가의 특권을 상징하는 관이 아니다. 그리스도를 증언한 순교자들의 관이다. 남편과 아내는 증인으로서 관을 쓰고, 희생하도록 부르심을 받는다. 그래서 거룩한 결혼의 성례전은 성찬대에서 성만찬으로 마무리된다. 이곳에서 **모든** 참석자가 십자가에 달려 죽으신 이의 살과 피를 먹고 마신다. 지금부터 **모든** 주의 만찬은 또 다른 혼인 잔치, 우리가 결혼해서 사는 법을 배우는 또 다른 방법이 될 것이다. 우리는 성만찬을 통해 신부를 위해 목숨을 버리신 신랑의 이야기를 보고 냄새 맡고 맛볼 것이다. 모든 주일이 결혼 갱신 예식이다.

이것은 〈배첼러레트 *The Bachelorette*〉(예비 신부가 여러 신랑 후보 중 한 사람을 선택해 결혼하는 내용의 리얼리티 쇼―옮긴이)의 예전이나 신랑 신부가 낭만적 사랑을 표현하는 데 초점을 맞추는 결혼식에서는 결코 배울 수 없는 바다. 오히려 우리는 이런 문화적 예전에서 결혼과 가정에 관해 얼마나 많이 "배웠는지"를 깨닫고, 그리스도의 몸에서 행하는 대항적 예전에 몰입함으로써 문화적 예전의 영향력을 물리치기 위해 의도적으로 노력해야 한다. 우리의 집과 가정을 하나님의 집 안에 자리 잡게 하기 위해서, 우상으로 변질되는 경향이 있는 문화적 관습이라는 중심으로부터 벗어나는 동시에, 우리를 지탱할 수 있는 유일한 공동체, 즉 삼위일체 하나님을 우리의 중심으로 삼아야 한다.

우리의 가정, "작은 왕국"은 그리스도의 몸이라는 중심으로 끊임없이 돌아감으로써 영양을 공급받아야 한다. 매주 우리는 우리의 작은 왕국을 하나님나라 안으로 이끈다. 회중의 공동예배는 가정을 하나님 이야기 안에, 하나님나라 백성의 더 광범위한 관계 안에 위치시킨다.[25] 거기서부터 우리는 집과 가정으로 다시 파송을 받으며, 교회 예배를 우리의 "작은 교회"로 확장할 기회를 얻는다. 따라서 이제는 우리가 일용할 양식을 먹는 공간을 규정할 수 있는 예전에 관해 생각해 보자. 우리의 일상이 예배의 주기를 반복하고 확장할 때, 기독교 예배가 지닌 형성적 힘이 증폭되기 때문이다.

●————————————————————————————

결혼의 예전은 결혼이 다른 이들을 섬기라는 부르심이라는 것을 보여 준다. 남편과 아내는 하나님과, 또 서로 언약을 맺어서 이스라엘과 교회처럼 열방에 증언하도록 보냄을 받은 작은 "백성"이 된다. 결혼은 공동선을 위한 것이다. "파송"에서 절정을 이루는 연합감리교회 United Methodist 결혼 예배의 결말 부분은 이 진리를 아름답게 표현한다.

목회자는 이제 막 부부가 된 두 사람에게 축복과 권면의 말을 건넨다.

영원하신 하나님이 여러분이 서로 사랑하도록 지켜 주셔서
그리스도의 평화가 여러분 가정에 머물기를 빕니다.
가서 무슨 일을 하든지 하나님과 여러분의 이웃을 섬기기 바랍니다.

그런 다음 목회자는 회중에게도 비슷한 권면과 축복의 말
을 한다.

이 세상에서 하나님의 사랑을 증언하고,
사랑이 낯선 이들에게 후히 베푸는 친구가 되어 주십시오.
주 예수 그리스도의 은총과
하나님의 사랑과
성령의 교통하심이
여러분 모두와 함께하길 빕니다.
아멘.

● 마음을 지키라

나는 핵가족이라는 이미지가 양가적이라고 늘 생각했다. 물론
이 말은 자녀들이 엄마 아빠를 **중심**으로 위성처럼 주변을 돌며,
함께 사회의 기본 단위—이를테면, "원자 단위"—의 기능을 하

는 가족을 묘사한다. (이런 이미지가 이제는 고리타분하고 고색창연한 것으로 여겨진다는 것이 우리 시대의 슬픈 현실이다.) 하지만 냉전이 막을 내리던 시점에 학창 시절을 보냈고 〈젊은 용사들Red Dawn〉(소련과 쿠바 연합군의 침공에 맞서 싸우는 고등학생들을 다룬 영화—옮긴이) 같은 영화를 보며 자란 나에게는 "핵"가족이라는 개념이 방공호나 콘크리트 벙커, 무서운 세상의 위협에서 우리를 보호하는 숲이라는 의미를 함축하는 것처럼 보이기도 했다.

이 은유는 지독히도 음울하지만 전혀 근거가 없지는 않다. 두려움에 사로잡혀 스스로 고립을 택하는 극단적 가족 모형(이를테면 "둠스데이 프레퍼스doomsday preppers"식 기독교 양육을 주장하는 사람들의 가족 모형)이 확실히 있다. 하지만 세상이 우리 가정, 특히 자녀에게 미치는 영향을 감안하면 경계심을 갖는 것이 마땅하다. 사실 이것이 성경의 훈계다. 우리는 자녀들의 마음과 생각을 품어 주고 보호하고, 그들을 교육할 책임이 있으며 그들의 상상력을 지키는 자다. 따라서 당연히 우리는 다가오는 위협을 멀리서 감시하는 보초병처럼 아이들을 지키는 자들이 되어야 한다. 잠언 4장의 아버지가 아들에게 "네 마음을 지키라"라고 훈계할 때,[23절] 아버지의 가르침 자체가 그러한 방어 활동의 일환이다.

하지만 우리가 진짜 위험을 놓치고 있는 것은 아닐까? 세상에서 오는 사상과 메시지라는 지적 공격에는 방어 진지를 구축하면서도 우리의 지적 방어 진지를 침투해 들어오는 유해 요소를 막아 내지 못하고 있는 것은 아닐까?

우리가 자녀들이 생각하는 사물인 것처럼 그들을 양육할 때 이런 일이 발생한다. 모든 교수법과 마찬가지로, (아이들이 인간인 한—사실 나 스스로도 아이들이 인간이라는 것을 믿기 어려웠던 때가 있다) 모든 자녀 양육 전략은 인간 본성에 관한 전제에서 출발한다. 근대성이라는 데카르트의 우물물을 마신 우리는 자녀를 지적인 그릇, 막대기에 달린 뇌로 취급하는 경향이 있으며, 그런 인간관에 따라 아이들을 기르고 보호한다. 우리는 성경 지식을 공급하여 아이들의 믿음을 길러 주려고 노력한다. 바른 답을 제공하기 위해 교리문답을 교육하고, 세상이 퍼붓는 거짓 가르침을 분별할 수 있도록 훈련시키려고 노력한다. 인간이 근원적으로 생각하는 사물이라면, 우리의 방어진지와 교육은 일차적으로 교훈적이며 신학적이어야 한다.

하지만 **사랑하는 이들**을 양육하는 것은 과연 어떤 모습일까? 가정을 우리 욕망의 방향을 조정하는 형성의 공간으로 만들어 가는 것은 어떤 모습일까? 어떻게 가정은 우리 마음이 지향하는 바를 (재)조정하는 공간이 될 수 있을까?

그렇다면 상황은 전혀 달라진다. 우리는 집의 분위기 곧 우리가 매일 하는 의례에 담겨 있는 말로 표현되지 않는 "느낌"에 관심을 기울여야 한다. 모든 가정에는 특정한 목적, 특정한 '텔로스'에 조율된 노래를 흥얼거리는 "배경음악"이 있다. 우리는 그분의 은총을 노래하도록 우리 가정을, 따라서 우리 마음을 조율해야 한다. 이렇게 조율하기 위해서는 배경음악, 즉 우리 일상과 리듬으로 만들어지는 지속적인 배경 소음에 주의를 기울여야 한다. 이 배경 소음은 우리가 세상을 상상하는 방식에 영향을 미치는 일종의 상상 속 벽지다. 이 음악은 창조세계에 대한 하나님의 욕망을 강화하는 멜로디일 수도 있고, (많은 경우 의도하지 않은 채) 주님의 노래와 불협화음을 이루는 배경음악일 수도 있다. 당신이 날마다 성경을 "주입"하면서도 당신 가정은 여전히 생산과 소비라는 소비주의 신화의 열광적 리듬에 맞춰 노래를 흥얼거릴 수도 있다. 집에는 방마다 벽에 성경 구절이 걸려 있으면서도 말로 표현되지 않은 의례는 희생보다 자기중심성을 강화하고 있는지도 모른다.

따라서 각 가정과 가족은 반복되는 일상에 대해 일종의 회계 감사를 실시하고 예전이라는 렌즈로 이를 점검해야 한다. 이런 리듬에는 어떤 이야기가 담겨 있는가? 이런 실천에는 좋은 삶에 대한 어떤 전망이 담겨 있는가? 이런 문화적 예전에 몰입할 때 어떤 종류의 사람이 만들어지는가?

가정의 예전에 대한 이런 감사는 가정 상황에 따라 크게 다를 것이다. 대학생이 있는 가정의 일상은 영유아 자녀가 있는 젊은 부부의 가정과는 전혀 다른 모습일 것이다. 또한 각 가정은 전혀 다른 종류의 문화적 예전에 유혹을 받고, 그런 예전에 참여하도록 권유를 받을 것이다. 여러 세대가 함께 사는 로스앤젤레스의 가정과 위니펙에 사는 은퇴한 부부는 전혀 다른 일상을 살아갈 것이기에 전혀 다른 유혹을 받을 것이다. 공동생활을 하는 대학생들에게는 어린이 스포츠라는 강력한 문화적 예전이 거의 아무런 영향도 미치지 않고, 어린 자녀를 둔 부부의 삶에는 온갖 "동아리" 문화가 영향을 미치지 못한다. 우리가 경험하는 예전의 유혹과 왜곡된 형성은 언제나 우리가 속한 환경에 따라 다르다. 각 사람은 우리 가정이 당연히 여기는 일상의 실천을 평가해야 한다. 대개는 우리가 이런 실천에 대해 생각해 보지 않기에 그 형성적 영향력을 인식하지 못하기 때문이다. 우리는 이것을 "우리가 하는 무언가"라고 생각할 뿐, 그것이 우리에게 무언가를 행하고 있음을 깨닫지 못하고 있을지도 모른다.

우리 일상의 실천을 비판적으로 평가하고 나면, 거기에 맞서기 위해 무엇을 할지에 더 집중할 수 있다. 무엇보다도 먼저, 우리 가정이 더 광범위한 하나님의 가정에 사로잡혀 있어야 한다. 우리 가정의 예전은 말씀과 성만찬이라는 형성적 예전에 의해 규정되고 그 예전을 강화해야 한다.[26] 마이클 호튼이 예배를 다룬 책 《개혁주의 예배론*A Better Way*》(부흥과개혁사)에서 탁월하게 설명했듯이, 성경적 예배는 우리를 그리스도가 중심이신 구속의 드라마 안으로 이끈다.[27] 이러한 예전적 형성이 우리 성품을 만들어 간다. 우리를 그리스도 안에 있는 하나님의 이야기 안으로 엮어 넣고, 따라서 우리의 성품을 형성한다. 그리스도인 가정의 형성적 예전은 예배라는 교회의 자원에 의존한다.

그리스도인의 공동 예배라는 리듬에 우리 가정의 일상적

5. 마음을 지키라

박자를 맞추는 것은 어떤 모습일까?

우리의 지성이 아니라 상상력을 건드릴 때 가정 예배는 형성적 실천이 될 것이다. 그러기 위해 가정 예배는 상상력을 자극하는 미학적 자원 곧 이야기와 시, 음악, 상징, 이미지를 유통시켜야 한다. 그런 예배는 감각적이며 촉각적이고 성육신적일 것이다. (성경에 나오는 본보기로 예언자 예레미야가 활용한 실물 교육을 생각해 보라.) 어린이는 상상력을 자극하는 실천을 통해 복음을 흡수하는 의례적 동물이다.

그렇기 때문에 가정 예배에 음악을 포함하는 것이 중요하다. 아우구스티누스의 말을 풀어서 흔히들 말하듯, "노래할 때 우리는 두 번 기도한다." 성가의 가락과 찬송가의 시적 감흥은 성경 이야기가 지워지지 않도록 우리 안에 스며들게 해 준다.

또한 이것은 당신 가정이 "교회력"이라는 전례력의 주기에 따라 살아가도록 이끌어야 할 이유이기도 하다.[28] 대강절과 성탄절, 주현절과 성령강림절, 사순절과 부활절이라는 주기는 독특한 방식으로 우리가 예수의 삶 가운데 살 수 있게 해 준다. 이 절기의 색깔은 우리 가정의 영적 벽지의 일부가 되어 가정의 분위기를 만들어 간다. 왕을 상징하는 자주색과 성탄절의 빛나는 하얀색, 성령강림절의 불타는 듯한 빨간색은 모두 우리를 다른 이야기로 초대하는 일종의 상징적 우주를 만든다.

이 절기들은 나름의 감각적 의례와 함께 찾아온다. 가정에서는 해마다 대강절 화환을 함께 만드는 즐거움을 누릴 수 있으며, 아이들은 성탄절에 그리스도 촛불을 밝히길 기다리며 소망과 사랑, 기쁨, 평화의 초—예언자의 초, 베들레헴 초, 목자의 초, 사랑의 초라고도 부르는—를 밝히는 데 동참할 수 있다. 사순절 동안 가정에서는 함께 금식함으로써 신체적인 방식으로 의에 대한 주림과 목마름을 배울 수 있다. 이런 가정 예배는 몸에 와 닿는 방식으로, 우리 상상력에 오랫동안 남을 방식으로, 따라서 우리가 세상을 살아가는 방식을 규정하는 방식으로 우리가 복음을 새롭게 이해할 수 있게 해 준다.

핵심은 이것이다. 가정의 형성적 의례는 단순한 "사적" 실천이 아니라, **공적** 영향력을 미친다. 공동체의 형성이나 예배처럼 가정의 형성도 **보냄**으로 마무리되기 때문이다. 우리는 거대하고 악한 세상에서 우리 자신을 보호하기 위해 물러나 숨을 수 있는 "순수한" 가정을 만들려는 게 아니다. 이런 태도는 "가라"는 사명을 축소시킬 수밖에 없다. 그 대신 우리는 가정의 형성적 리듬에 대해 **의도적인** 태도를 견지하고, 그렇게 함으로써 가정이 우리를 형성하고 우리가 문화 명령과 대위임을 수행하고 우리 이웃에게, 그들을 위해 하나님의 형상을 지닌 존재로 살아가도록 우리를 세상으로 파송하는 또 다른 재정향의 공간이 되기를 원한다.

기독교 예배의 성례전적 힘이 날마다 우리 삶을 "주술화"하여 우리가 사는 세상이 평평해진 "자연"이 아니라 살아 계신 성령의 임재와 능력으로 가득한 창조세계임을 상기시켜 준다고 말할 수도 있다. 우리가 보냄을 받은 세상은 우리의 문화 만들기를 촉구하고 우리의 자비와 긍휼을 요구하는 세상이다. 피조물은 언제나 우리가 보는 것 이상이다. "자연적인" 것처럼 보이는 세상은 하나님의 위엄으로 가득 차 있다. 예배를 통해 우리는 이런 세상, 하나님의 임재와 활동으로 가득한 환경에서 살아가는 법을 배운다. 그러므로 우리는 세상의 마력이 우리 삶의 이른바 통속적 공간으로 흘러 들어오게 할 방법을 찾을 수 있다. 이런 현실을 반영하는 "주술화된 가정"을 만들어 갈 방법을 찾을 수 있다.

두 가지 예만 들어 보자. 피닉스의 그리스도교회Christ Church Anglican의 목회자인 친구 크리스 슈트Chris Schutte 목사는 자기 교회에서 세례를 받는 사람들은 세례 초를 받아서 집으로 가져간다고 말했다. 내 친구는 이들에게 해마다 세례 받은 날이 되면 그 초를 꺼내서 불을 붙이라고 권한다. 이 작은 불꽃의 모습과 향은 성령이 하셨으며 지금도 하시는 일에 대한 기억으로 "가득 차 있다." 이 초는 이들의 "자연적" 생일 초가 그리스도 안에 있는 세례자의 정체성으로 성화되었음을 상기시키는 역할도 한다. 이날은 그들이 "새로운 피조물"이 된 생일이다. 초를 밝히는 행위는 그들이 **누구**이며 **누구 소유**인지를 감각적으로 상기시켜 주며, 가정에서 이 의례를 함으로써 그들의 세례가 세상을 **위한 것**임을 더욱 분명히 깨닫게 해 준다.

우리가 출석하던 교회에서도 집으로 가져가서 세례를 기

억하게 해 주는 물건을 나눠 주었다. 아이가 세례를 받을 때 그 아이와 가족은 역시 교인인 예술가가 찰흙으로 만든 작은 장식품을 받는다. 이 장식품 앞면에는 "나는 네 하나님이다"라는 말이 새겨져 있고, 뒷면에는 무지개 아래 "너는 내 자녀란다"라는 말이 새겨져 있다. 무지개는 하나님이 그분의 언약을 지키시며, 그분의 백성에게 하신 약속을 지키신다는 것을 상징한다. 어떤 의미에서 이 단순한 장식품은 그것이 주어지는 맥락에 의해 "주술화된다." 말하자면 이 장식품 위에 세례의 성례전적 힘이 부어졌다. 많은 부모가 이 장식품을 몇 년 동안 아이 방 아기 침대 위나 침대 근처, 십대인 경우는 책상 위에 걸어 둔다. 이 장식품은 좋은 때나 나쁜 때나, 아이가 힘써 그리스도를 따를 때든지 길을 잃고 헤맬 때든지 신실하게 그 자리에 걸려 있다. 이것이 꾸준히 그 자리를 지킨다는 사실은 우리가 신실하지 않을 때조차도 신실하신 하나님을 상기시켜 준다.딤후 2:13 이렇게 단순한 선물이 우리에게 소망 가운데 살아가는 법을 계속해서 가르쳐 주는 주술화된 물건이 된다.

● 가정에서 성당 건축하기

《실천 공동체Communities of Practice》(학지사)에서 교육 이론가 에티엔 웽거Etienne Wenger는 두 석공의 이야기를 들려준다. 둘 모두에게 무슨 일을 하는지 물었다. 한 사람은 "이 돌을 정확히 직사각형 모양

으로 자르고 있습니다"라고 대답했다. 다른 한 사람은 "성당을 건축하고 있습니다"라고 대답했다.[29]

나는 첫 번째 석공이 두 번째 석공의 대답을 듣고 멈칫하더니 "맞아. 내가 잊고 있었군. 우린 성당을 건축하고 있어"라고 혼잣말을 했을 거란 생각이 든다.

이 이야기를 듣고는 "성당 건축*Building Cathedrals*"이라는 블로그가 떠올랐다. 이 블로그는 프린스턴대학교 출신인 가톨릭 여성 일곱 명의 지혜를 모아 둔 공간이다. 이들은 스스로를 "위대한 성당 건축가들이 자신들의 걸작을 건설하듯이, 날마다, 돌을 하나하나 쌓아 올려서, 오직 그분만 보시는 사소한 것에 주의를 기울이면서 우리 가정을 건설해 가려는" 사람들이라고 소개한다. 석공에는 힘들고 단조로운 작업이 많지만, 모두가 성당 건축이라는 원대한 계획을 이루는 데 필수다. 자녀 양육도 마찬가지여서 사소한 것들이 중요하다. 작은 의례에 큰 의미가 있을 수 있다.

예를 들어 보자. 저녁 식탁 자리의 형성적 힘을 절대로 과소평가하지 말라. 사라져 가는 이 예전은 강력한 형성의 자리다. 대부분의 시간 동안은 성당에 주목하기가 어렵다. 저녁때마다 형제가 사소한 말다툼을 벌인다면 특히나 더 그렇다. 하지만 그럴 때에도 어린 자녀들은 이웃을 사랑하는 법을 배운다. 그리고 함께 저녁을 먹는다는 단순한 일상의 반복을 통해 언약을 지키시는 주의 신실한 약속에 관해 무언가를 배운다.

그런 다음 분주함이 잦아드는 밤이 찾아온다. 당신은 자녀들에게 세상을 새롭게 바라볼 수 있도록 권할 수 있는 기회를 얻는다. 저녁 식탁에서 이뤄지는 교육의 중요성을 과소평가하지 말라. 최근 나는 이 점을 다시 한 번 깨달았다. 어느 날 저녁 식탁에서 우리 가족은 놀이터에서 아홉 살짜리 이웃 아이를 칼로 찔러 살해한 열두 살 소년 이야기를 나누게 되었다. 사건 직후 이 소년은 이웃집 문을 두드렸고 경찰을 불러 달라고 부탁했다. 아이는 자신의 범행을 고백했고 경찰관에게 죽고 싶다고 말했다.

아내가 식사를 하면서 이 이야기를 하자, 막내아들은 피가 거꾸로 솟는 듯 분노하기 시작했다. 살해된 소년에 대한 슬픔을 사춘기 나름의 방식으로 표현한 것이다. '도대체 무슨 일이 있었기에 이 어린 소년이 그런 짓을 했을까?' 하지만 아내의 이야기는 거기서 끝나지 않았다. 아내가 이야기를 마무리한 방식 자체가 아이들에게 도덕적 분별과 긍휼에 관한 교훈이 되었다.

정말이지 어떻게 소년이 다른 소년에게 그런 짓을 할 수 있을까? 우리가 이미 예상할 수 있듯이 소년은 끔찍한 학대와 무관심을 겪었다. 슬프게도 이 소년이 죽고 싶어 했던 심정을 이해할 만했다. 변명이 될 수는 없지만 분명히 이 살인자도 희생자였다. 우리 아들에게 상상할 수 없는 것을 상상하도록 도우려 애쓰던 아내 눈에 눈물이 흐르기 시작했다. 아내는 그 소년의 처지를 묘사했다. 아이가 살던 더러운 집, 마약 용품으로 뒤덮인 식탁과 텅 빈 찬장. 아이의 몸은 학대를 받아서 상처와 흉터 투성이였고, 거의 매일 아침 배가 고픈 채로 학교에 도착했다. 아내는 흐르는 눈물을 참으면서 잭이 당연히 여기는 거의 모든 것이 이 소년의 세계에는 없었다는 사실을 깨닫게 해 주려고 노력했다. 잭은 조용히 앉아 이 모든 이야기를 흡수했다. 열여섯 살 소년도 이제는 더 이상 눈물을 참지 못했다.

그날 밤에는 대학을 다니던 잭의 형 중 한 아이도 집에 와서 함께 저녁을 먹고 있었다. 아이는 무관심한 듯 내내 조용히 지켜보다가 아무 말 없이 빈 그릇을 들고 부엌으로 들어갔다. 하지만 그때 나는 식당 찬장에 붙어 있는 거울로 내 뒤에서 그 아이가 싱크대에 기대 웅크린 채 조용히 흐느끼는 것을 볼 수 있었다. 이 아이도 애도하는 법을 배운 것이다. 슬퍼하는 것조차도 연습이 필요하다. 주의를 산만하게 만들어서 우리가 살고 있는 세상의 비극을 마주하지 못하도록 우리를 고립시키는 것에 저항하면서 우리는 자녀들에게 불의의 공격을 정면으로 받는 이웃들을 애도하는 법을 가르쳐야 한다. 그리고 우리가 소망을 지닌 사람으로서 슬퍼한다는 것을 알게 해 주어야 한다.살전 4:13 어쩌면 타락한 이 세상에서 우리가 할 수 있는 최선의 일은 자녀에게 슬퍼하는 법을 가르치는 일일 것이다.

우리 집을 더 광범위한 하나님의 집 안에 자리 잡게 하고, 예배의 예전을 확장시켜 그것이 우리 가정의 분위기를 형성하게 할 때, 우리가 하는 세속적인 일조차도 다른 의미를 갖게 된다. 그리스도를 예배하는 것으로 우리 일상의 삶을 바라볼 때 평범한 일상조차도 영원한 의미로 가득 차게 된다. 우리의 "얄팍한" 실천이 하나님나라를 지향하는 예전이라는 더 넓은 그물망 안에 자리 잡을 때 더 두터운 의미를 지니게 된다.

우리 집 주방에는 제2차 세계대전 시기의 "승리의 정원" 운동 빈티지 포스터 몇 점이 걸려 있다. 그 당시 전쟁에 참여하지 않는 사람들은 부족한 식량 배급을 보충하기 위해 정원에 식용 식물을 심었다. 공원과 교회 마당에 마련된 정원은 공동체를 위한 촉매가 되기도 했고, 공동 과업과 손에 흙을 묻히는 자연의 성례전을 통해 이웃이 우정을 나눌 수 있게 해 주었다.

이 포스터들은 내 아내가 열정을 쏟는 모든 것, 즉 창조세계와 공동체, 음식과 우정을 상징한다. 내가 가장 좋아하는 포스터에는 우리의 열정을 하나로 묶어 주는 문구가 적혀 있다. "상상력을 길러라." 아멘.

이를테면 이 포스터들은 아내가 우리 집에서 가꿔 온 생활 방식 곧 정원과 부엌을 중심으로 하는 리듬, 땅을 일구는 공동 노동, 함께 음식을 만듦으로써 강화되는 공동 삶의 배경을 이루는 벽지다. 예전이라는 렌즈로 우리 집을 바라볼 때 나는 아내가 우리 모두를 대단히 형성적인 "예전"으로 초대해 왔음을 깨닫는다. 아내는 우리를 창조세계의 전례력이라고 말할 수 있는, 정원 생활의 계절 리듬으로 초대한다. 2월에 우리는 어떤 씨를 심을지 생각하기 시작하고 봄에 찾아올 부활절의 소망을 고대

5. 마음을 지키라

한다. 땅이 녹고 흙이 드러나는 봄이 오면 지구가 따뜻해져 씨앗과 식물을 받아들일 수 있기를 기다리면서 인내를 배운다. 싹이 돋고 잎이 나고 꽃이 피는 여름에는 정원만이 줄 수 있는 특별한 기쁨을 누리면서, 끊임없이 돌보아야 하는 정원에 관심을 기울이는 훈련에 임한다. 힐크레스트 가든Hillcrest Garden은 매일 밤낮 모여서 함께 일하는 공동체의 중심이다. 이곳은 우리 이웃이 누구인지를 상기시켜 주는 도시의 한 단면이다. 우리는 끈질기게 자라는 잡초와 씨름하면서도, 추수의 기쁨을 누리기 시작하고 작은 토마토와 호박꽃, 화려한 백일홍에서 하루하루 달라지는 색을 보며 감탄한다. 이를 위해서는 "효율성"과 "생산성"만을 추구하는 우리 삶에서 속도를 늦추는 일종의 안식Sabbath이 반드시 필요하다.[30] 정원을 가꾼다는 것은 다른 경제 속에서 사는 것을 뜻한다.

아내가 작물이 잘 자라고 있는 것을 발견할 때마다 기뻐서 지르는 소리가 나에게는 절대로 지겹게 느껴지지 않을 것이다. 하룻밤 사이에 나타난 것 같은 호박과 이제 막 채소의 형태를 갖추기 시작한 가지, 열매가 잔뜩 달린 방울토마토 줄기. 감사하는 마음으로 날마다 정원을 한 바퀴 돌 때 아내는 우리 아이들에게 덕의 본보기, 곧 소망에 찬 기대, 감사하며 부지런히 일하는 모습, 손으로 만져지는 감사의 본보기가 된다.

이 정원의 예전은 우리가 노동의 열매를 먹는 부엌에서 그 목적이 실현된다. 이곳에서도 아내는 우리 아이들을 좋은 삶에 대한 전망으로 감싸 안는 분위기를 만들어 왔다. 아이들은 공동체와 우정, 환대의 중요성을 강화하는 의례를 통해 훈련을 받았다. 양파 써는 법을 배우거나 우리가 "행복한" 소만 먹는 이유를 배울 때, 아이들은 번영—그들의 개인적 행복보다 더 큰, 심지어는 그들의 영혼보다 더 거대한 번영의 전망—이 어떤 모습인지에 관한 이야기 안으로 이끌려 들어간다. 이런 예전들은 성경 읽기에 초점을 맞추지 않지만 우리에게 하나님의 창조세계에 주의를 기울이는 법을 가르쳐 준다. 이 의례들은 정식 기도를 포함하지 않을 수도 있지만, 소망에 대한 일종의 감각적 표현이다. 그 형성적 의미는 이 의례가 자리 잡고 있는 더 광범위한 예전의 관계망에 의존한다. 가정에서 하는 예전의 의미는 그리스도의 몸의 예전에 의해 정향된다. 가정의 식탁은 성찬대를 상기시킨다. 성도의 교제는 날마다 함께 저녁 식사를 하는 단순한 훈련을 통해 매우 작은 규모로 표현된다. 모여서 드리는 예배의 리듬과 월요일부터 토요일까지 "보냄"을 받은 삶의 리듬 사이에서 우리는 계속해서 춤을 춘다.

자녀를 잘 가르치라

— 신앙 교육의 예전

나는 캐나다 온타리오주 남서부 작은 마을 엠브로에서 자랐다. 엠브로는 그 흔한 신호등 하나 없어서 신호등이 하나밖에 없는 마을 목록에도 들지 못할 정도로 작았다. 특별한 환경에서 오랫동안 산 사람들이 그렇듯이 나는 엠브로를 손바닥 보듯 훤히 알았다. 말하자면, 엠브로를 구석구석 외우고 있었다. 내가 엠브로를 아는 **방식**은 "마음으로" 가르치고 배우는 것에 관해 시사하는 바가 많다(원문의 "learning by heart"는 "외우다"라는 뜻으로 관용적으로 사용된다—옮긴이).

당신이 1984년에 차를 타고 엠브로를 지나가다가 무슨 이유에서인지 거기 들를 일이 있었다고 상상해 보라. 당신은 하일랜드 식당 옆 주차장에서 프리스타일 자전거BMX 연습을 하는 나를 발견했다. 그러고는 나에게 다가와 "얘야, 세인트 앤드루 거리가 어디니?"라고 묻는다. 나는 열세 살이고 평생 엠브로에 살았지만 당신을 도와주지 못할 가능성이 높다. 왜? 내가 엠브로를 아는 **방식**은 지도를 보고 아는 그런 지식이 아니기 때문이다. 나는 이 마을을 현장에서 기초부터 배웠다. 마을을 **관찰하거나** 이곳에 관해 **생각하는** 것이 아니라 이곳에 사는 사람으로서 엠브로를 알고 있다. 거리 이름을 아는 것은 마을을 3,000미터 상공에서 바라보는 지도 같은 지식, 추상적 지식이다. 지도로 아는 지식은 주민이 아니라 구경꾼의 지식이다. 그곳에 사는 사람이 아니라 외부인이 마을을 바라보는 방식이다. 나는 다르게 배웠기 때문에 다르게 이 마을을 알고 있다.

따라서 나는 세인트 앤드루 거리가 어디냐고 묻는 당신의 질문에 대답할 수 없을지도 모르지만, 야구장이나 하키 경기장은 눈을 감고도 찾아갈 수 있다. 나는 숀의 집이 어디인지, 우체국이 어디인지, 크리스틴의 집에 어떻게 가는지, 비니거 힐 Vinegar Hill로 가는 지름길이 어디인지 알고 있다. 자전거로 가장 멋진 점프를 할 수 있는 곳이 어디인지 알고, 유나이티드 교회United Church 옆에 있는 으스스하고 낡은 저택으로 가는 뒷길도 알고 있다. 나는 당신 질문에는 대답하지 못할지도 모르지만, **느낌**으로 이 마을을 안다. 내게는 데이비드 포스터 월리스가 "운동 감각"이라고 부른 지식이 있기 때문에 어디로 가야 하는지 잘 안다. 이것은 내가 뼛속에 지니고 있는 노하우다. 내가 알아차린 지식, 행동으로 배운 지식이다. 나는 내가 배우고 있다는 사실을 미처 인식하지도 못했다.

내가 엠브로의 길을 배운 것처럼 기독교 신앙을 "배운다"면 그것은 어떤 모습일까? 내가 고향에 대한 감각이 있는 것처럼 하나님의 창조세계에 대한 "감각"을 갖는다는 것은 무엇을 뜻할까? "그리스도의 마음"을 품는 법을 배운다는 것은 지도를 외우는 것보다는 그리스도 안에서 살고 움직이고 존재하는 법을 배우는 것과 더 비슷하지 않을까? 어떻게 젊은이들이 뼛속까지 복음을 알도록 그들을 형성하고 교육할 수 있을까? 우리가 하나님의 선한 창조세계에서 살아가는 주민인 것처럼 세상에 대한 성경적 이해를 흡수할 수 있다면 어떨까?

결국 교육의 핵심은 무엇을 **아느냐**가 아니라 무엇을 **사랑하느냐**가 아닐까?

이것은 학교와 교회 중고등부에서, 주일학교와 교리 교육에서, 대학생 사역 단체와 대학 강의실 같은 다양한 맥락에서 기독교 신앙으로 젊은이들을 교육하고 형성하고자 하는 우리의 접근 방식에 문제를 제기한다. 형성은 본질적으로 교육의 문제다(실제로 "훈련"을 뜻하는 프랑스어 단어는 *formation*이다). 하지만 이는 교육이 정보를 전달하려는 노력이 아니라 본질적으로 형성하고자 하는 노력이라는 뜻이기도 하다. 스탠리 하우어워스 Stanley Hauerwas가 말했듯이, "인정하든 안 하든 모든 교육은 도덕 형성이다."[1] 우리는 젊은이들을 신앙으로 인도하는 교육뿐만 아니라 기독교 교육의 '텔로스'에 관해서도 주의 깊게 생각해 볼 필요가 있다.[2] 이 장에서 나는 교회 영유아실에서 중학교 교실, 대학 기숙사까지 젊은이들이 신앙으로 교육 받는 몇몇 공간으로 당신을 초대하려 한다.[3] 인간이 예전의 동물임을 이해한다면 우리는 젊은이들을 새로운 시선으로 바라보게 될 것이다. 그들이 자신들의 삶에 박자와 운율을 부여하는 의례에 굶주린 의례의 동물임을 이해하게 될 것이다.

● 하나님은 참 예배자를 간절히 원하신다

내슈빌 성 조지 성공회 교회St. George's Episcopal Church의 주일학교에 가보면 이 공간이 위층 예배당과 비슷하다는 것을 곧바로 알아차릴 수 있을 것이다. 흔히 볼 수 있는 성경 이야기 그림과 성구 포스터는 거의 눈에 띄지 않고, 그 대신 예배 실험실 같은 느낌을 주는 것들이 있다. 분젠 버너Bunsen burner(화학 실험용 가열 장치—옮긴이)에 불을 붙여 탁탁 소리를 내는 화학 반응을 만들어 내는 과학 실습처럼 어린 제자들을 위한 이 공간에서는 아이들에게 위층 예배당에서 경험하는 것과 동일한 종류의 현실에 몰입할 기회를 제공한다. 여기서 아이들은 교훈적이라기보다는 감각적인 방식으로 신앙을 배운다. 말하자면, 여기서 아이들은 고양이 꼬리를 붙잡는 법을 배운다.

첫 번째 구역은 교회 전례력을 시각적으로 재현해 놓았다. 여기서는 그리스도의 삶 전체를 보여 주는 교회력에서 우리가 지금 어디에 와 있는지를 확인할 수 있다. 교회력의 다채로운 이미지 옆에는 눈금과 구분 표시를 한 나무 달력이 있다. 아이들은 이 나무 달력으로 일종의 경건한 놀이를 하면서, 가르침을 받고 있다는 사실을 깨닫지 못한 채 배운다.

하지만 아이들을 더 광범위한 그리스도의 몸 안으로 초대하는—사실 그들을 수 세기 성도들과 사귐을 나누는 예배로 초대하는—이 감각적 교육을 통해 아이들은 이미 은혜롭게 만물을 화해시키시는 하나님의 이야기를 "알아차리기" 시작한다.
그리스도 안에서 시간마저 구속된다.

●───────────────────────────────

참신함과 새로움이 주는 흥분에 초점을 맞추는 문화에서는 온
갖 새로운 것이 넘쳐나고 언제든 그것을 가질 수 있는 것처럼
보인다. 오늘 우리를 매혹시킨 것이 내일은 "5분 전 일"처럼 보
일 것이다. 변치 않는 것이라고는 꾸준히 유입되는 끊임없이 변
하는 이미지들밖에 없는 세상에서 우리가 딛고 선 땅조차 금세
사라져 버리는 모래처럼 느껴지기도 한다.

　불행히도 기독교 역시 새로움이라는 폭정에 희생당하는 것
처럼 보일 때가 많다. 우리는 "적실성"이라는 미명 아래, 신앙을
계속해서 "업데이트"하여 최신의 것처럼 보이게 하려 한다. 이
런 신앙에서 "교회 역사"는 우리 교회를 개척한 사람의 인생 이
야기에 불과하다. "공교회적" 기독교 유산이라는 풍성한 보물
곧 수천 년 역사 가운데 성령이 신실하게 교회를 이끌어 오신
과정은 망각하고 무시한다. 대신 우리는 신앙이라는 바퀴를 재
발명하려고_{reinvent the wheels}(불필요한 노력을 일컫는 관용 표현—옮긴
이) 애쓰느라 바퀴가 "기우뚱할" 때가 많다.

　바로 그런 이유로 그리스도인들, 특히 젊은이들을 **공교회
적 기독교의 유산**으로 이끄는 것이 포스트모던 시대의 선물이

될 수도 있다. 자신들을 둘러싼 천사들을 얼핏 보았던 엘리사의 군대처럼,왕하 6:16-17 교회의 역사적 훈련을 소개받은 젊은이들은 자신들을 둘러싼 성도들과 교제를 누리게 될 것이다.

로스앤젤레스 천사들의 모후 성당Cathedral of Our Lady of the Angels에는 이런 교회의 유산이 탁월하게 묘사되어 있다. 성인들이 예배하는 회중을 둘러싸고 있는 모습을 묘사한 전형적인 스테인드글라스 대신 이 성당에는 미술가 존 나바John Nava의 태피스트리 연작이 설치되어 있다. 태피스트리는 보니파키우스Boniface와 스웨덴의 비르기타Bridget of Sweden, 아퀴나스, 캐서린 드렉셀Katharine Drexel 같은 성인들의 모범적인 삶을 묘사한다. 그런데 이런 역사적 인물들 사이에 현대 로스앤젤레스 소년 소녀들의 얼굴이 그려져 있다. 이들은 이 성도의 교제에 둘러싸여 있을 뿐만 아니라 계속되는 이 이야기의 일부이기도 하다.

전례력 구역 옆에는 세례를 다루는 구역이 있다. 여기서는 매주 아이들로 하여금 세례의 의미를 이끌어 내는 감각적 방식으로 자신이 받은 세례를 기억하게 한다. 세례 받을 때 입는 흰 드레스를 만져 볼 수도 있고 옷에 관해 질문할 수도 있다. 손가락을 적실 물도 있다. 이 물을 휘저으며 성례전을 통해 하나님이 그들에게 주신 약속에 관한 거룩한 기억을 다시금 떠올린다.

6. 자녀를 잘 가르치라

교리문답 교사는 말하자면 아이들이 "손으로 할 수 있는 무언가"를 주면서 그들을 거듭 이 이야기 안으로 초대한다. 이 거룩한 놀이를 통해 복음이 아이들 마음속 깊이 자리 잡는다.

구석에는 아이들이 "교회 놀이"를 할 수 있는 공간이 있는데, 물론 놀이를 할 때 그 의미와 중요성을 이해할 수 있도록 도와준다. 거기에는 예배당의 거룩한 공간을 작게 본뜬 나무 모형이 있다. 이 모형 안에는 성경이 놓인 설교단, 십자가를 새긴 세례반, 아이들이 예배 시작 행진 때 본 것과 비슷한 모양의 초와 십자가, 현재 절기 색을 알려 주는 깃발이 있다. 또 다른 구역에는 아이들이 성만찬 때 보는 평범하지만 마술 같은 떡과 포도주가 있다. 이렇게 아이들 눈높이에 맞춰 작게 만든 예배 요소들은 그 자체로 성육신적 교수법이 된다. 호기심으로 가득한 아이들의 물음에 답하는 방식으로 **그들이 있는 자리에서** 그들과 만나며, 그들로 하여금 직접 만져 보게 하고, 그들을 한 가족으로 받아들이는 하나님 백성의 리듬에 관한 질문을 던지게 한다.

3세기 도미틸라Domitilla 카타콤의 선한 목자 조각상이 이 배움 공간 전체를 내려다보고 있다. 이 조각상도 예술이라는 유산을 통해 아이들을 고대 그리스도인들과 연결해 준다. 이 조각상은 눈을 마주치고 마음에 말을 거는 방식으로 선한 목자 예수님의 이미지를 강력히 환기한다. 목자의 어깨 위에는 연약한 어린 양이 있으며, 이 공간의 작은 어린 양들은 선한 목자가 그들이 길을 잃고 헤맬 때 그들을 건져 주실 것을 되새긴다. 아이의 무의식에 자리 잡는 것은 바로 이런 종류의 이미지와 은유다. 당신은 십대가 되고 이십대가 되어 신앙을 떠나고, 이런 실천을 무시하고, 방황하다 곤경에 빠지고, 수많은 나쁜 결정을 한 후 결국 도시 한 구석에서 당신이 일곱 살일 때는 상상조차 할 수 없었던 모습으로 살아갈 때까지도, 이런 이미지화된 진리를 평생 간직하게 된다. 이 지경에 이른 당신은 화가 나기도 하고 부끄럽기도 하다. 그래서 마치 교회를 전염병인 양 피했다. "기독교"라면 무조건 지적으로 의심하게 되었을 뿐만 아니라 종교적인 사람들의 위선에 이제는 진저리가 난다. 당신은 그보다 훨씬 나은 존재라고 스스로 확신한다. 하지만 절망과 외로움에 빠진 어느 날 저녁에 당신을 사로잡는 것은 당신이 기억하는 교리나 암송한 로마서 구절들이 아니다. 당신에게 서서히 다가오는 것은 상상력 저장고 안쪽 깊은 곳에서 불현듯 떠오른 이 목자의 이미지다. 이 이미지와 함께, 지금까지 항상 말을 잘 들었던 아흔아홉 마리 착한 척하는 양들을 버려두고 비뚤어지고 말 안 듣는 양 한 마리를 찾아 나서는 목자 이야기가 떠오른다. 이 이미지가 내장 신경세포를 휘젓는 것처럼 느껴지고, 이제 당신은 그 목자가 제멋대로인 양 한 마리를 찾아 헤매는 이 이야기의 한가운데에 있다. 목자가 겁에 질려 바위틈에서 울고 있는 그 양을 발견할 때, 당신은 그가 양을 부드럽게 안아 곤경에서 건져 내고 미소 지으며 "이리 오렴, 아가야"라고 말하는 것을 볼 수 있다. 그런 다음 그분은 당신을 어깨 위에 앉히신다. 당신은 그저

6. 자녀를 잘 가르치라

그분과 함께 빨리 집으로 돌아가고 싶은 마음이다.

교훈성 정보 전달만으로는 복음에 대한 이런 이해를 심어 줄 수 없다. 이런 복음 이해는 일종의 노하우, 뼛속에 스며든 지식이다. 이처럼 마음속 깊이 자리 잡은 확신은 지금 묘사한 것과 같은 종류의 배움의 공간으로 촉진된다. 믿음을 배우는, 다시 말해 믿음 **안에서** 형성되는 이 공간은 "선한 목자 교리문답"이라고 알려진 교수법의 결실이다. 이 교수법은 학생의 참여를 유도하고 학생들로 하여금 신체를 활용하게 하는 마리아 몬테소리Maria Montessori 교수법에 담긴 지혜를 원용하는 어린이 사역 모형이다.[4] 이 교수법은 "큰 방"이라고 부르는 공간에서 이루어지는데, 자신이 "교리문답 교사"임을 아는 교사들이 꾸민 거룩한 공간이다. 교리문답은 새로 믿게 된 이들이 우리가 예배하는 내용과 이유를 이해하도록 돕는 고대의 교육법이다. 이것이 **예전적** 교리문답이다. 예전적 교리문답은 조직신학 개론에서 간추려 낸 추상적 교리 체계에 초점을 맞추는 신앙 교육이 아니라, 그리스도인들이 말씀과 성만찬 주위에 모여 예배할 때 무엇을 **행하는지**를 가르치는 것으로부터 시작되는 신앙 교육이다. 예전적 교리문답은 기도에 뿌리를 둔 배움이요, 예배에서 흘러나온 제자도다. 우리가 알기 전에 기도하고 "세계관"을 갖기 전에 예배한다는 확신에 기초한 교수법이다. 아버지가 찾으시는 예배자들은 단순히 정보를 **아는** 사람이 아니라 **형성된** 사람이다. 이 형성은 상상력을 사로잡는 어린이 사역에서부터 시작되어야 한다.

● 예전의 동물을 위한 청소년 사역

선한 목자 교리문답의 큰 방을 전혀 다른 공간과 비교해 보라.
당신은 오락실과 커피숍, 댄스 클럽, 거실의 다양한 요소를 결
합해 놓은 일종의 다락방으로 걸어 들어간다. 이 방은 젊은이들
이 '편안히 휴식할' 수 있는 공간이라는 메시지를 전달하려고
애쓰는 와중에도 '명랑한' 에너지, 즉 각본에 따른 행복감으로
가득 차 있다. 무엇보다도 젊은이들이 **가고 싶은** 공간을 만들기
위해 무진 애를 쓴다. 어떤 아이들은 친구네 집 지하실에서 하
듯이 엑스박스Xbox 주위에 모여 비디오 게임을 한다. 다른 아이
들은 소파에 누워 인스타그램을 보거나 한 주 동안 있었던 일을
채팅으로 대화를 나눈다. 또 어떤 아이들은 도넛과 주스, 초콜
릿이 잔뜩 쌓여 있는 탁자 곁을 떠나지 않는다.

　　드디어 프로그램을 시작하기 위해 이 작은 부족들이 한 무
리로 모인다. 이들은 예배당(이런 회중의 경우 "예배당"보다는 "강
당"이라는 용어를 사용할 가능성이 높다)에서 드리는 공동 예배 대
신 이곳으로 온다. 그들에게는 이 프로그램이 "예배"를 대신한
다. 예전은 그들에게 익숙해 보인다. 콘서트와 음악 클럽에서
자주 보았듯이 요란한 밴드가 무대 중앙을 차지한다. 정해진 순
서대로 밴드는 승리에 도취된 찬양 몇 곡을 연주한 다음, 눈을

감고 손을 든 채 내면을 성찰하고 절절한 감정을 표현하는 노래를 연주하면서 무리를 이끈다. 하지만 무슨 주문을 던졌든지, 갑자기 분위기가 바뀌면서 그 주문이 풀린다. 희극 공연단이 무대로 올라와 분위기를 밝게 하고 모두에게 예수를 따르는 것이 **재미있는** 일일 수도 있다고 알려 준다. 이런 유쾌한 분위기를 이어받아 힙한 젊은 교사가 등장해 전반적으로 도덕주의적인 메시지("술 마시지 마라. 담배 피우지 마라. 무엇보다도, 섹스하지 마라")나 모호한 심리요법을 닮은 메시지(복음이 마치 모두를 크게 한 번 안아 주는 것이기라도 한 것처럼, "우리는 당신을 사랑합니다")를 전한다. 메시지를 전할 때 가장 중요한 점은 **따분하게** 들리지 않아야 한다는 것이다. 이 메시지에서 가장 좋은 이야기들은 영화와 팝 음악 가사에서 가져온 것들로, 기독교가 현실과 "관련이 있다"는 느낌을 강조하려고 하지만 동시에 성경이 현실과 무관하다는 생각을 교묘히 전달한다. 말하자면 당의정을 삼키듯이, 감각적인 포장에 담겨 있기는 하지만 모호한 성경 메시지를 듣고 떠나는 젊은이들에게 다음 주말에는 더 재미있을 것이라고 약속한다.

당신은 모르고 있을지도 모르지만, 우리가 지금 묘사한 이 "프로그램" 전체가 **두려움**에 의해—두려움 **때문에**가 아니라 두려움**에 의해**—설계되었다. 이런 프로그램은 자신들의 자녀, 흔한 표현으로 다음 세대가 교회와 신앙을 떠날까 봐 두려워하는 부모와 성인들의 창작품이다. 이들은 젊은이들이 그리스도에게서 멀어지는 주원인이 따분함이라고 확신한다. 말하자면, 이 어른들은 "이제 우리가 왔으니, 우리를 재미있게 해 줘!"라고 외치는 90년대 그런지grunge(영국 펑크 록의 영향을 받아 미국에서 생겨난 얼터너티브 록 음악—옮긴이) 밴드 너바나Nirvana의 비명을 우연히 들었지만 그 핵심을 완전히 오해한 셈이다. 그 결과가 다음과 같은 두 가지 불행한 결정을 드러낸 청소년 사역에 대한 접근법이었다.

첫째, 우리는 그리스도의 한 몸을 세대별로 나눠서, 예배라는 교회 중심에서 어린이와 청소년을 떼어 내어 공식적으로는 교회 건물 안에 있긴 하지만 사실상 "패러처치parachurch"나 다름없는 공간으로 보내 버렸다. 그렇게 해서 우리는 몸의 하나 됨과 보편성을 암묵적으로 부인하며, "몸이 하나요 성령도 한 분이시니, 이와 같이 너희가 부르심의 한 소망 안에서 부르심을 받았느니라. 주도 한 분이시요 믿음도 하나요 세례도 하나요 하나님도 한 분이시니, 곧 만유의 아버지시라. 만유 위에 계시고 만유를 통일하시고 만유 가운데 계시도다"엡 4:4-6라는 바울의 놀라운 선언과 배치되는 방식으로 예배했다. 형성과 사랑의 습관 바로잡기에 대한 우리의 관심을 감안할 때 더 중요한 점은, 이렇게 그리스도의 몸을 세대별로 분할함으로써 가장 강력한 습관 형성 방식 중 하나인 모방의 기회를 제거했다는 것이다. 젊은이들이 늘 자기들끼리만 모인다면 어떻게 본보기, 즉 평생 예수와 함께 살아온 지역 교회의 모범이 될 만한 성도들을 보면서 배울

6. 자녀를 잘 가르치라

수 있겠는가?

둘째, 우리는 젊은이들을 교회 안에 "묶어 두려면" 그들이 신앙을 진심으로 드러낼 기회를 제공해야 한다는 가정 하에 청소년 사역을 거의 전적으로 감정을 표현하는 일로 만들어 버렸다. 형성적인 신체적 예배 대신에 이분법에 안주했다. 예배는 정보 전달의 전주곡 같은 정서적 체험, 즉 감정을 자극하는 30분 음악에 이은 30분 "메시지"가 되고 말았다. 사실 청소년 사역의 이러한 지배적 패러다임은 인간을 생각하는 사물로 보는 관점에 사로잡혀 있다. 즐거움에 대한 반지성적 집착은 형성에 대한 확신 부족에 불과하다. 현대 청소년 목회의 정서주의가 반지성적이라고 생각할지도 모르지만, 사실 이것은 제자도에 관한 철저히 주지주의적 패러다임과 밀접히 연결되어 있다. 젊은이들을 즐겁게 하고 감정적으로 흥분시키는 목적은 그들의 지성이라는 그릇에 "메시지"를 집어넣을 기회를 얻기 위해서다.

하지만 우리는 현실을 냉정하게 바라보아야 한다. 젊은이들이 교회 안에서 즐거워하게 만드는 것과 그들을 그리스도의 몸의 역동적인 일원으로 형성하는 것은 전혀 다른 문제다. 오늘날 청소년 사역은 그리스도인을 형성하고자 하는 진지한 노력이 아니라 프로그램을 통해 젊은이들을 복음주의 클럽 카드 회원으로 묶어 두려는 최후의 노력인 경우가 많다. 우리는 젊은이들을 건물 안에 머물게 하는 것이 그들을 "그리스도 안에" 머물게 하는 것이라고 착각했다.

많은 경우, 우리는 이른바 적실성을 구실로 세속 예전을 교회 안에 끌어들여 그들의 형성마저 세속 예전에 양도해 버렸다. 따라서 젊은이들이 청소년 집회에 참석할 때 그들은 좋은 삶에 대한 경쟁적 전망을 은밀하게 지향하는 실천에 참여하는 셈이다. 이런 행사의 핵심을 이루는, 즐거움을 추구하는 실천은 자기를 부인하고 십자가 지는 법을 배우는 것^{막 8:34-36}과 정반대인 자아도취와 이기주의를 강화할 뿐이다. 많은 젊은이들이 우리가 마련한 즐거움을 추구하는 행사에 열성적으로 참여할지도 모르지만, 이런 행사의 기본 예전이 소비주의와 이기주의의 의례에 기초하는 한 이런 참여는 이들의 마음을 형성하지 못하고 이들의 욕망이 하나님과 그 나라를 지향하게 만들지 못한다. 젊은이들을 즐겁게 해 주는 일에 열중할 때 우리는 "주여, 주여, 우리가 주의 이름으로 수련회와 캠프, 비치발리볼 행사에 꼬박꼬박 참석하지 않았습니까?"라고 외치는 이들만 양산해 낼지도 모른다.^{참고. 마 7:21-23} 다시 말해서 우리는 즐거움을 얻기 위해서만 붙어 있는 사람들에게 속아서는 안 된다. 젊은이들을 그리스도인으로 형성하는 일이 얼마 동안은 실패처럼 **보일지도** 모른다.

젊은이들에게 손을 들고 진심으로 노래하라고 권하는 현재의 청소년 사역 패러다임은 근대 기독교 신앙의 "탈육신"(앞서 4장에서 논한 찰스 테일러의 용어)을 반영한다. 우리는 기독교를 메시지로 환원하면서 메시지를 배포하기 위한 관문으로 정서적 경험을 만들어 낸다. 하지만 이는 우리가 예전과 영적 훈련

6. 자녀를 잘 가르치라

을 통해 우리에게 전해진 성육신적 형성 방식을 포기했다는 뜻이다. 대신 우리는 외향성을 신실함으로 혼동하는 청소년 사역을 만들어 냈다. 사실상 우리는 제자도가 합창단이나 응원단처럼 원기 왕성하고 기운이 넘치며 쾌활하고 "예수 만세"를 외치는 태도를 기르는 것과 같기라도 한 것처럼, 젊은이들에게 진실로 예수를 따른다는 것이 예수 때문에 "불붙은 것", 즉 예수 때문에 **흥분한** 것과 같다고 말하는 셈이다.

  이것은 끔찍한 결과를 낳을 수도 있다. 우리가 젊은이들에게 예수를 진지하게 따르는 사람이 된다는 것은 예수를 위해 외향적인 사람이 되는 것과 같다는 메시지를 전할 때, 그렇게 타고 나지 않은 젊은이들은 자신들이 그리스도인일 리 없다고 조용히 결론 내릴 것이다. 열정적인 청소년 사역자의 원기 왕성함이 본받을 만한 것으로 여겨진다면, 많은 젊은이들은 자신이 그리스도인일 리 없다고 잘못 결론 내릴 것이다. 우리는 젊은이들을 신앙 안에 머물게 하는 흥미진진하고 재미있는 "체험"을 만든다는 명목 아래, 예수 메시지의 소비자만 양성해 낼 것이며, 그 와중에 예수 합창단에 가입하는 것은 상상조차 못하는 수많은 젊은이들은 환멸만 느끼게 될 것이다.

  신나는 청소년부 기독교를 두려워하거나 의심스러워하는 젊은이들은 고대의 기독교 훈련과 역사적 기독교 예배를 생명을 주는 선물로 받아들일 수도 있다. 즉흥 표현과 판에 박힌 진정성만 강조하는 경건의 유형만 알고 있는 사람에게 성공회 기도서의 어조와 리듬은 방언의 은사처럼 느껴질 수도 있다. 내 경험에 따르면, 많은 젊은이들은 스스로 깨닫지 못하고 있지만 대단히 의례적 동물들이다. 습관을 형성하는 기독교 신앙의 실천을 소개하고, 예수를 따르는 아주 오래되고 충분히 검증된 방식을 소개할 때, 그들의 신앙은 두 번째 생명을 얻는다. 그들은 그런 영적 훈련을 부담스러운 짐이 아니라 자신들의 신앙을 인도하고 믿음을 형성하는 선물로 받아들인다. 자기 내면의 경건과 의지력에 의존하는 대신(이것은 제자도를 이해하는 잘못된 방식이다) 젊은이들은 기도와 경건의 역사적 훈련이 그 자체로 은총의 선물이며 성령이 그들이 있는 곳에서 그들과 만나시는 방식임을 경험할 것이다. 시편을 교회 기도서로 받아들이는 것은 성경 한가운데 묻혀 있는 보물을 발견하는 것과 같다.[5] 성무일도 같은 경건 훈련은 그들의 믿음에 반복적 주기를 부여할 텐데, 이는 그들의 욕망이 우주의 결grain과 조화를 이루게 해 주는 감각적이며 역사적인 훈련 방식이다.[6] 더 이상 그들의 공적이나 표현을 강조하지 않는다. 그 대신 이런 실천을 통해 성령의 활동을 감사하게 받아들이는 자세를 기른다.

예배와 제자도의 이런 역사적 실천을 받아들이면 젊은 그리스도인들을 고대의 신앙과 연결시키고, 그렇게 함으로써 이들의 청소년 사역자보다 더 오래되고 청소년부보다 더 광범위한 **몸**과 연결시킬 수 있다. 이것은 참된 기독교 신앙의 삶과 관련해 사소한 문제가 아니다. 그리스도를 따른다는 것, **그리스도**

안에 거한다는 것은 근원적 차원에서 사회적 실체인 그분의 몸으로 들어간다는 뜻이다. 이것은 후기 근대 문화에 만연해 있고 우리를 다른 이들과 피상적 관계만 맺는 사적 개인으로 축소시키는 자율과 독립의 의례에 맞서는 저항이다. 자율과 독립이라는 개념은 교회 안에 파고들어 "예수님과의 인격적 관계"를 강조하지만 그분의 몸 안으로 들어가야 할 필요성에 대해서는 거의 이해하지 못하는 사사화私事化된 기독교를 만들어 냈다. 그와 대조적으로 고대에서부터 이어진 교회의 영적 훈련은 성도의 교통을 통해 물려받아서 공유하는 선물이다. 우리는 역사적 실천을 통해 우연히 같은 구주를 사랑하는 원자적 개인의 집합체가 아니라 신앙 **공동체**가 되는 법을 배운다.

또한 어떤 의미에서 공교회의 이런 낯선 역사적 의례는 세속적이며 탈주술화된 이 시대를 살고 있는 사람들을 위해 세상을 재주술화하는 데도 이바지한다. 오늘날 청소년부 영성의 문제점 중 하나는 그것이 다른 모든 "행사"와 동일한 원리에 따라 작용하는 것처럼 보인다는 점이다. 콘서트나 미식축구 경기, 응원 대회와 동일한 지렛대를 사용해 동일한 방식으로 정서를 자극하는 자연주의적 전략에 의존하는 일종의 조작되고 관리된 "체험"을 추구한다. 우리가 젊은이들을 즐겁게 해 주려고 추구한 바로 그 유사성 때문에 그들은 지금 여기서 정말로 **초월적인** 일이 일어나지 않고 있다는 의심을 갖게 된다. 따라서 선의에서 시작된 기독교 행사는 세상을 초자연적인 것이 배제된 공간으로 만들고 결국에는 탈주술화한다. 반대로 고대 기독교 예배의 낯선 의례에는 우리를 당혹스럽게 하는 초월적 요소가 그 "낯섦" 가운데 담겨 있다. 젊은이들은 전에 참석해 본 다른 프로그램과 비슷하게 느껴지는 행사에서는 승천하신 역사의 주를 만나지 못할 것이다. 사실 그들이 분명히 설명할 수 없을지는 모르지만, 그들이 그런 기독교를 버리고 떠난 이유는 기독교가 다른 프로그램과 마찬가지로 하나의 제작된 프로그램에 불과하다는 의심 때문일 가능성이 많다. 반대로 역사적 기독교의 실천이 보여 주는 낯선 단순성과 의미심장한 기이함은 설명하기 힘든 방식으로 주술화되어 있으며, 따라서 우리가 하나님을 새롭게 상상할 수 있도록 도와주는 방식으로 초월적 주를 만나는 무대가 된다.

대학 교수인 나는 이를 직접 목격해 왔다. 젊은 복음주의자들이 기독교 신앙에 대한 환멸과 씨름하다가 고대 교회가 이미 알고 있던 바를 기억해 냄으로써 신앙으로 되돌아가는 모습을 볼 수 있었다. 공장에서 찍어 낸 듯한 청소년 사역 영성과 "기독교 수련회" 문화 때문에 지긋지긋한 냉소에 빠진 이십대들을 만났고, 분노와 좌절, 비통함에 사로잡힌 학생들과 함께 지냈고, 그들이 신앙의 역사적 실천을 발견할 때 새로운 생명을 발견하는 것을 지켜보았다. 감정 표현에 몰두하는 원기 왕성하고 열광적인 예배에 질린 젊은 그리스도인들이 테제Taizé 묵상의 침묵과 단순성에서 숨 쉴 공간을 발견한다. 청소년부 경험이 그들을

　　　　　　　　　　　　　　　　　　6. 자녀를 잘 가르치라

숨 막히게 했다면, 성공회 기도서는 그들에게 다시 숨 쉬는 법을 가르쳐 준다. 청소년 때 다니던 교회—연기와 빛에 휩싸여 밴드가 무대 위에서 **공연하던**—의 매끈한 상품을 이미 다 경험해 본 이 젊은이들은 고대로부터 이어져 내려온 기독교 예배의 "냄새와 종소리"에서 자신의 신앙을 되찾는다.

나는 아버지로서 그 힘을 직접 목격하기도 했다. 네 아이를 기르면서 배운 것이 있다면, 바로 아이들이 전통을 사랑한다는 사실이다. 우리 집에서는 무엇이든 두 번씩만 하면 아이들이 그것을 "전통"으로 삼곤 한다. 우리는 아직도 "개학 이틀 기념 케이크"을 즐긴다. 여러 해 전에 아내가 개학 다음 날에 케이크를 구웠는데, 곧바로 아이들이 그 기회를 포착했기 때문이다. (이제 우리는 이제 "개학 사흘 기념 아이스크림"을 즐기고, 나는 "개학 나흘 기념 피자"를 호시탐탐 노리고 있다.) 아이들은 자신보다 더 크고 오래된 무언가, 하나님의 신실하심을 증언하는 일종의 고대적 안정성과 지속성을 지닌 무언가의 일부가 되기를 원한다. 하지만 아이들이 전통의 동물이라면, 그들은 의례의 동물이기도 하다. 안타까운 사실은, 아이들이 간절히 원하는 바가 의례로부터의 해방이 아니라 해방시키는 의례인데도 우리의 청소년 사역에서는 그들을 즐겁게 해 주어야 할 생각하는 사물로 취급하고 있다는 점이다. 우리가 아이들을 즐겁게 해 주려고 노력하는 사이에 젊은이들은 우리가 그들을 **형성해** 주기를 기다리고 있다는 것을 우리는 깨닫지 못한 것이 아닐까?

이것은 내가 아버지로서 가장 소중히 간직하고 있는 기억 중 하나를 떠오르게 한다. 영국 케임브리지에서 보낸 첫 안식년 중에 우리는 무료 숙소를 제공해 준 친구 덕분에 파리에서 며칠 머물 기회가 있었다. 우리는 도버 백악 절벽White Cliffs of Dover에서 배를 타고 칼레Calais에 내린 후 거기서 운전석이 오른쪽에 있는 영국 차를 프랑스 도로 오른쪽에서 운전해 파리까지 내려갔다. 우리는 다음 며칠 동안 얼마 안 되는 예산 안에서 빛의 도시를 둘러볼 방법을 찾았다. 그러려면 아주 많이 걷고 명소의 **외부**만 보아야 했다. 하루는 인상파 화가들이 살았고 영화 〈물랑 루즈 *Moulin Rouge*〉를 촬영한 동네까지 이르는 몽마르트르 거리를 걸었다. 몇 시간 동안 걸어서 도시를 통과할 준비를 하면서 우리는 아이들에게 2유로 동전을 하나씩 주었다. (그 돈으로 별로 살 게 없을 것이라는 말은 하지 않고) "이 돈은 너희가 원하는 대로 쓰면 돼"라고 말해 주었다.

몽마르트르에 도착해서 우리는 파리의 빨간 지붕들을 내려다볼 수 있는 사크레쾨르 성당Sacré-Coeur Basilica에 들어갔다. 이곳은 마법에 걸린 공간 같았다. 하지만 내가 소중히 간직한 또 다른 기억에 비하면 성당 내부에 대한 기억은 아무것도 아니다. 우리 집 맏이는 청소년부 영성의 외향적인 경건이나 원기 왕성함과 천성적으로 잘 안 맞는 아이였다(지금도 그렇다). 참된 기독교 신앙을 그런 종류의 표현주의와 잘못 동일시한다면, 사람들은 자신의 신앙을 "드러내지" 않는 이들이 신앙이 **없다며** 걱정할 것이다. 하지만 나는 파리에서 보낸 그날, 이런 잘못된 생각을 버렸다. 조용하고 과시하지 않는 신앙을 지닌 큰아들이 성당 안에서 2유로를 내고 초를 밝히는 모습을 보았다. 아이는 만질 수 있고 직감적인 방식으로 기도한 것이다. 마치 성령이 그에게 붙잡을 수 있는 손잡이를 주신 것과 같았다. 그 촛불은 신적 현현이었다.

청소년 사역은 언제나 새로운 대박 상품을 찾는 것처럼 보인다. 하지만 우리는 **뒤**를 돌아보아야 하는 것 아닐까? 우리는 젊은이들의 신앙 형성을 위해서 표현주의적 경건에 대한 집착을 버리고, 눈에 보이고 만질 수 있으며 낯선―확실히 그렇다―고대의 영적 훈련이라는 유산을 받아들여야 한다. 이런 영적 훈련은 낯설기 때문에 습관을 형성하며, 우리의 자기중심주의를 제거하고, 재미있는 경험을 원하는 습득된 욕망에 맞서 저항한다. 형성적 예배가 언제나 "재미"있지는 않을 것이다. 하지만 대개 "재미"있는 것은 우리가 선호하는 것을 그대로 인정하고 안락함과 익숙함에 대한 욕망을 강화하기 때문에 **대항** 형성적이지 않다.

그렇다면 예전의 동물을 위한 형성적 청소년 사역은 어떤 모습일까? 혁명은 필요 없다. 반대로 형성적 청소년 사역은 몇몇 단순한 확신과 실천에서 출발한다.

첫째, 자녀의 신앙 형성을 위해서 할 수 있는 최선의 결정 중 하나는 역사적 기독교 예배**와** 여러 세대가 함께 드리는 예배에 헌신된 교회에서 아이들을 키우는 것이다. 예배가 제자도의 핵심이며 목적 지향적인 역사적 예배가 우리가 다 설명해 낼 수 없는 방식으로 복음을 전달한다면, 청소년 사역은—그리스도인의 삶을 이루는 나머지 요소와 마찬가지로—예배당을 중심으로 이뤄져야 한다. 따라서 어디에서 예배를 드릴지에 관한 결정은 자녀 양육에서 가장 중요한 결정 중 하나다. 가장 멋있거나 인기 있는 청소년부를 찾는 것은 우리 자녀가 그리스도의 형상으로 변화될 수 있는 곳을 말해 주는 최선의 지표가 아닐 수도 있다. 그와 반대로, 스스로 깨닫지 못하더라도 자신의 마음에 영향을 미치는 실천을 통해 매주 성경 이야기를 재연함으로써 사랑과 갈망을 형성해 가는 회중은 "따분할지도" 모른다. ("마지못해 하는 일"도 유익할 수 있다.) 젊은이들의 신앙 형성에 헌신된 회중은, 예배라는 회중의 공동 실천에 그들을 포함시키고 참여시킴으로써 그들이 어려서부터 참된 예배자가 되도록 돕는다. 어린 그리스도인들은 모든 그리스도인들과 마찬가지로 말씀과 성만찬을 통해, 선포와 성례전으로 제공된 일상적인 은총의 수단을 통해 영적 자양분을 공급받는다.[7] 형성적 청소년 사역은 그 자체로 독립된 목회가 아니다. 오히려 평생 계속되는 그리스도인의 제자도를 특징짓는 것과 동일한 실천으로 이뤄진다. 젊은이들을 신앙 안에 "머물게 하는" 것에 관심을 기울인다면, 그들을 건물 안 다른 곳에 고립시키지 말고 우리와 함께 예배당에 머물게 해야 한다.

둘째, 형성적 청소년 사역에서는 젊은이들이 더 폭넓은 그리스도인의 실천을 성령의 리듬으로 받아들일 수 있도록 돕는다. 앞서 크레이그 다익스트라의 말을 인용한 것처럼, 기독교 신앙은 "많은 실천의 실천"이다. 이는 신앙이 행위라서가 아니라, 그런 실천과 훈련이 "성령이 거하시는 곳"이기 때문이다.[8] 그런 훈련을 소개받는다는 것은 성령의 능력으로 들어갈 진입로를 소개받는다는 뜻이다. 혹은 다른 은유를 사용하자면, 젊은이들에게 기도와 주목, 분별, 금식, 예배라는 고대로부터 내려온 훈련을 소개하는 것은 그들에게 은총의 강으로 들어갈 뗏목을 마련해 주는 것과 같다. 이것이 밸퍼레이조 프로젝트Valparaiso Project 의 십대용 교재《생명의 길Way to Live》을 만든 이들이 가지고 있는 확신이다.[9] 청소년 사역에 대한 이런 접근 방식에서는 기독교를 일군의 관념들—혹은 더 나쁜 경우에는, 일군의 "금지 목록"—로 환원하는 대신 젊은이들에게 고대로부터 전해진 신앙의 실천을 소개한다. 성화가 그리스도로 "옷 입는" 것이라면, 효과적인 청소년 사역에서는 젊은이들이 실천을 통해 예수를 "입어 보도록" 도와주어야 한다. 또한 젊은이들이 형성적 예배를 제자도의 핵심으로 볼 수 있게 도와주어야 한다.

마지막으로, 형성적 청소년 사역은 재미 대신 섬김을 추구한다. 재미에 초점을 맞추는 모형을 지향하는 청소년 사역은 계층과 관련된 어려움에 직면한다. 젊은이들을 즐겁게 만드는 활동은 문화적, 사회경제적, 심지어는 인종적 선호와 밀접하게 관련된 경우가 많다. 한 집단에게 "재미"있게 들리는 내용이 다른 집단에는 소외감을 줄 수 있다. 한 집단이 기대하는 경험이 다른 집단에는 재정적으로 감당할 수 없는 것일지도 모른다. 따라서 재미에 초점을 맞추면 의도와 달리 다양한 구분선을 따라 사람들을 분리하는 결과를 낳을 수도 있다. 어떤 경우든, 재미에 초점을 맞추는 사역은 소셜 미디어로 조장된, 자아에 초점을 맞추는 더 광범위한 문화적 태도를 강화하는 데 기여할 뿐이다. 교회는 우리가 습득한 자기중심주의를 바로잡는 공간이 되어야 하지 않겠는가?

이와 대조적으로 다른 이들에 대한 섬김은 일종의 평준화 효과를 낼 수 있다. 얼마나 부유하든 많은 특권을 지녔든, 가난하든 소외되었든, 우리 모두가 이웃을 사랑하라는 부르심을 받았다. 하지만 더 중요한 점은 섬김에 형성적 효과가 있다는 사실이다. 섬김은 자의식과 자기애를 조장하는 우리 문화의 실천을 무디게 하고 자기중심주의라는 소용돌이에서 우리를 끌어내서 다른 이들을 사랑하고 그들에게 관심을 기울이게 만든다.[10] 형성적 청소년 사역은 단순히 청소년을 **대상으로 하는** 사역이 아니라 청소년이 **주도하는** 사역이 될 것이다.

●————————————————————————

노트르데임Notre Dame의 사회학자 크리스천 스미스Christian Smith는 청소년의 영성과 종교적 참여에 관한 지속적 연구인 "미국 청소년과 종교에 관한 연구National Study of Youth and Religion"를 감독하고 있다.[a] 이 연구의 결과는 불안감을 불러일으키는 동시에 통찰력이 넘친다. 연구 결과 중에는 여러 세대가 참여하는 예배와 회중의 삶에 관한 우리의 주장과 맥이 닿는 내용도 있다. 첫째, 희화화되고 정형화된 이미지에도 불구하고 신앙이 있으며 신앙 안에서 자란 미국 십대는 자기 부모에게서 가장 중대한 영향을 받고 있다. 하지만 그들의 신앙 형성에 두 번째로 중요한 영향을 미치는 인간관계가 있다. 즉, 그들을 격려하고 그들 삶에 관심을 기울이고 말을 거는 가족이 아닌 어른들과의 관계다. 이 연구에서 "헌신적인" 청소년이라고 부르는 종교적으로 진지한 십대 주위에는 "지지와 충고, 도움을 청할 수 있는 부모가 아닌 어른들이 상대적으로 더 많다. 뿐만 아니라 종교적으로 더 진지한 십대의 부모는 자녀에게 **지지하는 어른**이 되어 주는 사람들과 대화를 나눌 정도로 그들을 잘 알고 있어서 종교적인 십대를 둘러싼 '관계의 울타리network closure'를 확대한다…. 요컨대, 통계상 더 종교적인 십대의 삶은 덜 종교적인 십대에 비해…어른들, 특히 그들을 알고 그들에게 관심이 있으며 그들의 부모와 사회적 유대가 있는, 부모가 아닌 어른들과 연결되고 그들에게 둘러싸여 있을 가능성이 더 높다."[b]

● 상상력 교육

이런 직관적 통찰은 유치원에서 고등학교 교실까지 적용될 수 있는데, 특히 기독교 학교와 홈스쿨링에서 아이들을 가르치는 데 적용될 수 있다. 예전이 형성적이라면, 이는 예전이 교회 바깥의 학습 환경에도 적용될 수 있는 암묵적 교수법이나 교육 전략이기도 하다는 뜻이다.[11] 이것은 기독교 교육의 목적과 과제를 다른 틀에서 바라보게 해 준다. 기독교 교육은 단순히 신앙 **에 관해** 학생들을 가르치는 문제도 아니고, 그저 "기독교적 관점"에서 세상에 대해 **생각하는** 법을 가르치는 문제도 아니다. 통전적 기독교 교육에서는 두 가지를 다 하지만, 신앙 안에서 학생들의 습관을 형성하는 것도 목표로 삼는다. 학교를 정보를 전달할 뿐만 아니라 신앙을 형성하는 학습 환경을 만들 기회로 보기 때문이다. 통전적인 기독교 학습 환경은 지성을 채울 뿐만 아니라 상상력을 불타오르게 한다.

그렇게 하려면 교과 과정과 내용뿐만 아니라 교수법과 교육 전략도 진지하게 재검토해야 한다. 나의 친구 대릴 드 보어 Darryl De Boer와 더그 만스머Doug Monsma, 앨버타Alberta를 비롯하여 프레리 교육 센터Prairie Centre for Education 소속 교육자들은 정확히 이를 위한 자료를 개발해 왔다. 이들의 프로그램인 "변화를 위한 교육 Teaching for Transformation"은 이 책을 쓴 동기가 된 물음에 대한 응답으로 시작되었다. 교육은 무엇보다도 먼저, 무엇을 **아느냐**가 아니라 무엇을 **사랑하느냐**의 문제가 아닐까? 현재 전 세계 50개 이상 학교에서 사용하는 이 프로그램은 교사로 하여금 "노하우" 교육, 즉 학생과 교사의 욕망을 형성하는 교육을 만들 수 있게 해 준다.[12]

"변화를 위한 교육"에서는 모든 교재와 모든 학습 경험이 드 보어의 말처럼 "학생들로 하여금 한 이야기, 곧 그 이야기에 몰입할 수 있게 해야" 한다고 강조한다. 그는 이 점을 이렇게 요약한다. "'변화를 위한 교육'에서는 각 과에서 발견한 이야기를 사용해 하나님 이야기의 강력하며 매력적인 이미지를 만들어 내고, 이를 통해 하나님의 본성과 성품을 깨닫게 한다. 더 나아가 '변화를 위한 교육'에서는 학생들에게 그 이야기를 살아 보는 연습을 할 기회를 제공함으로써 그들이 하나님의 이야기 안에서 자신의 위치를 상상해 볼 수 있게 한다. 모든 학생과 교사가 개인적인 '이야기 줄거리'를 만들고 자신이 하나님의 거대한 드라마 안에서 살아가고 있음을 설명하기 시작할 것이다." 매일 학생들은 그들을 더 나은 이야기로 초대하겠다는 목적에 따라 의도적으로 설계된 교실로 들어간다.

이것은 우리가 가르치는 **방식**에 어떤 영향을 미치는가? 내용이나 교과 과정에 관해서는 타협하지 않을 것이다. 그 대신, 이 이야기 틀로 내용을 재구성하여, 학생들이 자신이 배운 바를 하나님이 부르시는 삶을 살고 그분이 원하시는 성품을 실천하는 것과 연결하도록 도울 것이다(어떻게 예배가 "성품을 형성하는가"에 관한 4장의 논의를 떠올려 보라). 드 보어는 "이는 그저 이야기의 맥락에서 수동적으로 정보를 받아들이는 것보다 훨씬 더 많은 것을 의미한다"고 강조한다. 학생들은 자신이 배운 것을 실천할 기회를 얻음으로써 이 이야기 안으로 들어간다. 습관을 형성하는 이런 실천은 그들을 "특정한 종류의 사람"으로 만들어 간다.

"변화를 위한 교육"에서는 이를 위해 성경의 "관통-주제" 곧 우리에게 그 이야기 안에서 맡은 배역에 따라 살아가라고 요청하는 성경의 서사적 맥락을 짚어 낸다. 이 관통하는 주제는 선하지만 깨진 세상에서 하나님의 형상을 지닌 존재로서 우리가 연기하도록 부르심을 받은 배역이다. 예를 들어, 우리는 창조세계를 누리는 사람, 우상숭배를 분별하는 사람, 질서를 발견하는 사람, 아름다움을 창조하는 사람이 되라는 부르심을 받았다. 이 모든 것을 통해 하나님은 우리가 하나님을 예배하고 그분의 형상을 반영하는 존재가 되라고 말씀하신다. 이를 실천하는 것은 어떤 모습일까? 6학년 학생의 경험을 다룬 다음 사례 연구를 살펴보라.

먼저, 이 학생이 평범한 교실에서 경제 과목 시간에 수요와 공급, 대출에 관해 배우고 있다고 상상해 보라. 학생들은 용어에 대한 정의를 배우고, 그런 개념들이 실제로 작동하는 예를 살펴볼 것이며, 아마도 일종의 모의 금융 실험에 참여할 것이다. 돈에 관한 개념을 다루기 때문에 학생들의 참여도가 높을 것이다. 궁극적으로 이 과목에 관한 학생의 텔로스(목표)는 시험에서 좋은 점수를 받고, 졸업한 후에는 금융과 관련하여 현명한 결정을 하는 것이다. 그리고 언젠가는 많은 돈을 벌 수 있으리라는 꿈도 꿀 것이다.

이제 같은 학생이 명시적으로 "더 나은 이야기로의 초대"라는 줄거리가 있는 교실에서 경제 과목을 배우고 있다고 상상해 보라. 이 학생은 경제에는 인간의 타락과 연관된 본질적인 문제가 있다는 관점에서 출발할 것이며, 망가진 경제를 회복함으로써 하나님나라를 건설하는 일에 자신이 해야 할 역할이 있음을 알고 있을 것이다. 교사는 정의를 추구하고 우상숭배를 분별해 내는 관통-주제를 선택해 그들이 공급과 수요와 대출에 관해 배우는 동안 실천할 습관으로 제시한다. 이 맥락에서 텔로스는 미래에 돈을 많이 버는 것이 아니라 정의를 추구하고 우상숭배를 분별하는 사람으로서 경제를 배운 특정한 종류의 사람을 형성하는 것으로 전환된다.

드 보어는 "'변화를 위한 교육'의 교사들은 학생들이 **배움**의 목적에 관한 의미 있는 이야기를 지니고 있기에 교과 '내용'을 더 잘 흡수하는 것을 발견할 때가 많으며, 이는 전혀 놀라운 일이 아니다"라고 지적한다.

하지만 이게 다가 아니다. 드 보어는 씩 웃으며 "이제 학생들이 고양이 꼬리를 붙잡아 볼 시간이다"라고 말한다. 그는 "이야기"를 가르치는 것이 막대기에 달린 뇌를 위한 교육에 그칠 수도 있다고 경고한다. 따라서 '변화를 위한 교육'에서는 학생들에게 "실제 청중의 실제 필요를 충족하는 실제 일을 해 볼" 기회를 제공한다. 경제 과목을 공부하는 6학년 교실로 다시 돌아가 보자.

주이드호프Zuidhof 선생은 학생들이 대출의 중요성을 배우기 원해서 이런 질문을 던졌다. 어떻게 우리는 대출금을 사용해 개발도상국에 있는 누군가에게 대출해 줄 돈을 마련할 수 있을까? 교실은 회사로 둔갑했고, 브레인스토밍을 거쳐 돈을 마련하기 위해 학교에서 아이스크림을 판매하기로 결정했다. 이제 학생들에게는 (친척이 아닌 사람에게!) 직접 돈을 빌리는 과제가 주어졌고, 빌린 돈을 모아 아이스크림을 구입하기로 했다. 따라서 이 시점에서 회사 내 모든 사람이 빚을 지고 자기 돈을 다른 곳에 투자했다. 학생들은 두뇌 학습 경험을 넘어서 '카르디아' 학습 경험을 하는 셈이다. 아이스크림을 언제 얼마에 팔지, 광고는 어떻게 할지 등에 관한 결정은 모두 학생들이 내렸고, 토론을 거쳐 해가 쨍쨍한 더운 날에 판매하기로 최종 결정했다. 판매 대금으로 모든 학생은 자신이 진 빚을 갚을 수 있었고 키바Kiva가 사용할 수 있는 대출금을 보낼 정도로 수익을 남겼다. 키바www.kiva.org는 소액 대출을 통해 빈곤 문제 해결에 기여하고자 하는 비영리 기구다. 이 학급은 작물 재배에 필요한 설비를 구입하기 위해 대출이 필요한 과테말라 농부를 돕기로 결정했다. "변화를 위한 교육"의 형성적 학습 경험을 통해 학생들은 실제 청중의 실제 필요를 충족하는 실제 일을 해 볼 기회를 얻는다.

이것은 '카르디아'에 가 닿는 배움, 학생들이 세상에 관해 생각하는 능력을 길러 주는 동시에 세상을 사랑하도록 부르심을 받는 이들이 갖춰야 할 습관을 형성하는 배움이다.

습관의 영적 힘에 초점을 맞추는 가르침과 배움에서는 작은 것이 축적되었을 때 나타나는 힘, 사소한 실천이 지닌 형성적 힘을 인식한다. 공동체에서 오랜 시간에 걸쳐 반복된 작은 행동은 형성적 효과를 발휘한다(왜 미국 공립학교가 매일 그들 나름의 신조, 즉 국기에 대한 맹세로 하루를 시작한다고 생각하는가?). 위니 더 푸가 말했듯이, "때로는 가장 작은 것들이 네 마음에서 가장 큰 자리를 차지한다."

● 형성하는 이들의 재형성: 형성을 위한 교육에 관해

기꺼이 이단이 되려고 하자마자 나는 더 좋은 교사가 되었다.

자, 이제 당신이 슬슬 걱정하기 전에 내가 무슨 말을 하려는지 설명해 보겠다. 무언가가 이단이라면 그것은 정통과의 관계에서만 이단이다. 교사, 특히 고등교육에서 일하는 교사로서 나는 가르침에 관한 정통을 배웠다. 어떤 상황에서도 가르치는 (훌륭한 소비자가 되는 것을 삶의 일차적 목적으로 삼는) 학생들에게 내 생각을 강요하여 그들의 자율과 독립을 침해해서는 안 된다.

이 말이 당신에게는 이상하게 들릴지도 모른다. 절대로 학생들을 무시하려는 것은 아니지만, 학생들이 **아이들**(자녀들)이란 것을 서서히 깨닫게 될 때까지 나는 사실 그들을 어떻게 가르쳐야 할지 몰랐다. 처음 교수가 되었을 때는 철학 개론 수업에 들어오는 열여덟 살짜리 학생들이 대학원 진학을 앞두고 있으며 내가 할 일은 그들이 스스로 이론을 세워 가도록 "도와주는" 것일 뿐이라고 생각했다. 하지만 내 자녀가 자라면서 내 수업에 들어오는 학생들과 나이가 점점 더 비슷해지기 시작했을 때에야 비로소 깨달았다. 젊은이들을 실제로 **가르치려고** 할 때 대학원에서 내가 흡수한 가르침의 패러다임은 전혀 도움이 되지 않았다. 내가 받아들였던 교육관은 사실 형성을 거의 무조건적으로 거부하게 만들었다. 즉, 교사가 학생들이 어떤 사람이 되어야 한다는 생각을 가져도 된다는 견해를 거부하게 만들었다. 따라서 내가 받아들이기 시작한 "이단"은 교수가 부모 대신*in loco parentis*이라는 역사적 교육관이다. 나는 좋은 가르침이 실제로 가부장적일 수도 있다고 생각하기 시작했기 때문에 이단자였다. 진보적 교육을 강조하는 분위기에서 이것은 그저 말도 안 되는 생각처럼 보였을 것이다.

따라서 나는 의도적으로 형성적인 교육을 하려면 "공"교육의 공통된 가정에 저항해야 한다는 것을 깨달았다. 더 중요한 점은, 이런 형성을 위한 교육이 교사에게 주어진 더 고귀한 부르심, 곧 학생을 **덕**을 갖춘 사람으로 형성하는 것에 부합함을 깨달았다는 것이다. 교육은 진선미를 추구하는 형성 프로젝트이기 때문에 교사는 초월에 대한 열망을 길러야 할 책임을 맡은 사람으로서 **선**을 알 뿐만 아니라 그런 확신에 기초해 가르쳐야 한다. 덕을 갖춘 교사는 학생들을 진선미의 제자로 만들기 위해 노력하는 일에 대해 변명하지 않지만, 이런 교육관의 가장 두려운 측면에 직면하게 될 것이다. 즉, 많은 경우 덕은 본보기를 통해 흡수된다는 것이다.

형성적인 교사가 되려면 교사 자신의 형성을 비판적으로 성찰해야 한다. 우리가 받은 교육 역시—특히 대학원이라는 강도 높은 세속 "수련 과정"을 거친 이들에게—형성이었다. 하지만 우리는 계속해서 우리 무의식에서 작동하는 학습의 '텔로스'에 관한 전혀 다른 이야기를 이미 얼마나 많이 흡수했는지를 깨닫지 못하는 경우가 많다. 따라서 우리는 이렇게 자문해야 한다. 교육의 목적과 목표에 관한 우리 사회의 기본 전제는 무엇인가? 대학 교육을 통해 우리는 교육에 관한 어떤 전망과 가치를 흡수했는가?

이를 분석한다면, 교육을 바라보는 지배적 모형에 **자율**을 궁극적 선으로 치켜세우는 근대적, 세속주의적 이야기가 함축되어 있음을 깨닫게 될 것이라고 나는 생각한다. 따라서 교육의 목적은 "비판적 사고"로 축소되고, 이는 교육이 젊은이들로 하여금 무엇이든지 자기들 마음에 드는 "선"을 선택할 수 있도록 만들 것이라고 말하는 공허하며 무의미한 방식일 뿐이다. 이런 모형에서 "자유"를 얻기 위해서는 '텔로스'를 버려야만 한다. "선"에 대한 모든 규정은 개인의 자유를 침해하기 때문이다. 다시 말해서 이런 교육 모형은 사실상 덕을 배제한다.

우리는 이것이 고전적인 덕의 교육과 기독교 형성의 "두터운" 개념에서부터 얼마나 동떨어졌는지를 깨달아야 한다. 제임스 데이비슨 헌터James Davison Hunter의 탁월한 분석이 담긴 책《성품의 종말The Death of Character》에서 지적하듯이, "'일반적' 가치란 절대로 존재하지 않는다."[13] 덕은 특정한 이야기가 지배하는 특정한 공동체와 결합한 두터운 실체다. 그렇다면 덕의 교육은 우리가 공식 교육을 통해 흡수하는 지배적 정통에 저항해야 한다. 뿐만 아니라 우리가 자율과 독립이라는 개념을 비공식 교육을 통해서도, 말하자면 우리가 미국주의Americanism라는 세속적 예전에 몰입할 때 받게 되는 평생 교육을 통해서도 흡수한다는 것을 인식해야 한다.

따라서 교육이 형성적이고자 한다면, 더 구체적으로는 학생을 기독교 신앙 안에서 형성하고자 한다면, 먼저 형성하는 이들을 형성해야 한다. 교육자인 우리가 전인적 인격체를 형성하는 교육과 학생들이 그리스도 안에서 계시된 진선미를 사랑하는 훈련을 시키는 고전적 교육 기획에 동참하고자 한다면, 우리가 먼저 **재**형성되고 **변화**되어야 한다. 이를테면, 교육 개혁은 우리에게서 시작된다.

나는 비행기에서 많은 시간을 보낸다. 비행이라는 의례가 제2의 천성이 되었다. 객실 문이 닫히면 나는 전화를 끄고 〈뉴요커Nಣ Yorker〉를 집어 들고, 비행기가 육지로 추락하기 시작할 경우 침착하게 안전 대피 요령을 따르라는 승무원들의 안내를 애써 듣지 않으려 한다.

하지만 최근에 승무원의 판에 박힌 안내 문구가 마치 처음 듣는 말처럼 들린 적이 있었다. 누구에게나 이 말은 익숙하게 들릴 것이다.

> 산소와 기압은 항상 측정하고 있습니다. 객실 내 기압이 떨어질 경우, 산소마스크가 자동으로 승객 여러분 앞으로 떨어질 것입니다. 산소를 마시려면 마스크를 승객 여러분 쪽으로 당겨 주십시오. 마스크를 코와 입에 잘 대고 머리 뒤로 고무줄을 묶은 다음에 정상적으로 숨을 쉬십시오. 봉투가 부풀어 오르지 않아도 산소는 마스크 안으로 들어올 것입니다. 어린이나 도움이 필요한 사람과 같이 여행 중이라면 자신의 마스크를 먼저 착용한 후 다른 사람을 도와주십시오. 유니폼을 입은 승무원이 마스크를 벗어도 된다고 말씀드릴 때까지는 계속 마스크를 착용하고 계십시오.

여기서 훨씬 더 폭넓은 의미가 있을 수도 있는 흥미로운 원칙을 확인할 수 있다. 응급 상황에서 이웃을 도우려면, 내가 먼저 산소마스크를 착용해야 한다. 옆에 있는 아이가 산소마스크를 착용하는 것을 **도우려면**, 내가 먼저 산소마스크를 제대로 착용해야 한다.

마찬가지로 덕을 가르치는 교사가 되려면, 내가 먼저 덕을 갖춘 교사가 되어야 한다. 학생들을 형성적 교육으로 초대하기 원한다면, 나 역시 독립과 자율, 자기 충족성이라는 신화를 다 버리고 나 자신의 형성이 절대로 최종적이지 않다고 인정해야 한다. 덕은 일회적 성취가 아니다. **유지 보수** 프로그램이 필요하다. 그렇다면 덕을 가르치는 이들이 어떻게 재형성되고 변화될 수 있을까? 어떤 실천이 이런 야심찬 교육 기획을 뒷받침할 수 있을까?

우리는 예수님이 우리를 계속 가르치는 교사이신 그분의 성령을 선물로 주셨음을 알고, 성령도 우리에게 "성령의 거처", 즉 은총과 조명의 통로가 되는 실천을 선물로 주셨음을 깨달아야 한다. 몇 가지만 예를 들어 설명해 보자.

첫째, 먼저 예배를 일종의 "교수 개발"로 바라보는 것부터 시작할 수 있다. 형성적 기독교 예배 공동체의 일원이 되는 것만으로도 성경 이야기로 우리 상상력이 다시 불타오를 것이며, 우리 마음이 그리스도의 몸이 행하는 화해의 실천에 몰입하게 된다. 이것은 형성적 교사가 되기 원할 때 우리가 할 수 있는 가장 중요한 헌신 중 하나다. 즉 기독교 예배라는 훈련을 받는 것이다.

둘째, 본회퍼Bonhoeffer의 말처럼 교수진의 "공동생활"을 실천하는 데 힘쓸 수 있다. 5장에서 웽거의 이야기에 나오는 석공들처럼 기독교 교사인 우리도 수업 준비와 채점으로 바쁜 일상 가운데서도 우리가 성당을 건축하고 있다는 사실을 기억해야 한다. 기독교 교육자로서 우리가 할 수 있는 가장 중요한 실천 중 하나는 우리가 함께 하는 일을 서로 **다시** 이야기할 시간과 공간을 마련하는 것이다. 서로 이를 상기시키는 것은 우리가 속한 기관의 기풍을 유지하는 데 큰 도움을 준다. 우리가 그저 수학 시험지를 채점할 뿐만 아니라 장차 올 하나님나라의 시민들을 길러 내고 있음을 잊지 않게 해 준다. 모든 학교 공동체는 반복해서 서로 이 이야기를 하는 기풍을 만들어 가야 한다. 형성하는 이들을 재형성하기 위한 **공동체적** 실천을 몇 가지 제안해 보겠다.

- **함께 식사하라.** 식탁 교제로 만들어 갈 수 있는 기풍을 과소평가하지 말라.
- **함께 기도하라.** 더 구체적으로는, **형성적인** 방식으로 함께 기도하라. 시편으로 기도하라. 성무일도로 기도하라. 기도로 성경 이야기를 재연하는 전례력의 리듬 안에서 살라. 이를 통해 서로 **죄를 고백하는** 기회를 얻을 수 있다는 것도 알게 될 것이다.
- **함께 노래하라.** 함께 목소리를 섞는 행위는 공동체의 조화를 가

꾸는 데 중요하고도 말로 표현할 수 없는 함의가 있다. 신학자이며 음악가인 스티븐 거스리Steven Guthrie는 우리가 노래할 때 복종에 대해 배울 수 있다고 지적한다. 그는 "노래할 때 어떤 종류의 상호 복종이 일어나는가?"라고 묻는다. "먼저 함께 같은 가사를 노래할 때 공시성이 생겨난다. 서로 같은 시간에 머문다. 노래하는 이들은 공통된 박자, 공통된 음악 구조와 리듬에 복종한다."[14] 교직원들은 같이 노래함으로써 기독교 교육이라는 공유된 사명에 필요한 조화와 상호 복종, 공시성을 실천한다.

• **함께 생각하고 독서하라.** 그저 "업무"를 처리하기 위해서 모이는 대신 교육자로서 공통된 일과 소명의 본질에 대해 토론하라. 서로 교실을 방문하여 솔직하고 건설적인 피드백을 제공하라. 브리티시컬럼비아British Columbia주 서리Surrey에 있는 기독교 학교 교장인 나의 친구 맷 베이머스Matt Beimers라면 이 목록에 같이 놀기, 같이 슬퍼하기, 상대방의 이야기 듣기를 추가할 것이다. 교육에 대한 이러한 전망은 공동체적이다.

마지막으로, 교사로서 학생들**을 위한** 실천을 하라. 학생들에 대한 사랑과 관심을 기르는 것 자체가 (재)형성적 경험일 수 있음을 과소평가하지 말라. 여러 해 전에 나는 아침 8시 30분에 시작하는 현상학과 인지과학 세미나를 가르치면서 비슷한 경험을 했다. 그렇게 이른 시간에 다루기에는 대단히 어려운 주제였다. 그래서 나는 학생들에게 한 가지 약속을 했다. 동네 중고품

가게에 가서 값싼 커피 메이커를 사고는 매일 아침 8시 25분까지 커피를 마련해 놓고 학생들을 기다리겠다고 약속했다. 덕분에 학생들은 침대에서 일어나 운동복과 모자를 걸치고 카페인 챙길 걱정 없이 수업에 들어올 수 있었다. 교실에서 커피가 그들을 기다리고 있을 것이다. 이 수업에서는 신체성의 양상에 구체적으로 초점을 맞췄기 때문에 이것은 학생들의 신체성을 존중하는 한 방식이었다.

하지만 이 진부해 보이는 반복 행위가 의도하지 않은 결과를 낳으리라는 예상은 하지 못했다. 한 학기 동안 수업을 하면서 나는 미리 커피를 준비해야 한다는 이 단순한 실천을 통해 내가 더 목적 지향적인 방식으로 학생들을 기다리게 되었음을 깨달았다. 시간에 쫓겨 강의안을 준비하는 대신, 마치 이른 아침의 배움을 위한 향료처럼 갓 내린 커피 향으로 학생들을 맞이할 공간을 만드는 일에 집중할 수 있었다. 그 과정에서 더 이상 나 자신에게만 관심을 기울이지 않고 학생들에게 관심을 기울이게 되었다. 커피를 내리면서 학생들을 위해 조용히 기도했다. 그들의 도착을 기다리고, 그날 다룰 어려운 내용을 생각해 보고, 학생들이 알려 준 개인적인 고민을 떠올렸다. 커피를 만드는 단순한 행동이 묵상하고 기도하는 작은 의례, 교육적 환대의 습관이 되었다.[15] 단순하고 감각적이며 신체적인 무언가를 하겠다는 약속으로 시작된 일이 덕을 길러 내는 배양기가 되었다.

덕을 가르치는 교사들은 태어나는 것이 아니라 **형성된다**.

학위증서가 이들을 "생산하지" 않으며 증명서로 자격을 획득할
수도 없다. 그리스도와 오실 그분의 나라에 그들의 사랑과 갈망
을 집중시키는 실천에 몰입함으로써 **만들어진다**. 다시 말해, 덕
의 교사가 되려면 실천이 필요하다.

● 통과의례

예전이 욕망의 교수법이라면, 이 모형은 초중등교육부터 대학
교, 신학교와 대학원에 이르기까지 모든 수준의 교육에 적용할
수 있다. 사실 이를 자세히 살펴보는 것이 《하나님나라를 욕망
하라*Desiring the Kingdom*》(IVP)의 핵심이었고, 《가르침과 기독교 실천
Teaching and Christian Practices》에서 이 논의를 보충한 바 있다.[16] 그러므로
두 책에서 이미 다룬 내용을 여기서 반복하지는 않겠다.

그러나 예전적 패러다임이 교육에 어떤 의미가 있는지에
관해 한 가지만 생각해 보고자 한다. (나는 고등교육을 예로 들겠
지만 초중등교육에도 비슷하게 적용해 볼 수 있을 것이다.) 정보 전
파에만 초점을 맞추지 않고 통전적인 형성을 강조할 때, 우리는
말하자면 줌아웃을 해서 더 넓은 시야에서 교육을 바라볼 필요
가 있다. 특히 교육의 '텔로스'에 주목할 필요가 있다. 우리는 어
떤 목적으로 학생들을 교육하는가? 무엇을 가르치는지도 중요
하지만, **왜** 우리는 학생들이 배우기 원하는지도 마찬가지로 중
요하다. 학생들이 이런 목적론적 관점을 가질 수 있도록 돕는

일이 특히 대학 수준에서 통전적, 형성적 교육 기획의 일부다. "세계관" 개념을 강조하는 기독교 교육관에서는 모든 영역과 분과가 의미 있는 학문 분야라고 주장하지만, 예전적 패러다임에서는 교육의 함의에 관해 새로운 질문을 던지도록 유도한다. 우리는 이것으로 무엇을 **하려고** 하는가? 이는 단순히 도구적이며 실용적인 물음("그래서 뭐?")이 아니며 노골적인 경제적 관심("이 전공으로 돈을 얼마나 많이 벌 수 있을까?")은 더더욱 아니다. 오히려 '텔로스'에 관한 질문은 궁극적 목적에 관한 질문이며, 따라서 궁극적으로는 우리의 사랑에 관한 질문이다. 나는 "하나님께 영광을 돌리는" 기술자나 음악가, 금융 분석가일 수도 있지만, 내 일이 지향하는 궁극적 목적에 대해서 생각해 보아야한다. 기독교 교육은 단순히 한 분야의 지식이나 기술을 완벽히 습득하는 것에 그치지 않는다. 배움은 내가 어떤 사람이 되라고 부르심을 받았으며 하나님은 세상이 어떤 곳이 되기를 원하시는지에 관한 더 광범위한 전망 안에 자리 잡고 있다. **나의** 배움은 이 이야기와 어떻게 조화를 이루는가? 어떤 실천이 내 안에서 이러한 **궁극적** 지향성을 길러 낼 수 있을까?

교육에 대한 목적론적 관점을 기르는 것은 대학 교육을 평가하는 중요한 안목을 제공할 수도 있다. 모든 교육에는 '텔로스'가 있다. "세속" 교육이나 공교육에서는 '텔로스'가 없다고 가장하거나 교육 목적이 전적으로 실용적이라고(즉, 직업을 위한 자격을 갖추게 하여 학생들이 돈을 더 많이 벌고 소비재를 구입할 수 있게 한다) 가장할 뿐이다. 그러나 암묵적인 '텔로스'는 우리가 형성되고 있음을 깨닫지 못하고 있다는 바로 그 이유 때문에 더더욱 형성적일 수 있다(2장에 나오는 무의식적 자동화에 관한 논의를 떠올려 보라). 줌아웃하여 교육의 궁극적 '텔로스'—대학교라는 기획에 양분을 제공하는 이야기—에 대해 생각해 봄으로써, 그렇지 않으면 암묵적이기만 한 것을 명시적으로 만들 수 있다.

따라서 교육에 대한 이러한 통전적이며 형성적인 접근 방식은 목적론적 관점—가르치고 배우는 일을 배움을 이끌고 지배하는 더 큰 전망과 궁극적 이야기 안에 자리 잡게 하는—과 결합되어 있다. 우리가 배움을 바라보는 방식 자체가 형성적이어서, 더 광범위하고 궁극적인 전망을 강화할 수 있다. 모든 실천 공동체는 그 전망에 이르는 "관문"이 있으며, 그런 공동체 내의 모든 공간은 우리가 함께 하는 일을 "설정하는" 나름의 작은 틀과 축소판 관문이 있다. 나는 이것을 "틀을 잡는" 실천이라고 부르고 싶다. 고등학교 운동부를 시작하든지, 회사에 들어가든지, 미술관 회원이 되든지 간에, 모든 "문화"나 실천 공동체는 조직체의 사명과 목적, 기풍을 강화하는 정향(오리엔테이션)과 반복의 의례를 갖추고 있다. 최선의(가장 형성적인) 방향 설정과 개발 의례는 지성에 정보를 제공할 뿐만 아니라 상상력에도 영향을 미치는 방식으로 수행된다. (최악의 회사 오리엔테이션은 절대로 상상력을 건드리지 못하는 자료와 규칙과 정보만 담고 있는 파워포인트 슬라이드를 끝도 없이 보여 주는 것이다.) 틀을 잡는 실

천이 형성적일 때, 그런 실천은 우리로 하여금 한 이야기의 참
가자가 되고 그 이야기 안에서 우리를 계속해서 재정향하게 만
드는 감각적이며 미학적인 방법을 찾아내도록 유도한다. 새로
운 공동체로 진입하는 관문 역할을 하는 **거시적으로** 틀을 잡는
실천이 있으며, 이는 실천 공동체에 대한 우리의 첫 정향(오리
엔테이션)과 결합된 경우가 많다. 그런 다음 우리를 정향하는 더
큰 전망을 계속해서 강화하는 일상적이며 반복적인 행동과 의
례와 더 비슷한, **미시적으로** 틀을 잡는 실천이 있다. (이런 구별
을 "중대한" 방식으로 틀을 잡는 실천과 "일상적인" 방식으로 틀을 잡
는 실천의 구별로 볼 수도 있다.)

예를 들어, 고등학교 미식축구부에 가입하는 학생이 있다
고 생각해 보라. 처음에, 즉 이 학생이 연습하려고 축구화 끈을
묶기도 전에 선수와 부모는 팀 운영에 관한 기본 사항을 소개
할 뿐만 아니라 팀의 "문화" 곧 목적과 기대 효과, 이상 등을 설
명하는 오리엔테이션 모임에 여러 번 초대를 받을 것이다. 그런
다음, 이 큰 전망은 환호성과 응원 구호에서부터 탈의실에 붙어
있는 포스터, 짤막한 설교 같은 코치의 훈시, 사회적 암시와 기
대에 이르기까지 날마다 수행하는 온갖 반복 행위와 의례로 강
화될 것이다. 당신은 단순히 이스트 딜런 고등학교 미식축구부
에 가입한 것이 아니라 이스트 딜런 표범이 된다("맑은 눈, 넓은
가슴, 절대로 지지 않아!"). 95%에 해당하는 시간 동안 이곳은 다
른 고등학교 미식축구부와 똑같아 보일지 모르지만, 실제로 각

팀의 고유한 문화를 만들어 가는 것은 바로 이런 틀을 잡는 실천이다. 틀을 잡는 실천을 수행하는 데는 시간이 별로 걸리지 않지만, 그 팀의 기풍—따라서 팀 구성원들의 형성—에 시간적인 비중을 훨씬 뛰어넘는 영향을 미친다.

다음으로, 어떤 종류의 틀을 잡는 실천이 고등교육의 특징을 이루는지 생각해 보라. 대학에서 학기 시작 전에 학생들은 무엇을 배우는가? 오리엔테이션과 신입생 환영 주간의 실천을 통해 학생들은 어떤 이야기들을 흡수하는가? 미식축구 경기와 기말고사 주간에 수행하는, 틀을 잡는 실천을 통해 어떤 종류의 정체성이 형성되는가? 이 모든 것은 대학이 무엇을 위해 존재한다고 말하는가? 어떤 이야기가 실험실과 강의실에서 이뤄지는 배움의 틀을 잡는가?

이런 질문들은 모든 고등교육을 평가할 때 핵심이지만, 기독교 대학이 가르침과 배움의 틀을 잡는 것에 관해 더 목적 지향적인 태도를 취함으로써 고등교육의 '텔로스'를 강화할 수 있는 기회가 되기도 한다. 거시적·미시적(중대한 방식·일상적 방식)으로 틀을 잡는 실천은 우리가 배우는 **이유**에 관해 중요하며 영향력 있는 신호를 보낸다. 이는 기독교 대학(과 공립 혹은 "일반" 대학교의 캠퍼스 사역 단체)에게는 기회다. 우리는 학생들에게 전하고 싶은 사상에 집중하는 대신, 대학이라는 실천 공동체로 들어가기 위한 입문 의례와 대학 분위기를 학생들에게 주입하는 의례에 관해 생각해 보아야 한다.

6. 자녀를 잘 가르치라

고등교육을 위한 틀을 잡는 의례는 예배의 실천을 확장할 수 있고, 우리의 배움을 교회 선교의 확장으로 만들 수 있으며, 기독교 고등교육의 책무를 복음 이야기 안에 자리 잡게 할 수 있다. 이번에도, 이처럼 틀을 잡는 의례에는 거시적 의례와 미시적 의례가 있다.

　　거시적 혹은 중대한 차원에서 우리는 정향 의례(와 고등교육에서 **파송** 혹은 '보냄'의 순간에 해당하는 졸업식)에 관해 더 의도적인 태도를 취해야 한다. 분명한 예로 내 자녀들이 기독교 대학 오리엔테이션 과정의 일부로 참여한 두 의례에 대해 생각해 보자. 첫 번째는 그리스도의 몸이 매주 일요일 모여서 예배를 드릴 때처럼 학생과 학부모가 성경 이야기 안에서 살도록 초대를 받는 예배였다. 이것은 교회와 대학을 이어 주는 예전적 다리였다. 예배를 통해 우리는 하나님의 언약적 신실하심을 거듭 되새기고, 어린 시절부터 줄곧 신실하셨던 그 하나님이 대학을 다스리시는 은혜로우신 주이심을 기억했다. 이것은 은유적 의미가 가득한 강력하며 감각적인 의례에서 절정에 이르렀다. 학생과 부모, 형제를 포함한 모든 가정이 예배당 성찬대로 초대를 받았다. 성찬대 주위로는 물이 가득 차 있는 세례반이 있었다. 각 가정은 세례반에 손을 담그고 자신이 세례를 받은 기억을 다시 떠올렸으며, 그렇게 함으로써 모든 하나님의 자녀가 그리스도 안에서 장성한 분량까지 자랄 것이라는―하나님과 가정, 교회가 맺은―약속을 되새겼다. 따라서 우리는 흔들리지 않는 하나님의 신실하심을 감각적으로 상기시켜 주는 의례를 통해 우리 자녀를 이 배움의 공동체로 보낼 수 있었고, 학생들은 성례전의 은총에 손을 흠뻑 적신 채 인생의 새로운 계절을 향해 담대히 나아갈 수 있었다. 이곳은 은총의 언약 안에 자리 잡은 배움의 공동체였다.

이 시간은 학생과 부모가 작별 인사를 하는 때이기도 했다. 우리는 눈물을 흘리면서도 확신과 소망을 품고 작별 인사를 나눴다. 다음 날, 학생들은 또 다른 감각적인 정향 의례에 초대를 받았다. 그들의 두려움과 희망—과 예전의 동물인 그들의 자연적 성향—을 모두 충족하는 방식으로, 모든 학생은 컵케이크 모양 종이 촛대에 담긴 초를 받아 들었다. 종이에는 그들이 버려야 할 것을 적게 했다. 두 번째(와 세 번째와 네 번째…) 기회를 주시는 은혜로우신 하나님을 예배하는 공동체에 공부하러 온 학생들에게 그들을 돌보시는 분께 자신의 염려를 내어 맡김으로써 이 새로운 시작의 은총을 받아들이라고 권했다. 학생들은 자신이 버려야 할 죄나 극복하고 싶은 두려움이나 거기서 자유로워지기를 원하는 상처를 종이에 적었다. 이 실천은 기도와 찬양이라는 풍성한 맥락에 자리 잡고 있었으며, 이 쪽지는 어떤 의미에서 주술화되었다. 즉, 물질성을 초월하는 의미를 띠게 되었다. 모든 학생은 자신이 적은 쪽지로 초를 감싼 다음 그것을 교정 연못에 띄워서 자신들의 염려를 돌보시는 성부 하나님께 맡겨 드렸다. 수업 시작 전 마지막 날 밤에 수백 가지 두려움

(과 희망)이 은총의 빛에 싸여 연못에 둥둥 떠 반대편 어둠 속으로 사라져 갔다. 내일은 이 학생들이 새로운 배움의 모험을 향해 출항할 것이다.

기독교 고등교육을 하나님나라-'텔로스'라는 궁극적 맥락에 자리 잡게 하려면, 입학 사정에서 오리엔테이션과 심지어는 졸업식, 동문 관계에 이르는 다양한 영역에서 다양한 실천―만물을 새롭게 하시는 하나님의 이야기를 정보 차원만이 아니라 형성 차원에서도 재연하는 실천―이 필요하다.

미시적 차원에서 이를 구체화할 수 있는 기회도 많다. 틀을 잡는 실천의 형성적 중요성은 어떻게 예배 실천이 강의실과 실험실, 다른 배움의 공간을 "성화"하는지를 새롭게 이해할 수 있게 해 준다. 기도를 조금 해서 우리가 가르치는 모든 내용을 "기독교화"할 수 있기 때문이 아니라 통합된 교과 과정조차도 기독교 신앙에 대한 이해를 담고 있는, 말로 설명할 수 없는 실천과 결합되어야만 하기 때문이다. 표현주의적 틀이 형성적 틀로 전환될 때, 대학 강의실에서 수업을 시작할 때 기도하는 습관은 배움을 만물을 화해시키시는 하나님의 이야기 안에 자리 잡게 하는 강력하며 지속적인 실천이 될 수 있다. 그리스도가 하나님의 지혜이시며 기독교 고등교육이 지혜의 추구라면, 어떻게 우리가 가르침과 배움을 기도 훈련에 복종시키지 않을 수 있겠는가? 예를 들어, 성 토마스 아퀴나스의 다음 기도를 생각해 보라.

'안테 스투디움*Ante Studium*'

공부하기 전에 드리는 기도

형언할 수 없는 창조주여,

주의 보배로운 지혜로

세 계급의 천사를 지으셨고,

불타는 하늘 위에

그들을 놀라운 순서로 배치하셨고,

이토록 아름다운 솜씨로

우주의 각 구역을 배열하셨습니다.

주께서는 빛과 지혜의 참 근원이시며

만물 위에 높이 들리신

제일 근원이심을 선포합니다.

주의 밝은 빛을

어두워진 내 마음에 부어 주시고,

내가 날 때부터 빠져 있던

내 영혼의 두 겹 어두움,

곧 죄와 무지를 흩어 주소서.

주께서는 아이가 유창하게 말할 수 있게 해 주십니다.

내 말을 정교하게 해 주시고
내 입술에
하나님의 복을 부어 주소서.

나에게
명민한 마음과
기억하는 능력과
배움의 기술과
해석하는 날카로움과
말의 유창함을 주소서.

주께서
내 일의 시작을 인도하시고,
그 진보를 이끌어 주시고,
완성해 주시기를 원하나이다.

참 하나님이시며 참 인간이신 주여,
영원히 살아 계시며 다스리시는 주여.
아멘.[17]

하지만 틀을 잡는 기도는 지혜와 조명, 공부만을 위한 것은
아니다. 우리는 강의실이 더 넓은 세상 속에 자리 잡게 할 수도

있다. 강의를 시작하는 기도를 통해 학생들이 캠퍼스라는 제한된 공간을 넘어서도록 유도할 수 있다. "사람들을 위한 기도prayers of the people"처럼 시작하는 기도 혹은 틀을 잡는 기도를 통해 대학 강의실이라는 여유와 특권의 공간에 속한 학생들이 세계 곳곳에서 혹은 가까운 시내에서 고통당하고 있는 이들을 기억하도록 도와줄 수 있다. 추운 겨울 아침, 경제학 수업 시간에 거시 경제 정책과 빈곤을 논하기 전에 한파를 견디고 있는 노숙자들을 위해 기도함으로써 자칫하면 추상적 토론에 그칠 수도 있는 수업이 전혀 다른 맥락에 자리 잡게 할 수 있으며, 다시 한 번 우리의 가르침과 배움이 '샬롬'에 대한 성경적 갈망을 지향하게 만들 수 있다. 제3세계의 기도로 시작하는 국제 관계 수업은 형성적으로 틀을 잡는 기회가 될 수 있다. 시편의 탄식시로 악의 문제를 다루는 철학 수업을 마무리한다면 학생들은 추상적인 "문제"에 관해서 생각해 보라는 권유를 받을 뿐만 아니라, 한 이야기, 즉 성육신하신 하나님의 아들이 바로 이 탄식의 기도를 드리셨음을 상기시키는 이야기 안으로 초대를 받는다. 이렇게 우리는 마음으로 배운다. 이렇게 마음이 사랑하는 법을 배운다.

6. 자녀를 잘 가르치라

당신은 원하는 바를 만든다

— 소명의 예전

● 모든 것이 중요하다

성경의 창조 교리는 우리의 근원에 관한 교리일 뿐만 아니라 우리의 현 상황에 관한 교리이기도 하다. 우리가 누구인지에 관한 교리일 뿐만 아니라 우리가 누구의 것인지에 관한 교리이기도 하다. 우리의 과거에 관한 진술일 뿐만 아니라 미래로의 부르심이기도 하다.

우리는 이름 모를 우주를 떠돌고 있지 않다. 우리는 **집에 있다.** 하나님이 지으신 세상에 살고 있다. 이 세상은 그저 "자연"이 아니라, **창조세계다.**[1] 이 창조세계는 "심히 좋다."^{창 1:31} 물질세계는 우리의 천상적 실존을 회피하고자 하는 우회로에 불과하지 않다. 하늘에 계신 우리 아버지가 창조하신 아주 좋은 거처다. 하나님께 창조세계는 불쾌하고 유감스러운 실수가 아니다. 오히려 그분의 **사랑**이 만들어 낸 작품이다.

어떤 그리스도인들은 다르게 생각하는 듯하다. 창조세계에 관한 한 하나님보다 더 거룩해지려고 노력하면서, 창조세계를 "악한 자 안에 처한" 세상^{요일 5:19}으로만 보는 그리스도인들이 있다. 이들은 탈출구만 준비되면 기꺼이 창조세계를 버리려고 하며, 하나님도 창조세계에 별로 관심이 없으시다고 확신한다. 하지만 하나님은 전혀 그렇게 생각하지 않으신다. 오히려 성육신을 통해 말씀이 육신이 되셔서 우주의 창조주가 우리 동네로 찾아오신다. 무한하고 초월적인 하나님이 우리처럼 몸을 입으신다. 이 모든 이야기는 계시록 21장에서 마무리된다. 하나님은 우리를 창조세계에서 내쫓지 않으신다. 그분은 새로운 창조세계 안에서 우리와 함께 살기 위해 내려오신다.[2] 따라서 이 이야기의 끝이 그 시작을 재확인해 주는데, 창조세계는 매우 선하다. 우리는 하나님의 창조세계가 훼손되고 망가졌으며, 하나님이 그것을 새롭게 하시고 회복하시는 중이라는 것도 이해해야 한다. 하지만 그분은 이 이야기 전체를 통해 다음과 같은 평가를 계속해서 확증하신다. 즉, 창조세계는 매우 선하다.

그래서 모든 것이 중요하다. 세상을 하나님의 창조세계로 이해한다는 것은 세상에서 살아가는 것 자체가 **부르심**임을 깨닫는 것이다. 성령은 당신에게 들을 귀와 볼 눈을 주셨으므로 창조세계는 우리를 부르는 선물이다. 하나님의 영광이 가득한 방이요, 그 자체가 **초대장**이다.

● 당신의 사명(당신이 그것을 받아들인다면)

창조 교리는 단순한 형이상학, 즉 우주가 무엇인지에 관한 진술이 아니다. 성경의 창조 신학을 **선언서**로, 전진 명령으로, 위임으로 생각해 보라. 더 중요한 점은, 창조에 관한 성경의 가르침이 명령이자 **사명**, 위임이라는 것이다. 이에 따라 우리는 선하지만 깨진 하나님의 세상으로 보냄을 받았다. 우리는 "비추다, 펼치다, 차지하다"라는 세 동사로 이 사명(위임)을 요약할 수 있다. 이 세 동사는 행동을 나타내는 말이다. 각 요소를 조금 더 자세히 설명해 보자.

첫째, 당신은 **하나님의 형상을 비추도록** 부르심을 받았다. 우리는 하나님의 형상으로 창조되었다.^{창 1:27} 하지만 나는 이 말을 명사보다 동사로—속성이나 특징이라기보다는 책무와 사명으로—이해하는 것이 더 중요하다고 생각한다. "하나님의 형상"('이마고 데이')은 '호모 사피엔스'의 본질적 속성(의지든, 이성이든, 언어든, 혹은 당신이 지닌 무엇이든)이 아니다. 하나님의 형상은 **책무**이자 **사명**이다. 리처드 미들턴^{Richard Middleton}이 《해방의 형상_{The Liberating Image}》(SFC)에서 지적하듯이, "'이마고 데이'는 지구의 자원과 피조물을 다스리고 관리하는 하나님의 일에 동참할 능력을 부여받아서 세상에서 하나님의 대변자이자 대리인 역할을 해야 할 인간의 왕적 직분이나 부르심을 뜻한다." 우리는 하나님의 형상을 지닌 존재, 그분의 부왕_{副王}으로 위임 받았으며, 창조세계를 "다스리고" 돌볼 책임이 맡겨졌다. 이 책임에는 창조세계를 가꾸고, 무언가를 만드는 일 곧 **문화**를 통해 그 잠재력을 펼쳐야 할 책무도 포함된다. "따라서 하나님의 형상을 비추는 것에는 인간의 사회문화적 삶을 구성하는 일상적, 공동체적 실천을 통해 이 땅에서 하나님의 통치를 대리하고 어쩌면 확장하는 일도 포함된다."[3]

이 말이 무슨 뜻인지 아는가? 우리는 우리가 하는 일 곧 우리가 하도록 부르심을 받은 대단히 현세적이며 인간적인, 너무나도 인간적인 일들을 통해 하나님의 **형상을 비춘다.**

둘째, 당신은 **창조세계의 잠재력을 펼치도록** 부르심을 받았다. 창세기 1장 28-30절에서 하나님의 형상을 지닌 존재로서 우리의 책무는 생육하고 번성하는 것(재미있는 부분!), 땅을 "가꾸는" 것, 창조세계를 "다스리는" 것이다. 창조세계는 매우 선하지만 그렇다고 **온전하다**는 뜻은 아니다. 창조세계가 생겨날 때부터 학교와 미술관과 아이폰과 자동차가 존재하지는 않았다. 하나님은 우리를 창조세계에 두시고, 그분이 창조세계 안에 접어 넣어 두셨던 잠재력을 꺼내고 펼치라고 말씀하셨다. 우리에게 바로 그 일을 위임하셨다. 톨킨Tolkien의 말처럼 우리는 "부副창조자"다.[4]

이를 위한 **규범**이 있다. 우리는 이 일을 잘할 수도 있고 잘못할 수도 있다. 어떤 의미에서 "잘 펼치기"에 대한 기준은 장차 올 도성에 대한 성경적 전망이다. 다시 말해서, 성경 이야기의 절정은 우리에게 하나님이 그분의 창조세계에 무엇을 원하시는지를 계시한다. 창조세계에 대한 하나님의 욕망—이 나라의 이미지에 묘사된 '샬롬'과 번영—은 어떻게 우리가 창조세계의 잠재력을 펼쳐야 하는지에 관한 실마리를 제공한다. 그렇기 때문에 **우리의** 욕망이 하나님의 욕망과 일치하는지 주의를 기울여야 한다. 지금까지 계속 설명했듯이, 이것은 단순한 정보의 문제가 아니라, 마음 형성의 문제다.

그렇기 때문에 우리는 괴물을 경계해야 한다. 우리의 창조적 충동은 프로메테우스의 투쟁처럼 변질될 수 있다. 문화를 만들고자 하는 충동이 최선의 의도로 가득 차 있을 때조차도 우리의 문화적 창조가 우리를 앞질러 버릴 수 있다. 따라서 우리는 문화가 중립적이거나 순수하지 않다는 것을 이해해야 한다. 문화 자체가 "선"은 아니다. 더 중요하게는, 창조된 것, 특히 **우리가** 만든 것이 우리**에게** 무언가를 행한다는 것을 기억해야 한다. 그러므로 성경의 창조 신학에서는 창조세계가 선하고 문화를 만들려는 우리의 충동이 선하다고 인정하지만 동시에 철저한 주의가 필요하다고 덧붙인다. 우리는 "그렇다. 하지만…"이라고 말해야 한다.

마지막으로, 당신은 **창조세계를 차지하도록** 부르심을 받았다. 오늘 우리의 사명을 수행하기 위해서는—하나님의 형상을 지닌 존재로 책임을 다하기 위해서는—무언가 잘못되어 있다는 사실을 증언해야 한다. 우리는 더 이상 캔자스에 살지 않는다는 것(영화 〈오즈의 마법사〉에서 도로시의 대사로, 이제 더 이상 익숙하고 편안한 상황에서 살지 못한다는 뜻의 관용 어구—옮긴이), 더 이상 에덴동산에 살지 않는다는 것을 인정해야 한다. 따라서 그리스도의 몸은 창조세계를 차지하고 그것이 하나님께 속한 것을 세상에 상기시키는 독특한 사람들이 되도록 부르심을 받았다.

그리스도의 몸은 장차 올 나라의 증인이 되어, 세상이 다른 모습으로 변할 것이라고 증언해야 한다. 우리가 하는 일과 실천은 오고 있는 새 도성의 맛보기가 되어야 하기 때문에 항의와 비판이 포함되어야 한다. 하나님의 세상에 참여할 때 우리가 이루려는 바는 쇼를 하거나 문화 전쟁에서 승리하는 게 아니다. 제임스 데이비슨 헌터가 적절히 표현했듯이, 우리는 세상에서 "신실하게 존재하도록" 부르심을 받았다.[5] 신실하게 존재하는 것이 우리가 창조세계를 차지하는 방식이다.

그렇게 하려면 정기적으로 그 이야기에 초점을 맞추어야 한다. 따라서 우리는 잡다한 무리가 모인 캠프장 같은 교회 안에서 창조세계를 "차지한다." 하나님이 창조세계를 선하다고 말씀하셨으므로 우리는 모든 것이 중요하다는 걸 안다. 그리고 **교회에서** 이를 반복해서 배울 것이다. 삼위일체 하나님을 예배할 때 우리는 다시 이야기 안으로 이끌려 들어감으로써 회복된다. 기독교 예배라는 실천은 우리의 상상력에 그 이야기를 반복적으로 들려줌으로써 우리가 세상을 하나님의 창조세계로 인식하게 하고, 따라서 그 안에 울려 퍼지는 그분의 **부르심**을 듣게 한다.

일과 사랑, 그 둘의 관계에 관한
영국 건축가 패트릭 린치Patrick Lynch의 회고

우리 아버지는 흔히들 "소규모 건축가"라고 부르는 분이셨다. 아버지
는 작은 주택 건축 사업을 맡아서 헨리 온 템스Henley-on-Thames의 빅토리
아풍 저택을 확장하는 일을 했다. 새 집을 건축한 것은 단 한 차례뿐이
었다. 때로는 집을 수리하고 오래된 벽을 보수하기만 했다. 아버지는
원래 벽돌공이셨고, 그 당시에 벽돌공은 흔하고 좋은 대우를 받는 직
업이었다. 하지만 측량사로 수련 기간을 거치신 다음 야간 학교에서
훈련을 받아 일반국가인정졸업증서OND(직업전문학교 수료증―옮긴이)
를 받으셨다. 그렇지만 사무실에서 일하는 것을 따분하게 여기고 밖에
서 일하기 원하셨고, 스스로 건축 사업을 맡아서 독립적으로 일하기를
바라셨다. 그래서 아버지는 당신의 양아버지한테서 배운 기술을 밑천
삼아 이를 자신의 설계 기술과 결합하여 작은 건축 사업을 따낸 다음,
직접 건물을 짓기 시작했다. 지금 돌아보면 형과 나는 말로 표현하지
않았던 야심을 우리 가족을 대신해 실현한 것이 분명하다. 우리는 건
축가가 되었기 때문이다. 우리한테는 **벽돌에서 사랑과 희망의 냄새가
났던 것 같다.**[a]

이것은 우리의 핵심 주제와도 맞닿는다. 우리의 (문화) 만들기, 우리의 일은 우리가 믿는 것만큼이나 우리가 **원하는** 것에서 시작되기 때문이다. 우리는 무언가를 만들도록 창조되었지만, 만드는 존재인 우리는 여전히 사랑하는 존재다. 따라서 당신이 사랑하는 바가 곧 당신이라면, 당신은 당신이 사랑하는 바를 **만드는** 셈이다. 금융 분야나 예술 분야든, 소방관이나 1학년 교사로서든 당신의 문화적 활동은 당신이 머릿속에 지니고 있는 "원칙"보다는 의식 이면에서 작동하는 욕망의 습관으로 규정된다.

최근에 나는 이 점을 예증해 주는 글을 읽었는데, 그 글에서는 영화 〈스타워즈Star Wars〉 이야기가 어떻게 만들어졌는지를 설명한다. 캐스 선스타인Cass Sunstein은 크리스 테일러Chris Taylor의 책 《어떻게 스타워즈는 우주를 정복했는가How Star Wars Conquered the Universe》에 대한 창의적인 서평에서, 몇 년에 걸친 이야기 전개에서 결정적 전환점에 초점을 맞춘다. 그는 다스 베이더가 루크 스카이워커에게 그들의 관계를 밝히는 "내가 네 아버지다" 장면을 바로 그 전환점으로 본다. 〈제국의 역습The Empire Strikes Back〉에 등장하는 이 결정적인 반전은 사실상 그전에 나온 영화까지도 바꾸어 놓았다. 이것은 소급 작용의 효과를 낳는 창의적인 장면이었다. 하지만 가장 흥미진진한 사실은, 조지 루카스George Lucas의 반대 주장에도 불구하고[6] 여러 증거에 의하면 이야기의 창조자인 감독 자신도 이야기에 이런 반전이 나타날 것을 처음에는 몰랐다는 점이다. 선스타인은 "루카스는 비교적 늦은 단계에 이르러서야 다스 베이더가 루크의 아버지라는 결정을 내렸다"라고 지적한 다. 선스타인은 테일러가 재구성한 창작 당시 상황을 자세히 서술한다. "〈제국의 역습〉 절정 부분을 쓰던 중 루카스는 베이더가 루크에게 '우리는 아버지와 아들로 은하계를 지배할 것이다'라고 말해야 한다고 결정했다. 이 대사가 그의 상상력을 자극했을 것이며, 그 결과 '아하'라는 깨달음과 전율, 등골에 느껴지는 오싹함을 만들어 냈음이 분명하다. '왜 오웬 삼촌부터 오비완과 요다에 이르기까지 모두가 루크의 변화를 그토록 걱정했는지, 그가 자라서 자기 아버지처럼 될 것인지를 단번에' 설명할 수 있게 되었다."[7] 물론 루카스가 이 이야기를 만들었지만, 창작자 본인조차도 자신이 만든 이야기가 어디로 향할지 미처 깨닫지 못했다. 이것은 더 일반적인 차원에서 창조 과정에 중요한 시사점을 제공하고, 따라서 문화 만들기에 관해 우리에게 중요한 가르침을 준다. 어떤 점에서 그의 만들기와 창작하기는 자신의 의식을 초월해 작동하는 충동으로 지배되었다.

예를 들어, 루카스와 그의 공동 제작자 로렌스 캐스단Lawrence Kasdan이 〈제다이의 귀환Return of the Jedi〉 각본을 쓰면서 나눈 대화를 생각해 보자.

캐스단: 나는 루크를 죽이고 레아가 권력을 차지하게 해야 한다고 생각해.

루카스: 루크는 죽이면 안 돼.

캐스단: 좋아. 그럼 요다를 죽여.

루카스: 요다는 죽이기 싫어. 꼭 사람들을 죽일 필요는 없잖아. 지금은 1980년대야. 사람을 마구 죽이면 안 돼. 그건 좋지 않아.

캐스단: 아니, 사람을 마구 죽이자는 게 아니잖아. 이야기를 좀 더 흥미진진하게 만들려는 것일 뿐이야….

루카스: 누군가를 죽인다면 관객의 마음이 떠날 거야.

캐스단: 내 말은, 사랑하는 누군가를 잃을 때 영화가 더 많은 정서적 무게를 얻게 된다는 거야. 사람들이 이 여정에 더 몰입하게 될 거야.

루카스: 마음에 안 들어. 나는 그렇게 생각 안 해.

캐스단: 그래. 어쩔 수 없지.

루카스: 나는 영화에서 주요 인물 한 사람이 살해당할 때가 정말 싫어. 이건 동화야. 우린 모두가 오래오래 행복하게 살고 누구한테도 나쁜 일이 일어나지 않기를 원해…. 영화의 핵심, 영화가 끝났을 때 사람들이 느끼길 원하는 감정은 이런 거야. 나는 사람들이 정서적, 영적으로 정말 기분이 좋아지고 인생의 행복을 느끼기를 바라. 그건 우리가 할 수 있는 가장 훌륭한 일이야.

이 시점에서 무엇이 루카스의 창작 충동을 지배하는지에 주목하라. 바로 그가 믿는 바와 원하는 바다. 이런 신념과 바람과 감수성은 의식 아래서 작동한다. 예를 들어, 처음에 루카스는 악을 야기하는 것은 바로 집착이며, 집착을 "버리지" 못할 때 사람들은 악에 의존한다는 불교적 주제에 맞춰 이야기를 진행하려 했다. 하지만 〈제다이의 귀환〉에 이르면 그의 상상력에서 다른 이야기가 작동하기 시작한다. 왜냐하면 "베이더가 거리 두기가 아니라 애착으로 구속되기" 때문이다. 루카스가 분명히 밝힌 의도에도 불구하고 베이더는 "거리 두기가 아니라 사랑으로 구속된다." 선스타인의 지적처럼, "결국 루카스의 무의식은…그의 명백한 의도보다 더 복잡했다." 우리가 만드는 창의적인 "내가 네 아버지다" 장면은 "무의식에서 터져 나오는 경향이 있다."

바로 그렇기 때문에 우리 모두가 문화를 만들고 의미를 창조하는 존재로서 자신의 무의식을 가꾸고 상상력의 형성에 주의를 기울여야 한다. 정보기술 기업을 창업하는 사업가든, 이제막 가정을 꾸려 처음으로 부모가 된 사람이든, 하나님의 형상으로 창조된 인간으로서 우리가 하는 "창조적인" 일이란, 좋은 삶의 전망에 대한 매혹이 우리 안으로부터 끄집어낸 것이라고 말할 수 있다. 우리가 만드는 것은 우리의 상상력으로부터 부풀어오른 것이며, 우리의 상상력을 불타오르게 하는 것은 번영이란 무엇인지를 보여 주는 이야기다. 모든 사람은 뼛속에 어떤 지배적인 이야기를 지니고 있으며, 이 이야기는 우리가 하는 일에 우리가 지각하는 것보다 더 큰 영향을 미친다. 왜냐하면 이 이야기를 통해 우리는 무엇을 사랑해야 하는지를 배웠기 때문이다(2장에서 강조했듯이, 어떤 이야기가 정말로 당신의 상상력을 사로잡고 있는지 깨닫지 못하기 때문에 당신이 사랑한다고 생각하는 것을 사실은 사랑하지 않을지도 모른다).

당신이 사랑하는 바가 바로 당신이며 당신이 원하는 바를 만든다면, 신실한 창조자가 되기 위해서는 우리가 원하는 바가 어떻게 형성되는지에 주의를 기울여야 한다. 우리는 무의식, 즉 지배하는 이야기들의 저장소를 잘 돌보아야 한다. 당신이 예배하는 것을 조심하라. 그것이 당신이 원하는 바를 결정하고, 따라서 당신이 만드는 바와 당신이 일하는 방식을 결정할 것이다.

● 혁신을 **위한** 전통

많은 복음주의자들이 대위임뿐만 아니라 문화 명령을 긍정하는 확장된 선교 개념과 더 통전적인 창조 신학을 받아들이기 시작했다.[8] 게이브 라이언스Gabe Lyons가 《새로운 그리스도인들The Next Christians》에서 설명하듯이, 복음주의자들은 정치와 기술에서 패션과 예술에 이르기까지 수많은 문화적 "통로"에 능동적인 경건을 적용하고 있다. 젊은 복음주의자들은 교회라는 협소한 공간을 넘어서서 창의성과 발명, 혁신에 관심 있는 열정적인 사회적 기업가들이다. 또한 이들은 정의와 억압, 사회적 무질서라는 문제를 해결하는 데도 큰 관심을 기울인다. 이들은 깨진 세상을 "회복하기" 원한다. 세상을 새롭게 하는 동시에 세상을 바로잡기 원한다.[9] 복음주의자들이 마침내 자신들의 노선에 동참하는 것을 보며 많은 메인라인 그리스도인들이 격려를 얻을 것이라고 나는 기대한다.

다른 한편으로, 복음주의는 여전히 거의 무제한의 종교 혁신의 온상으로, 급변하는 현대 영성 시장에서 경쟁력이 있다고 확신한다. (미국의 식민지 시대만큼이나 오래된) 복음주의 영성의 기업가적 독립성 때문에 아직도 제도적 지원이 거의 필요 없는, 온갖 종류의 신생 기업 같은 회중이 생겨날 수 있는 상황이다. 점점 더 전문화되는 틈새시장을 공략하는 이들 신생 교회들은 예전의 형식이나 제도적 유산에 의존하지 않는다. 실제로 이들 중 다수는 "교회를 재발명하겠다"는 욕망을 자신 있게 밝힌다.

나는 이들이 서로 경쟁하는 흐름들이라고 주장하고자 한다. 우리가 끊임없이 교회를 재발명한다면 세상의 회복을 기대할 수 없기 때문이다. 더 자세히 설명해 보겠다.

회복이라는 문화적 과업을 위해서는 분명히 상상력을 통한 혁신이 필요하다. 좋은 문화를 만들기 위해서는 세상을 다르게 상상해야 한다. 이는 우리가 듣고 있는 현상 유지를 위한 이야기들을 간파해 내고 장차 올 하나님나라를 꿈꾸는 것을 뜻한다. 우리에게는 새로운 에너지와 새로운 전략, 새로운 주도력, 새로운 조직, 심지어 새로운 기관이 필요하다. 세상을 바로잡기 원한다면 다르게 생각하고 다르게 행동하고 그런 행동을 촉진하는 기관을 세워야 한다.

하지만 우리의 문화적 노력이 **회복**을 이루려면—세상을 **바로**잡으려면—우리에게는 세상이 어떤 모습이어야 하는지에 대한 전망을 흡수한 상상력이 필요하다. 우리의 혁신과 발명과 창의성은 세상이 창조된 목적, 세상을 향한 하나님의 뜻—예언자들이 흔히 '샬롬'이라고 부른 것—에 대한 종말론적 전망으로 흠뻑 적셔져야 한다. 정의와 '샬롬'을 **위한** 혁신을 이루기 위해서 우리는 만물을 자신과 화해하시는 하나님의 이야기에 정기적으로 몰입해야 한다.

이런 몰입은 **예배** 곧 우리 뼛속까지 가라앉고 무의식으로 스며드는 방식으로 그 이야기를 담아내는 목적 지향적이며 역사적이고 예전적인 형식의 예배에서 일어난다. 그렇기 때문에 무제한적이며 규율이 없는 교회의 "재발명"은 우리가 혁신적이며 회복을 이루는 문화 만들기를 수행할 능력을 오히려 약화시킨다.

디자인 전문가 허버트 사이먼Herbert Simon은 "기존 상황을 더 나은 상황으로 바꾸기 위해서 해야 할 일련의 행동을 생각해 내는 사람은 누구나 디자이너다"라고 말한 적이 있다.[10] 로버트 그루딘Robert Grudin은 디자인에 대한 이런 이해가 인류가 지닌 소명의 본질이라고 설명한다. "디자인은 인간이 지닌 기술의 가장 순수한 실천이다. 디자인 금고에 새로운 도구나 과정을 추가한다는 것은 발전하는 자연의 힘에 동참하는 것과 같다."[11] 그런 의미에서 좋은 디자인은 세상에 관한 진리를 말한다. "잘 설계된

곡괭이는 그것이 깨뜨리는 땅에 진리를 말하며, 우리에게는 땅에 관한 진리를 말한다"라고 그루딘은 설명한다.[12] 더 일반적으로 문화 만들기는 이처럼 진리를 말하고 생명을 주는 디자인 행위다. 예를 들어, "보통 법적, 문화적 패러다임을 가리켜 디자인이라고 말하지는 않지만, 사실 이런 패러다임 역시 많은 사람들의 성품을 만들어 가고 인간의 에너지를 특정한 방향으로 유도하는 청사진이다. 미국 헌법은 재규어Jaguar XKE나 테 궁전Palazzo Te과 마찬가지로 디자인이다. 인간의 에너지를 해방시키고 인간의 선택권을 극대화하기 때문이다."[13]

인간은 디자인하도록 창조되었다. 디자이너 허버트 사이먼의 격언이 옳다면, 복음도 디자인 프로젝트라고 말할 수 있다. 복음은 인류가 해방되어 우리에게 주어진 창조세계에 대한 디자인 작업을 받아들이고, 창조세계의 디자이너로서 우리가 맡은 사명과 받은 위임을 수행할 수 있다는 기쁜 소식이다.

또한 나는 기독교 예배가 디자인 작업실이라고 주장한다. 교회의 사명은 "기존 상황을 더 나은 상황으로 바꾸겠다"는 목표로 행동하는 혁신가와 디자이너들을 세상으로 보내는 것이다. 하지만 혁신하고 회복하고 만들고 디자인하는 이들에게도 상상력의 저장고, "온 세상에 대한 참된 이야기"에 맞춰 우리의 상상력과 습관을 바로잡는 공간인 교회가 필요하다. 우리의 상상력은 그리스도 안에서 세상을 자신과 화해하시는 하나님의 이야기 안에 정서적으로 몰입함으로써 회복되고 재조정되고 재정렬되어야 한다. 그리고 이것은 목적 지향적이며 역사적인 기독교 예배에서 이뤄진다. 우리에게는 기독교 예배가 상상력의 저장소임을—그리고 기준이 되는 이 이야기가 우리가 드리는 예배를 통해 정서적으로 전달되어야 함을—이해하는 목회자와 사제와 예배 인도자(와 교사와 청소년 사역자와 대학 교수)가 필요하다. 그렇기 때문에 형식이 중요하다. 달리 말하자면, 기독교의 예전적 **전통**을 문화적 **혁신**을 촉진하기 위한 자원으로 삼아야 한다.

교회가 공동선을 위해 문화에 참여하는 "회복하는 일꾼"을 파송하고자 한다면, 복음이라는 독특한 이야기를 담아내는 역사적 기독교 예배의 실천, 풍성한 상상력을 자극하는 예배의 실천을 회복하고 기억해 내야 한다. 그렇게 할 때 예전적 전통은 상상력의 원천이 된다.

- 무릎을 꿇고 죄를 고백하고 "우리가 행함으로써, 행하지 않음으로써"라고 소리 내어 기도할 때, 우리는 세상의 깨짐을 감각적, 직감적으로 되새기고, 자만을 버리면서 겸손해질 수밖에 없다.
- 신조로 충성을 맹세하는 행동은 **정치적** 행위다. 우리가 장차 올 왕국의 시민임을 기억하게 해 주고, 이 땅에 있는 도성의 모든 체제와 과도하게 동일시하려는 유혹을 줄여 준다.
- 회중이 부모와 더불어 그 아이를 양육하는 일을 돕기로 다짐하는 세례의 의례는, 지적 장애가 있는 아이들을 기르는 이들이나 특

별한 돌봄이 필요한 아이들을 입양할 소명과 용기를 지닌 이들을 지원할 수 있는 공동체가 되기 위해 우리에게 필요한 예전적 형성이다.

• 부활하신 왕이 함께하시며 **모두**가 와서 먹으라고 초대를 받는 주의 만찬은 하나님이 갈망하시는 정의롭고 풍성한 세상을 감각적으로 상기시키는 예전이다.

요컨대, 문화 만들기라는 혁신적이며 회복을 이루는 일을 하기 위해서는 먼저 우리의 상상력이 다가올 왕국을 지향하게 만드는 이러한 예전적인 전통에 참여해야 한다. 기독교적 상상력을 함양하기 위해서 무언가를 **발명할** 필요는 없다. 우리에게 필요한 것은 **기억**이다. 우리가 끊임없이 "교회"를 재발명하고 있다면 우리는 세상을 재창조할 것이라고 기대할 수 없다. 그 이야기의 바깥에서 우리 자신만 재발명할 뿐이기 때문이다. 상상력의 혁신을 위한 토대는 예전적 전통이다.

● 속박이라는 선물

나는 이것이 쉬운 일인 것처럼 말하고 싶지 않다. 많은 점에서 백지 상태에서 "교회를 재발명하는" 편이 훨씬 쉽다. 하지만 이것은 무엇이 쉬우냐의 문제가 아니다. 성령이 어떻게 우리의 습관을 형성하시고 상상력을 **재**형성하시고 마음을 **변화**시키시느

나의 문제다. 우리의 창조적 무의식이 이처럼 근원적으로 형성될 때에만 장차 올 왕국을 지향하는 신실한 혁신과 문화적 창조가 참으로 시작될 수 있다.

하지만 이 점을 직시하자. 우리 모두는 지금과는 다른 모습이기를 바라는 제도들, 그중에서도 특히 **교회** 안에서 살아간다. 우리는 기꺼이 제거하고 싶은 여러 양상을 지닌 정책과 절차와 물리적 환경의 상속자들이다. 지금 우리가 겪는 어려움에 대해 아무것도 모르는 설립자와 역사적 조직들이 우리에게 부과한 속박에 대해 분노할 때도 있다. 사람은 누구나 이런 속박에서 자유로워지는 것, 곧 백지 상태에서 그 조직을 "다시 상상하는" 것을 꿈꾸곤 한다. '그럴 수 있다면 정말로 자유롭게 우리의 사명과 이상을 추진할 수 있을 텐데'라고 스스로에게 말한다. 하지만 현실 세계에서 이런 속박은 맷돌, 혹은 새로운 바다로 나아가려고 애쓰는 우리를 자꾸만 바닥으로 끌어내리는 무거운 닻과 같다.

이런 속박을 선물로 상상해 볼 수는 없을까? 전해져 내려온 전통의 속박을 창의성과 상상력을 위한 촉매제로 삼는 것이 가능하지 않을까?

최근에 이와 관련된 우화가 생각났다. 2012년에 반스 재단 Barnes Foundation은 길고도 매우 공개적인 법적 투쟁을 거쳐서 필라델피아의 미술관 거리에 새 미술관을 개관했다. 펜실베이니아주 로워 메리언Lower Merion에 위치한 앨버트 반스Albert Barnes의 집에 보관

되어 있던 세계적 수준의 근대 미술 소장품을 옮겨와 그곳에 전시했다. 여기서 우리의 관심은 법적 논쟁이 아니다. 오히려 우리는 "전통에 의한 혁신"의 흥미로운 사례 연구가 될 만한 그 결과에 주목한다.

마틴 필러Martin Filler는 〈뉴욕 리뷰 오브 북스New York Review of Books〉에 실린 유익한 글에서 상황을 잘 요약하고 있다. "반스는 자신이 수집한 그림 8백 점과 수천 점의 다른 물품을 판매하거나 대여하거나 자신이 정교하게 설계하고 설치한 장치에서 분리해서도 안 된다고 주장했다. 따라서 법원은 이전에는 동의했지만 수집가가 전시한 방식을 새로운 박물관에서도 엄격히 유지해야 한다고 명령했다."[14]

제약도 이런 제약이 어디 있는가! 소장품을 옮길 수 있다는 허가를 받았지만, 이건 그저 조건이 붙은 정도가 아니었다. 마치 현수교인 금문교를 들어 올리고 있는 모든 철선이 함께 따라온 것과 같다. 이런 부대조건과 제약 가운데 할 수 있는 선택은 도심 한가운데 로워 메리언의 저택을 똑같이 만드는 것밖에 없다고 생각할 것이다. 라스베이거스의 호텔처럼 그저 원본을 그대로 베껴서 흉내 내는 것 말고 건축가들이 무엇을 더 할 수 있겠는가? 새 미술관에는 창의적인 건축가가 필요 없었을 것이다. 그저 잘 베끼는 사람만 필요했을 것이다.

하지만 건축물을 복제하는 과정에서 흥미로운 일이 일어났다. 토드 윌리엄스Tod Williams와 빌리 치엔Billie Tsien 건축 팀은 단순한 베끼기를 거부했다. 그들은 반스의 요청에 따른 제약을 수용하면서도 이를 창의성의 촉매제로 받아들였다. 필러는 그 결과를 이렇게 묘사한다.

옛 전시관을 그대로 복제하라는 법적 요구 때문에 많은 사람들은 건축가들이 건축적 독창성을 발휘할 여지가 거의 없어지고 그저 문화적 박제를 만들어 내는 데 그칠 것이라고 두려워했다. 놀랍게도 윌리엄스와 치엔은 자신들이 준수해야 했던 제한 내에서 예상치 못할 정도로 폭넓은 표현을 해낼 수 있는 방법을 찾았다. 그런 점에서 이 기획의 결과물은 눈이 부실 정도다. 새로 문을 연 반스 미술관은 완전히 자유로운 건축가들이 설계한 수많은 미술관보다 훨씬 더 뛰어나며, 지금 돌이켜 보면 전시 시설을 정확히 복제하라는 스탠리 오트Stanley R. Ott 판사의 2004년 판결은 마치 솔로몬의 지혜와 같았다.

다시 말해서, 반스 재단의 새 건물은 전통에 의한 혁신의 구체적인 예다. 외부와 내부 모두 그 결과는 놀라울 정도로 아름답다. 이 건축가들은 전시실 공간과 구조에 대한 제약을 수용한 후에 소장품을 위한 새로운 미래를 상상했다. 새 건물은 원래 공간을 "충실하게 확장한" 것이라고 말할 수도 있다. 전해져 내려온 것을 계승했지만 그저 원작을 흉내 내는 데 그치지 않았다. 윌리엄스와 치엔의 설계는 창조적 반복이다.

그 결과, 이 미술관은 문자적으로도, 비유적으로도 밝게 비추는 건물로 지어졌다. 방문자들은 (특히 밤에) 건물 꼭대기를 가로지르는 "빛 상자"에 매혹된다. 이 빛 상자는 건물 내부 너른 "빛 마당"을 밝힌다. 창의적으로 받아들인 빛이 복제된 전시실로 쏟아진다. 필러는 "새 반스 미술관의 가장 환영할 만한 점은" 건축가들과 조명 디자이너 폴 마란츠Paul Marantz의 협업으로 "시각적 부활"을 성취했다는 것이라고 지적한다. 작품들은 동일하다. 배열도 동일하다. 전시실도 동일하다. 하지만 마치 그중 일부를 처음으로 보는 듯한 느낌이다. 건축 혁신을 통해 이 작품들의 아름다움—반스가 처음 그 작품들에 끌렸던 바로 그 점—을 부각하는 방식으로 원래 건물의 유산을 재창조해 냈다.

마틴 필러는 이 사례에서 전통과 혁신의 상호작용을 보여주는 또 다른 예를 지적한다. 건축가들은 반스의 배치 그대로 전시실을 보존하기 위해서 규정된 대로 모든 그림의 배경, 즉 반스가 전시실 벽을 위해 특별히 디자인한 황토색 삼베를 물려받았다. 하지만 새로운 조명 덕분에 이 색이 "대부분의 그림과 너무나 잘 조화를 이루어서 왜 다른 곳에서도 널리 차용하지 않는지 궁금해질" 정도다. 반스의 특이한 고집 때문에 어쩔 수 없이 받아들여야 할 제약일 수도 있었던 것이 이제는 그 공간과 너무나도 잘 어울려 보인다.

요약하자면, 옥죄는 제약이 될 수 있었던 것이 창조적 혁신을 위한 촉매가 되었고, 제약이 주는 지혜를 새롭게 이해할 수 있게 해 주었다. 필러는 "반스는 괴짜였을지 몰라도 그와 동시에 천재성을 지닌 사람이었다"라고 결론 내린다.

당신의 상황에서 부딪힌 괴짜 같은 제약을 생각해 보라. 단지 그 제약이 사라지기를 바라는 대신에 그것을 선물로 받아들이기는 것이 더 창조적일 수 있지 않을까? 이런 제약에는 놀라운 지혜가 숨겨져 있으며, 상상력이 뛰어난 지도자들이 그 지혜를 발견해 내서 제약을 새롭게 이해할 수도 있지 않을까? 어쩌면 우리에게 필요한 것은 "완전히 자유로운 손"이 아닐지도 모른다. 우리에게 필요한 것은 유용한 제약과 그것을 혁신을 위한 선물로 받아들일 수 있는 상상력일지도 모른다. 역사적인 예전적 전통의 권위와 유산도 창의성과 상상력을 자극하는 일종의 해방시키는 제약이 될 수 있다고 상상해 볼 수는 없을까?

마찬가지로 우리가 날마다 하는 일도 교회의 예배라는 전통과 영적 훈련의 리듬 안에서 우리에게 전해져 내려온 제약이라는 선물 안에서 가장 번성할지도 모른다. 우리는 예전에서 해방을 발견하고 전례를 통해 갱신에 이를 수도 있다.

● 소명의 예전

당신은 어떤 의례로 하루를 시작하는가? 많은 사람이 별다른 성찰 없이 매일 하는 습관을 그대로 받아들인다. 우리가 아침마다 하는 의례에는 아마도 이메일, 페이스북, 트위터, 〈월 스트리트 저널〉 등을 "확인하기"가 포함될 것이다. 화성인 인류학자들이 지구에 착륙해 우리가 일하는 사무실이나 아침 식탁에 온다면, 휴대전화를 보느라 등을 구부린 인간의 자세를 전자 부적에 대한 일종의 종교적 경건으로 해석할지도 모른다.

이런 의례가 그저 당신이 하는 무언가가 아니라면 어떨까? 이런 의례가 당신**에게** 무언가를 행하고 있는 것은 아닐까? 이런 의례가 사실은 일종의 "예전"은 아닐까? 우리의 소명을 통해 하나님을 추구하려면 우리의 열정을 정향하는 의례에 몰입해야 하는 것은 아닐까?

나는 내 소명을 발견한 그날을 아직도 기억한다. 대학 도서관 지하에 있다가 기독교철학학회Society of Christian Philosophers에서 발간하는 〈신앙과 철학Faith and Philosophy〉이라는 학술지를 우연히 발견했다. 창간호에서 저명한 철학자 앨빈 플랜팅가Alvin Plantinga는 "기독 철학자들을 위한 충고Advice to Christian Philosophers"라는 제목으로 일종의 선언문을 발표했다. 노트르데임대학교 취임 연설로 처음 발표한 글이었다.

이 글에서 플랜팅가는 그리스도인들이 철학을 추구할 수 있고 추구해야 하며, 이 일이 왜 중요한지, 그것이 그리스도인의 온전함과 무슨 관계가 있는지를 강력하게 밝혔다. "그리스도인이면서 철학자가 되겠다고 말하는 우리는 그저 우연히 그리스도인일 뿐인 철학자가 되는 것으로 만족해서는 안 된다. 그러므로 우리는 온전함, 독립성, 그리스도인의 담대함을 지닌 채

우리의 계획을 추구해야 한다"라고 그는 썼다.[15]

플랜팅가의 전망은 모든 소명과 직업에 적용된다. 그는 창조세계의 모든 제곱센티미터 곧 교회와 신학뿐만 아니라 철학과 물리학, 법학과 경제학, 농업과 예술에도 하나님이 드러나는 그림을 그려 보인다. 우리는 어쩌다 보니 예술가나 법조인인 동시에 그리스도인인 데 만족해서는 안 된다. 우리는 자신의 소명을 하나님을 추구하는─그리고 플랜팅가의 말처럼, "온전함과 독립성, 그리스도인의 담대함"을 지닌 채 그분을 추구하는─방법으로 이해해야 한다. 나는 플랜팅가의 말을 내가 전부터 어렴풋이 품었던 생각을 따르라는 분명한 메시지로 받아들였다. 하지만 철학을 소명으로 삼을 가능성을 생각할 때마다 나의 스승들은 골로새서 2장 8절과 비슷한 말로 경고하곤 했다. "헛된 철학에 사로잡히지 말게!" 하지만 플랜팅가의 글을 읽으면서 나는 철학이 하나님을 추구하는 방법이 될 수 있다는, **기독교** 철학에 대한 전망에 사로잡혔다.

철학은 내가 하나님을 "추구한다"는 개념 자체에 관해 생각할 수 있도록 도와주었다. 최근에는 아리스토텔레스의《형이상학Metaphysics》을 가르치면서 이 점을 다시 한 번 떠올렸다. 아리스토텔레스는 그리스도가 이 땅에 오신 때보다 수 세기 앞서 산 그리스 철학자였지만, 하나님의 존재에 관한 첫 번째 철학적 논증─그가 "최초의 동자動者"라고 부른 것─을 제시했다. 하지만 아리스토텔레스에게 하나님이 모든 것의 "원인"이라고 말하는 것은 단순히 우리의 시작에 관한 주장일 뿐만 아니라 우리의 **마지막(목적)**에 관한 주장이기도 하다.

말하자면, 하나님은 우리를 존재하도록 "미시는" 분일 뿐만 아니라 자신 쪽으로 우리를 **끌어당기시는** 분이기도 하다. 아리스토텔레스는 이것이 "**사랑받음**으로서의 운동을 만들어 낸다"라고 말했다. 다시 말해서, 하나님은 우리를 추동하실 뿐만 아니라 우리를 **유인하신다**. 우리는 우리가 **사랑하는** 바를 추구한다.

아리스토텔레스는 소명에 대한 기독교적 이해에 중요한 무언가를 말해 주고 있다. 이것은 그저 우리가 하는 일을 사랑하는 문제가 아니다. 중요한 것은, 하나님을 위해 우리 일을 사랑하는 것이다. 우리의 일을 통해 하나님을 추구하는 것이다. 하나님은 그분의 나라를 향해 우리의 일을 **끌어당기시는** 전망을 우리에게 제공하신다.

아리스토텔레스는 《니코마코스 윤리학》에서 또 다른 중요한 통찰을 제시한다. 그는 덕이란 **실천**이 필요한 습관이라고 강조한다. 습관이란 우리 성품의 일부가 된 **습득된** "성향"이다. 그리고 우리는 **실천**과 **반복**을 통해서, 말하자면 "의례"를 통해서 그런 습관을 습득한다.

(골 3:12-17 같은 본문에서 바울이 그랬듯이) 이 두 생각을 하나로 묶을 때 일어나는 흥미로운 화학 반응에 대해서는 앞서 이미 지적했다. **사랑**이 궁극적인 덕이다. 우리는 의도적으로 사랑

으로 "옷 입어야" 한다. 따라서 우리를 하나님께로 이끄는 사랑은 실천과 반복을 통해 자라는 사랑이며, 우리가 소명을 통해 하나님을 추구하기 원한다면, 하나님의 사랑을 우리 성품에 스며들게 하고 그 사랑을 우리의 사고방식뿐 아니라 **우리 본성**의 일부로 만드는 의례와 리듬과 실천에 몰입해야 한다.

그렇기 때문에 예배는 "주중에 하는 일"에서 도피하는 것이 아니다. 그와 반대로 예배 의례는 우리 마음을 훈련시키고 우리의 욕망이 하나님과 그분의 나라를 향하게 한다. 따라서 예배를 마치고 일터로 보냄 받을 때 우리는 우리 영혼을 사랑하시는 분을 향한 습관으로 형성된 지향성을 지닌 채 우리의 일을 한다.

"아버지, 주의 백성을 도우소서" *Psalter Hymnal*, no. 607 2절

모든 방과 마당이,
강의실과 부엌, 사무실, 가게, 병동이 거룩합니다.
우리가 일하는 시간의 리듬이 거룩합니다.
이제 **우리 목적과 에너지, 힘을 거룩하게 하소서**.

그렇기 때문에 우리는 주중에 이 사랑을 유지해 주는, 습관을 형성하는 실천—"소명의 예전"이라고 부를 수도 있다—에 관해서도 생각해 보아야 한다. 이것이 제네바시에 대한 장 칼뱅의 전망이었다. 그는 수도사와 "종교적인" 사람들뿐만 아니라 똑같이 거룩한 일을 하는 푸줏간 주인과 제빵업자, 양초 제작자 모두를 위해 아침 기도와 저녁 기도와 시편 찬양의 리듬이 온 도시를 지배하기를 바랐다.

주중에 복된 소식이 우리 안에 스며들게 하는 리듬과 의례와 일상적 반복에 관해 창의적으로 생각해 보자. 나는 월가 동료들과 성경 낭독을 듣는 실천을 시작한 어느 맨해튼 투자 상담사의 예가 떠오른다. 혹은 하루 일을 준비하는 방식으로 아침 기도를 실천하려고 힘쓰는 교사들이 떠오른다. 우리를 끌어당기고 부르시는 하나님을 사랑하도록 우리를 훈련하는 소명의 예전을 우리는 상황에 맞게 다양한 방식으로 실천할 수 있다.

탕자의 아버지처럼 하나님은 우리를 맞으러 이미 나와 계신다. 그분은 우리가 있는 곳에서 우리를 만나 주시려고 골목 끝으로 달려가신다. 그분은 우리에게 좋은 의례라는 선물을 주셔서 우리가 마음과 목숨과 힘과 뜻을 다해 그분을 사랑하는 연습을 할 수 있게 하신다. 감사하게도 우리는 하나님**과 함께** 하나님을 추구한다. 그분이 먼저 우리를 사랑하셨기 때문에 우리는 사랑한다.

축복 기도

우리는 탐험을 멈추지 않으리니
우리 탐험의 목적은
우리가 출발한 곳에 이르고
그곳을 마치 처음처럼 알게 되는 것이리라.

— 엘리어트T. S. Eliot, "리틀 기딩Little Gidding"

예배는 보냄으로 마무리된다. 우리는 그분이 우리를 창조하신 대로 그분의 형상을 지닌 존재가 되기 위해 (재)창조하시는 우리 하나님의 은총으로 모인다. 그렇기 때문에 이제 우리는 화해의 대사大使로 그분의 세상으로 보냄을 받을 수 있다. 고후 5:17-20 사랑이신 하나님이 우리가 그분을 위해 우리 이웃을 바르게 사랑할 수 있도록 우리 사랑의 질서를 바로잡아 주시고 우리의 가장 깊은 욕망을 다시 그분께 향하게 하신다. 성령은 혁신을 위해서만이 아니라 우리가 원수조차 사랑할 수 있도록 우리 사랑의 습관을 재형성하신다. 이것이 바로 우리가 창조된 목적이다. 즉, 하나님이 사랑하시는 바를 사랑하는 것이다. 우리의 '텔로스'는 우리를 우리의 시작으로 돌려보낸다. 그리고 우리는 **보냄**을 받기 위해 창조되었다.

정교회 신학자 알렉산더 슈메만은 예배에 대해 성찰하면서 이 "거룩한 회귀"를 잘 포착해 냈다.

정교회 예전은 장중한 송영과 더불어 시작된다. "성부와 성자와 성령의 나라는 복되도다. 이제와 영원히, 세세 무궁토록." 처음 시작부터 우리의 목적지가 선언되는 것이다. 지금 우리는 하나님 나라를 향해 가고 있다. 상징적으로 말해 그렇다는 것이 아니다. 우리는 실제로 그곳으로 가는 중이다. 교회의 고유한 언어, 곧 성경의 언어에서 하나님나라를 복되다 말하는 것은, 단순히 그것에 환호한다는 의미가 아니다. 그것은 그 나라를 우리의 모든 갈망과 관심, 우리 전 삶의 목적과 의미로, 존재하는 모든 것의 최고 궁극적 가치로 선언한다는 의미다. 송축하는 것은 사랑하고 받아들인다는 뜻이며, 그 사랑하고 받아들인 것을 향해 나아간다는 의미다. 교회는 이처럼 삶의 궁극적 목적지가 어디인지를 계시 받고 그것을 받아들인 이들의 회합이요 모임이다. 이러한 받아들임은 그 송영에 대한 장중한 응답을 통해 표현된다. 바로 "아멘"이 그것이다. 이것은 실로 세상에서 가장 중요한 말들 중 하나라고 할 수 있다. 왜냐하면 "아멘"은 우리도 성부를 향해 올라가신 그리스도를 따라 올라갈 것이며, 이것을 인생의 목적으로 삼겠다는 교회의 동의를 표현해 주는 말이기 때문이다. 이 응답은 우리를 향한 그리스도의 선물이다. 왜냐하면 우리는 오직 그리스도 안에서 하나님에게 이 아멘을 말할 수 있기 때문이다. 아니,

그리스도 그분 자신이 하나님께 대한 우리의 아멘이시며, 교회는 그리스도에 대한 아멘이다. 인류의 운명은 바로 이 아멘에 의해 결정된다. 이 아멘은 우리가 하나님을 향해 나아가기 시작했음을 말해 준다.[1]

그러므로 예배의 잔치로 **오라**. 그러면 당신은 성령으로 새로워지고 새로운 습관을 얻어 세상으로 **나아가고** 당신이 사랑하는 모든 것에 "아멘"이라고 말할 수 있을 것이다.

● 감사의 글

내가 이런 책을 쓰리라고는 상상조차 못했다. 하지만 브라조스와 베이커 출판 그룹에 있는 친구들은 그런 상상을 했고, 나는 그들의 권유와 격려(와 인내심!)에 감사한다. 오래전에 나의 가능성을 보고 함께 일하자고 제안했던 편집자—이자 더 중요하게는 친구인—봅 호색Bob Hosack에게 특히 감사드린다. 브라조스 팀 전체가 너무나 큰 도움을 주었다. 그들과 함께 일할 수 있어서 영광이었다. 앞으로 우리가 함께 할 일도 기대한다.

이 책에는 오래전 내가 프랑스 철학에 관한 책을 쓸 때는 다루지 않았던 내용이 많이 들어 있다. 이에 관해 내가 스승으로 여기는 두 예전 신학자들에게서 받은 도움에 감사를 표하고자 한다. 로버트 웨버Robert Webber 연구는 내 삶의 결정적 단계에서 중요한 영향을 미쳤으며, 많은 점에서 나는 그저 그의 발자취를 따라서 이 책을 쓰고 있을 뿐이다. 이 작은 책은 웨버의 "고대적-미래적"전집이라는 큰 배 뒤를 출렁거리며 따라가는 거룻배와 같다. 몇 사람이 모선에 탈 수 있도록 도울 수 있다면 나는 여기서 내 할 일을 다한 셈이다.

더 가까이에 있는 동료이자 친구 존 위트블릿John Witvliet은 다

습관이 영성이다

른 이들의 연구를 격려하고, 그들이 매일 아침 식사 전에 자신이 가지고 있는 수백만 가지 생각 중 몇 가지를 깨닫게 해 주는 촉매 역할을 하는 사람이다. 이 주제에 관한 나의 생각은 존이 던진 질문과 도전에서 시작되었는데, 그는 수많은 해답을 주기도 했다. 내가 진 빚을 갚기 위한 작은 노력으로 이 책을 두 사람에게 바친다.

지난 5년 동안 다양한 학교와 대학, 교회, 기관들의 초대를 받아 그들의 환대를 누리고 이 주제에 관해 강연할 수 있는 기회를 얻었다. 이 책은 이런 대화를 통해 만들어졌다. 나는 친구들과 함께 마음껏 생각해 볼 수 있었던 기회에 감사드리며 지금도 즐거운 마음으로 그 장면들을 떠올린다. 나는 늘 책이 독자를 끌어 모은다고 생각했다. 하지만 책이 우정을 만들어 낼 수 있다는 것은 결코 깨닫지 못했다.

이 친구들 몇몇은 친절하게도 바쁜 일정 가운데 시간을 내어 이 책의 초고를 읽어 주었다. 이들의 넉넉한 사랑과 솔직함, 격려와 비판에 감사드린다. 이 책에 도움을 준 매튜 베이머스 Matthew Beimers와 대릴 드 보어Darryl De Boer, 마이크 코스퍼Mike Cosper, 크리스 슈트Christ Schutte 목사에게 감사드린다. 나는 최종 수정 작업을 하면서 친구들의 도움을 절실하게 느꼈다.

이 책의 많은 부분을 우리 동네 웰시 스트리트 빵집에서 쓰고 수정했다. 카푸치노 한 잔 가격만 내고(가끔 스콘도 먹곤 했지만 아내에게는 알리지 마라) 오후 내내 가게에서 작업하도록 허락해 준 그들에게 감사한다. 이렇게 오후에 작업하면서 이어폰을 끼고 들었던 음악은 이 책의 배경음악이 되었다. 제이슨 이스벨Jason Isbell의 〈사우스이스턴Southeastern〉과 에이빗 브라더스the Avett Brothers, 더 내셔널the National의 음악을 들었고, 막바지에는 눈부신 슬픔을 담아낸 수프얀 스티븐스Sufjan Stevens의 〈캐리 앤드 로월Carrie and Lowell〉을 많이 들었다.

당신이 이 책을 읽으면서 내 삶을 엿볼 수 있다면, 그것이 나에게 사랑하는 법을 가르쳐 준 친구들과 가족의 공동체에 의해 지워질 수 없도록 형성된 삶이라는 것을 알게 될 것이다. 이제는 가족 같은 친구인 마크Mark와 던 멀더Dawn Mulder는 15년 동안 우리 가정과 꾸준히 우정을 나누고 있다. 또 우리와 함께 산책하고 좋은 칵테일을 즐기는 그웬Gwen과 라이언 젠징크Ryan Genzink

에게도 감사드린다.

이 책을 읽으면 우리 자녀들 이야기가 몇 차례 등장하는 것을 알 수 있다. 하지만 내가 아이들을 통해 얼마나 큰 복을 받았는지 다 이해하지는 못할 것이다. 나의 결점과 실패에도 불구하고 아이들이 나를 사랑하는 것을 나는 순전한 은총이라고 생각한다.

무엇보다도 이 모든 것의 위와 뒤, 아래에는 아내 디애나가 있다. 아내는 우리 가정과 삶을 사랑을 길러 내는 공간으로 만들었다. 나는 스위스 라브리를 방문했을 때 깨달았던 사실을 자주 떠올린다. 내가 그곳에 끌린 이유는 프랜시스 쉐퍼Francis Schaeffer 때문이었지만, 라브리로 순례해 본 사람은 누구나 알고 있듯이 그의 활동을 가능하게 한 기풍은 아내 이디스Edith가 만들어 낸 것이다. 이디스는 자신이 받은 환대의 은사로 프랜시스를 "뒷받침"하기만 한 게 아니라, 남편이 하는 일을 가능하게 만들었다. 마찬가지로 이 책도 이 책을 가능하게 만든 가정에서 나왔다. 책에 담긴 생각들은 디애나의 정원 토양에서 자라났고, 영양가 있는 음식을 만들려는 아내의 열정에서 자양분을 얻었고, 아내가 아름답게 가꾼 우리 집 안으로 스며들어 갔으며, 아내가 받은 환대의 은사("포도주와 치즈!"의 암호명) 덕분에 꽃을 피웠다. 내 삶의 가장 특별한 은총은 디애나가 나를 사랑한다는 것이다.

○ 더 읽어 볼 책

이 책을 읽고 더 많이 알고 싶은 갈망을 느낀다면, 이 책의 주제들을 더 자세히 심층적으로 다룬 나의 책 "문화적 예전" 3부작이 도움이 될 것이다(그중 첫 두 권은 아래에 언급했다). 이 책이 여정의 시작이 되기를 바라면서 그 길에서 당신을 안내해 줄 책을 몇 권 더 소개한다.

- Abernethy, Alexis D., ed. *Worship That Changes Lives: Multidisciplinary and Congregational Perspectives on Spiritual Transformation*. Grand Rapids: Baker Academic, 2008. 사람을 변화시키는 예배의 가능성과 어려움에 관한 다면적 분석.

- Bolsinger, Tod. *It Takes a Church to Raise a Christian: How the Community of God Transforms Lives*. Grand Rapids: Brazos, 2004. 교회가 제자도의 핵심이라고 주장하는 책.

- Brooks, David. *The Road to Character*. New York: Random House, 2015.《인간의 품격》(부키). 성품과 덕의 형성, 모방의 중요성에 관해 언론인이 읽기 쉽게 쓴 책. 아우구스티누스, 도로시 데이, 드와이트 아이젠하워 등 탁월한

"본보기"가 되는 인물들을 소개한다.

- Cosper, Mike. *Rhythms of Grace: How the Church's Worship Tells the Story of the Gospel*. Wheaton: Crossway, 2013. 목적 지향적인 기독교 예배의 "서사 구조"에 대한 탁월한 입문서.

- Duhigg, Charles. *The Power of Habit: Why We Do What We Do in Life and Business*. New York: Random House, 2014. 《습관의 힘》(갤리온). 우리 삶의 리듬에서 습관의 중요성에 대한 고대의 지혜와 과학적 통찰을 이해하기 쉽게 소개한 책.

- Labberton, Mark. *The Dangerous Act of Worship: Living God's Call to Justice*. Downers Grove, IL: InterVarsity, 2012. 《껍데기 예배는 가라》(좋은씨앗). 예배가 보냄으로 마무리된다는 것—예배가 샬롬에 대한 하나님의 욕망을 구현하도록 부르심을 받은 독특한 백성을 형성한다는 것—을 우리에게 상기시키는 책.

- Smith, James K. A. *Desiring the Kingdom: Worship, Worldview, and Cultural Formation*. Cultural Liturgies 1. Grand Rapids: Baker Academic, 2009. 《하나님나라를 욕망하라》(IVP). 본서에서 간략히 소개한 모형에 대한 심층 분석. 이 책에서 제시한 주장을 본격적으로 다룬 책이라고 보면 된다. 5장에서는 역사적 기독교 예배에 암시적으로 새겨져 있는 이야기를 자세히 "읽어낸다."

- ———. *Imagining the Kingdom: How Worship Works*. Cultural Liturgies 2. Grand Rapids: Baker Academic, 2013. 《하나님나라를 상상하라》(IVP). 예전적 문화 신학을 위한 철학적 토대를 설명한 책으로서 이것이 예배를 계획하고 인도하는 데 어떤 함의를 지니는지에 특히 주목한다.

- Webber, Robert. *Ancient-Future Worship: Proclaiming and Enacting God's Narrative*. Grand Rapids: Baker Books, 2008. 《예배학: 하나님의 구원 내러티브의 구현》(CLC). 역사적("고대적") 예배가 우리의 포스트모던("미래적") 상황에서 신실한 증인이 되기 위해 필요한 선물이라고 주장하는 책. 이 책은 내 생각에도 중요한 영향을 미쳤다.

- ――――. *The Divine Embrace: Recovering the Passionate Spiritual Life*. Grand Rapids: Baker Books, 2006. 《하나님의 포옹: 진정한 기독교 영성의 회복》(미션월드라이브러리). 영성을 사생활과 개인주의라는 벽장에서 꺼내어 우정과 공동체 한가운데 자리 잡게 하는 책.

- *The Worship Sourcebook: A Classic Resource for Today's Church*. 2nd ed. Grand Rapids: Faith Alive / Baker Books, 2013. 칼뱅 기독교 예배 연구소Calvin Institute of Christian Worship에서 만든 이 입문서에서는 예배와 형성의 신학을 집약적으로 다룬다. 마음과 생각을 형성하는 사려 깊고 목적 지향적이며 삼위일체적인 예배를 위한 다양한 역사적, 동시대적 자료를 제공한다.

○ 주

1. 당신이 사랑하는 것이 바로 당신이다

1. Charles Duhigg, *The Power of Habit: Why We Do What We Do in Life and Business* (New York: Random House, 2014)을 보라.《습관의 힘》(갤리온).

2. 데이빗 포스터 월리스David Foster Wallace의 소설 *Infinite Jest* (Boston: Little, Brown, 1996)에서 탁월하게 탐구해 낸 주제.

3. Augustine, *Confessions*, trans. Henry Chadwick (Oxford: Oxford University Press, 1992), 1.1.1.《고백록》(포이에마).

4. 참고. J. I. Packer, Thomas Howard, *Christianity: The True Humanism* (Waco: Word, 1985).《기독교: 참된 휴머니즘》(여수룬).

5. Irenaeus, *Against Heresies* 4.20.7.

6. 이는 '에로스'를 '포르네이아'로 착각한 것이라고 말할 수도 있다.

7. Blaise Pascal, *Pensées and Other Writings*, trans. Honor Levi (Oxford: Oxford University Press, 2008), 154.《팡세》.

8. Antoine de Saint-Exupéry, *The Wisdom of the Sands* (New York: Harcourt Brace, 1950).《성채》(들녘).

9. Augustine, *Confessions* 13.9.10.

10. 같은 책. 아우구스티누스는 각각 불가타 역 시편 83:6, 119:1, 121:6을 인용했다. 어떤 의미에서 에디 베더Eddi Vedder의 노래 "라이즈Rise"[영화 〈인투 더 와일드Into the Wild〉 사운드 트랙 수록곡이지만 〈생명을 건 포획Deadliest Catch〉(디스커버리 채널에서 방영한 리얼리티 프로그램—옮긴이) 애청자들에게도 매우 익숙하다]는 이 두 은유를 결합한다. "나는 일어날 것이다/ 자석에 끌리듯 내가 갈 방향을 찾을 것이다." (이 곡을 상기시켜 준 마크 멀더Mark Mulder에게 고마움을 전한다.)

11. Aquinas, *Summa Theologica* I-II, 92.1. 《신학대전》(바오로딸).

12. 이런 원리는 나쁜 도덕적 습관, 즉 악덕을 습득하는 데도 적용된다. 따라서 악덕도 모방과 실천을 통해 배운다. "사랑하는 자여, 악한 것을 본받지 말고 선한 것을 본받으라"라는 요한삼서 11절을 생각해 보라.

13. 데살로니가전서 말씀도 보라. "또 너희는 많은 환난 가운데서 성령의 기쁨으로 말씀을 받아 우리와 주를 본받은 자가 되었으니." 살전 1:6; 참고. 살후 3:7, 9

14. "Monroe Steered by Faulty Compass", *New York Times*, February 12, 1914.

15. Martin Luther, *Luther's Large Catechism*, trans. John Nicholas Lenker (Minneapolis: Luther, 1908), 44. 《마르틴 루터 대교리문답》(복있는사람).

16. John Calvin, *Institutes* 1.11.8. 《기독교 강요》(생명의말씀사).

17. David Foster Wallace, "Plain Old Untrendy Troubles and Emotions", *The Guardian*, September 20, 2008, 2. 이후 연설문은 *This Is Water: Some Thoughts, Delivered on a Significant Occasion, about Living a Compassionate Life* (New York: Little, Brown, 2009)으로 출판되었다. 《이것은 물이다》(나무생각).

a. http://www.npr.org/sections/health-shots/2013/11/18/244526773/gut-bacteria-might-guide-the-workings-of-our-minds.

b. http://www.scientificamerican.com/article/gut-second-brain/.

c. Hampton Sides, *In the Kingdom of Ice: The Grand and Terrible Polar Voyage of the USS Jeannette* (New York: Doubleday, 2014), 163.

2. 당신은 당신이 생각하는 바를 사랑하지 않을지도 모른다

1. 타르코프스키의 러시아 정교회 전통에서는 사순절을 가리켜 "밝은 슬픔"의 계절이라고 말한다.

2. Geoff Dyer, *Zona* (New York: Vintage, 2012), 161.

3. 같은 책, 170.

4. 같은 책, 165.

5. 같은 책, 179. 저자 강조.

6. 같은 책, 171.

7. Penitential Order I.

8. Donald Justice, "남자 나이 마흔Men at Forty": "무언가가 그들을 채운다/ 그들이 대출 받아 산 집 뒤편/ 산기슭의 숲을 가득 채우는/ 황혼 무렵 귀뚜라미 소리 같은/ 거대한 무언가가"[*Fathers: A Collection of Poems*, ed. David Ray and Judy Ray (New York: St. Martin's Press, 1997), 110].

9. 영화 초반부에서도 레스터는 같은 질문을 받는다. 그는 15년 동안 일했던 광고 회사에서 해고될 것이라는 통보를 받았다. 리키 피츠와의 만남을 통해 새롭게 용기를 얻은 레스터는 회사 사장을 꽤나 불편하게 만들 수도 있는 은밀한 정보를 가지고 있다고 넌지시 말한다. 책임지고 레스터를 해고해야 했던 아첨꾼 회사 고문 브래드는 그의 말이 협박임을 이해하고 "당신, 원하는 게 뭐야?"라고 묻는다.

10. Daniel Kahneman, *Thinking: Fast and Slow* (New York: Farrar, Straus & Giroux, 2011)와 John A. Bargh, Tanya L. Chartrand, "The Unbearable Automaticity of Being", *American Psychologist* 54 (1999): 462-479도 보라. 《생각에 관한 생각》(김영사). 이 연구와 그 함의에 대한 유익한 소개로는 David Brooks, *The Social Animal: The Hidden Sources of Love, Character, and Achievement* (New York: Random House, 2011)을 보라. 《소셜 애니멀: 사랑과 성공, 성격을 결정짓는 관계의 비밀》(흐름출판).

11. Timothy Wilson, *Strangers to Ourselves: Discovering the Adaptive Unconscious*

(Cambridge, MA: Harvard University Press, 2002), 6-7. 《내 안의 낯선 나》(부글북스).

12. Brooks, *Social Animal*, 127.

13. Bargh, Chartrand, "Unbearable Automaticity of Being", 468.

14. 일종의 "암묵적 이해"로서 스테레오타입에 대한 신랄한 분석으로는 Alexis Shotwell, *Knowing Otherwise: Race, Gender, and Implicit Understanding* (University Park: Penn State University Press, 2011)을 보라.

15. David Foster Wallace, "Plain Old Untrendy Troubles and Emotions", *The Guardian*, September 20, 2008, 2.

16. 아래 내용은 James K. A. Smith, *Desiring the Kingdom: Worship, Worldview, and Cultural Formation*, Cultural Liturgies 1 (Grand Rapids: Baker Academic, 2009), 20-22에 약간 다른 형태로 출간되었다. 《하나님나라를 욕망하라》 (IVP).

17. 이것은 우연히 아니다. Ira Zepp, *The New Religious Image of Urban America: The Shopping Mall as Ceremonial Center* (Boulder: University Press of Colorado, 1997)을 보라.

18. "세속적 성인"으로서의 마네킹에 관한 오싹한 탐구로는 단편 다큐멘터리 *34x25x36*을 보라. 이 다큐멘터리에서 마네킹 제작자들은 자신들이 하는 작업의 목표는 예배하려는 마음을 불러일으키는 것이라고 분명히 말한다. 그들은 "바니스Barneys(미국의 고급 백화점 체인—옮긴이)가 오늘날의 교회"라고 주장한다. 이 영화는 https://www.youtube.com/watch?v=pCl5XdAs3_U에서 볼 수 있다. 몇 해 전, 나에게 이 영화를 알려 준 브라이언 킵Bryan Kibbe에게 고마움을 전한다.

19. 캐나다 철학자 찰스 테일러는 세상에 대한 이런 접근 방식이 지성보다는 상상력과 더 밀접한 관계가 있다는 사실을 존중하기 위해 "세계관"보다는 "사회적 상상계"에 관해 이야기한다. 사회적 상상계는 "사람들이 초연한 방식으로 사회적 현실에 관해 **생각할** 때 사용하는 지적 체계보다 더 광범위하고 더 깊다"고 그는 말한다[Taylor, *Modern Social Imaginaries* (Durham, NC: Duke

University Press, 2004), 23, 저자 강조]. 《근대의 사회적 상상》(이음). 사회적 상상계는 "보통 사람들이 자신의 사회적 환경을 '상상'하는 방식"이라고 그는 지적한다. 이것은 "이론적 용어로 표현되지 않고, 이미지와 이야기, 전설을 통해 전달된다"(같은 곳).

20. 이를 문학적으로 엮어 낸 작품으로는 톰 울프Tom Wolfe의 소설 *I Am Charlotte Simmons* (New York: Farrar, Straus & Giroux, 2004)을 보라.

21. 샬롬에 대한 이러한 성경적 전망을 간결하게 요약한 책으로는 Nicholas Wolterstorff, *Until Justice and Peace Embrace* (Grand Rapids: Eerdmans, 1983), 69-72를 보라. 《정의와 평화가 입맞출 때까지》(IVP).

22. 진 킬번Jean Kilbourne의 다큐멘터리 *Killing Us Softly*에서는 광고가 여성들로 하여금 남성의 주목을 받기 위해 경쟁하도록 부추길 뿐만 아니라 특히 여성 간의 경쟁을 조장한다고 주장한다. 이러한 성차 내 경쟁에 대한 풍자를 다룬 영화로는 2004년 작 〈퀸카로 살아남는 법*Mean Girls*〉이 있다.

23. 마찬가지로 많은 기독교 예배—이를테면 "재충전" 모형을 반영하는—가 사람들로 하여금 실망과 좌절을 느끼게 한다고 나는 생각한다.

24. Roddy Scheer, Doug Moss, "Use It and Lose It: The Outsize Effect of U.S. Consumption on the Environment", *Scientific American*, September 14, 2012, http://www.scientificamerican.com/article/american-consumption-habits.

25. 이런 시각에서 기독교 형성을 명쾌하게 소개한 책으로는 Rebecca Konyndyk DeYoung, *The Glittering Vices: A New Look at the Seven Deadly Sins and Their Remedies* (Grand Rapids: Brazos, 2009)을 보라.

26. 이런 영적 훈련에 관한 유익한 소개로는 http://www.ignatianspirituality.com/ignatian-prayer/the-examen/을 보라.

a. Aristotle, *Nicomachean Ethics*, *The Basic Works of Aristotle*, trans. Richard McKeon (New York: Modern Library, 2001), 2.4. 《니코마코스 윤리학》(길).

b. Ira Zepp, *The New Religious Image of Urban America: The Shopping Mall as Ceremonial Center* (Boulder: University Press of Colorado, 1997), 150.

c. Trevor Mogg, "Apple Causes 'Religious' Reaction in Brains of Fans, Say Neuroscientists", *Digital Trends*, May 18, 2011, http://www.digitaltrends.com/computing/apple-causes-religious-reaction-in-brains-of-fans-say-neuroscientists/.

3. 성령은 당신이 있는 곳에서 당신을 만나 주신다

1. Brian Wansink, *Mindless Eating: Why We Eat More Than We Think* (New York: Bantam, 2007)과 Michael Pollan, *The Omnivore's Dilemma* (New York: Penguin, 2007)을 보라.《나는 왜 과식하는가: 무의식적으로 많이 먹게 하는 환경, 습관을 바꾸는 다이어트》(황금가지),《잡식동물 분투기: 리얼 푸드를 찾아서》(다른세상).

2. 아래 내용은 James K. A. Smith, *Imagining the Kingdom: How Worship Works*, Cultural Liturgies 2 (Grand Rapids: Baker Academic, 2013), 8-10에 약간 다른 형태로 실려 있다.《하나님나라를 상상하라》(IVP).

3. 어떤 점에서 이런 의식적 노력이 필요한 까닭은 내가 제거해야 할 나쁜 습관을 평생 길러 왔기 때문이다. 건전한 리듬 안에서 자란 사람은 의식적으로 노력하지 않고도 좋은 기호와 갈망을 습득할 수도 있다.

4. Matthew Myers Boulton, *Life in God: John Calvin, Practical Formation, and the Future of Protestant Theology* (Grand Rapids: Eerdmans, 2011), 229-230.

5. 이 점을 지혜롭게 설명한 책으로는 Michael Horton, *Ordinary: Sustainable Faith in a Radical, Restless World* (Grand Rapids: Zondervan, 2014)을 보라.《오디너리: 평범함으로의 부르심》(지평서원).

6. Dallas Willard, *The Spirit of the Disciplines* (San Francisco: HarperOne, 1999).《영성 훈련》(은성).

7. Craig Dykstra, *Growing in the Life of Faith*, 2nd ed. (Louisville: Westminster John Knox, 2005), 67, 63.

8. Marva Dawn, *Reaching Out without Dumbing Down* (Grand Rapids:

Eerdmans, 1995), 79.

9. Nicholas Wolterstorff, "The Reformed Liturgy", *Major Themes in the Reformed Tradition*, ed. Donald McKim (Grand Rapids: Eerdmans, 1992), 287, 288. 그는 이것을 "하나님의 적극적 행하심"의 성례전주의가 아니라 "하나님의 정태적 임재의 성례전주의"라고 부른다.

10. 같은 책, 290-291, 저자 강조.

11. Calvin, Commentary on Galatians 5:3, John Witvliet, *Worship Seeking Understanding: Windows into Christian Practice* (Grand Rapids: Baker Academic, 2003), 145에서 재인용. 위트블릿은 "예배 안에서 이뤄지는 하나님의 행위"라는 칼뱅의 개념과 그의 "구원론 체계"가 밀접하게 결합되어 있다고 지적한다. "칼뱅의 예전 신학의 항구적인 매력은 그의 입장이 신학 체계 전체를 아우르는 관점에서 그 체계와의 대화를 통해 주의 깊게 제시되고 있다는 것이다(*Worship Seeking Understanding*, 147 주 74).

12. Hughes Oliphant Old, "John Calvin and the Prophetic Criticism of Worship", *John Calvin and the Church: A Prism of Reform*, ed. Timothy George (Louisville: Westminster John Knox, 1990), 234.

13. Nicholas Wolterstorff, "Reflections on Kuyper's Our Worship", Abraham Kuyper, *Our Worship*, ed. Harry Boonstra (Grand Rapids: Eerdmans, 2009)에 부치는 부록, 358, 저자 강조. 이 인용문 안의 인용문 출처는 각각 *Our Worship*, 171 and 283. 이 글을 마무리하면서 월터스토프는 "나는 이런 성찰을 위해 카이퍼의《우리의 예배*Our Worship*》를 읽기 전까지는 이 책을 읽지 않았다. 카이퍼의 논의 중에는 내가 거리를 두고 싶은 요소가 있다. 하지만 핵심 사상과 그 함의를 생각해 보면, 지금까지 예전에 관해 내가 썼던 거의 모든 글이 이미 다 해놓은 작업을 되풀이한 것에 불과하다고 느껴진다"(같은 책, 360).

14. Philip Butin, *Revelation, Redemption, Response: Calvin's Trinitarian Understanding of the Divine-Human Relationship* (New York: Oxford University Press, 1995), 102, Witvliet, *Worship Seeking Understanding*, 146에서 재인용.

15. 이 분야의 가장 지혜로운 안내자 중 한 사람은 제러미 벡비Jeremy Begbie다. Jeremy Begbie, *Resounding Truth: Christian Wisdom in the World of Music* (Grand Rapids: Baker Academic, 2007)과 Jeremy S. Begbie, Steven R. Guthrie, eds., *Resonant Witness: Conversations between Music and Theology* (Grand Rapids: Eerdmans, 2011)을 보라.

16. Oscar Wilde, "The Critic as Artist", *The Portable Oscar Wilde*, ed. Stanley Weintraub (Hammondsworth, UK: Penguin, 1981), 76.

a. http://bit.ly/BackwardsBike.

b. Michael Horton, *Ordinary: Sustainable Faith in a Radical, Restless World* (Grand Rapids: Zondervan, 2014), 16.

4. 당신은 어떤 이야기 안에 있는가?

1. *Made to Stick: Why Some Ideas Survive and Others Die* (New York: Random House, 2007)에서 칩 히스Chip Heath와 댄 히스Dan Heath가 말하는 의미에서. 《스틱! 1초 만에 착 달라붙는 메시지, 그 안에 숨은 6가지 법칙》(엘도라도).

2. 다시 말해서, 크랜머의 확신은 복음적인 동시에 "공교회적"이다. "루이스의 지적에 따르면, 크랜머와 이 기도서를 함께 만든 사람들은 '독창성이 뛰어나기 때문이 아니라 공교회적이며 오래된 내용을 담고 있기 때문에 이 책을 칭찬하기를 바랐다'"[Alan Jacobs, *The Book of Common Prayer: A Biography* (Princeton: Princeton University Press, 2013), 66].

3. Eamon Duffy, *The Stripping of the Altars: Traditional Religion in England, 1400-1580*, 2nd ed. (New Haven: Yale University Press, 2005), 593, Jacobs, *Book of Common Prayer*, 59에서 재인용.

4. 제이콥스는 암시와 운율, 혀를 그토록 자연스럽게 굴러가게 하는 크랜머의 시구 안에 담긴 암시와 운율, "병렬을 통해 배가되는 힘"이 지닌 효과를 지적하면서, **어떻게** 성공회 기도서의 언어가 "미학적으로" 작동하는지에 관한 놀라운 문학적 분석을 제시한다(*Book of Common Prayer*, 62). 또한 그는 어떻게

언어가 공동체적으로, 청각적으로 작동하는지에 크랜머가 특히나 섬세한 감각을 지녔다고 지적한다. "크랜머가 이 책에 담긴 문구들을 만들어 갈 때 일차적으로 염두에 두었던 것은 분명히 회중의 예배였다. 그의 영어는 큰 소리로, 함께 읽힐 때 그 온전한 생명력을 얻는다. 이 말로 된 음악이 연주될 악기는 사람들의 목소리*vox populi*였다"(같은 책, 63-64).

5. Henri de Lubac, *The Mystery of the Supernatural*, trans. Rosemary Sheed (New York: Crossroad, 1998), 130-137를 보라.

6. N. T. Wright, *After You Believe: Why Christian Character Matters* (San Francisco: HarperOne, 2012), 25.《그리스도인의 미덕》(포이에마).

7. 같은 책, 26.

8. Alasdair MacIntyre, *After Virtue: A Study in Moral Theory*, 2nd ed. (Notre Dame, IN: University of Notre Dame Press, 1984), 216.《덕의 상실》(문예출판사).

9. James Wood, *How Fiction Works* (New York: Farrar, Straus & Giroux, 2008), 237-238, 인용문 출처는 Brigid Lowe, *Victorian Fiction and the Insights of Sympathy* (London: Anthem, 2007), 82-83.《소설은 어떻게 작동하는가》(창비).

10. Michael W. Goheen, Craig Bartholomew, *The True Story of the Whole World: Finding Your Place in the Biblical Drama* (Grand Rapids: Faith Alive, 2009). 이 책의 제목은 *The New Testament and the People of God* (Minneapolis: Fortress, 2009), 41-42에 제시된 라이트의 주장을 떠올리게 한다.《신약성경과 하나님의 백성》(크리스챤다이제스트). "기독교의 핵심은 기독교가 온 세상의 이야기가 될 수 있는 이야기를 제시한다는 것이다. 이것은 공적 진리다."

11. C. S. Lewis, "Is Theology Poetry?", *They Asked for a Paper* (London: Geoffrey Bless, 1962), 164-165.《영광의 무게》(홍성사).

12. 아래에서 나는 포괄적인 예배 신학을 제시하려고 하지 않을 것이며 그저 역사적 예배를 새로운 방식으로 바라볼 것을 요청하려 한다. 목적 지향적이며 역사적인 예배에 대한 더 자세한 소개로는 Robert Webber, *Ancient-Future Worship: Proclaiming and Enacting God's Narrative* (Grand Rapids: Baker Books, 2008); Bryan Chapell, *Christ-Centered Worship: Letting the*

Gospel Shape Our Practice (Grand Rapids: Baker Academic, 2009); Mike Cosper, *Rhythms of Grace: How the Church's Worship Tells the Story of the Gospel* (Wheaton: Crossway, 2013); Michael Horton, *A Better Way: Rediscovering the Drama of God-Centered Worship* (Grand Rapids: Baker Books, 2003) 등을 보라. 《예배학: 하나님의 구원 내러티브의 구현》(CLC), 《그리스도 중심적 예배》(부흥과개혁사), 《개혁주의 예배론》(부흥과개혁사). 이 주제에 대한 간결한 소개와 이 모든 것을 실천하기 위한 자료는 *The Worship Sourcebook: A Classic Resource for Today's Church*, 2nd ed. (Grand Rapids: Faith Alive / Baker Books, 2013)을 보라.

13. *Imagining the Kingdom: How Worship Works*, Cultural Liturgies 2 (Grand Rapids: Baker Academic, 2013), 170-171에서 나는 다양한 기독교 전통(로마 가톨릭, 루터교, 성공회, 감리교, 장로교/개혁교회)의 역사적, "공교회적" 예배의 서사적 연속성을 보여 주는 프랭크 센Frank Senn의 기념비적 저서 *Christian Liturgy: Catholic and Evangelical* (Minneapolis: Fortress, 1997)의 내용을 간추려 도표로 소개한 바 있다.

14. 이것은 내가 속한 개혁주의 전통의 예배 형식이다. 매주 성만찬을 행하는 기독교 전통에서는 죄의 고백이 성만찬 예전에 포함되어 있다.

15. Stanley Hauerwas, *With the Grain of the Universe* (Grand Rapids: Brazos, 2001). 그는 존 하워드 요더John Howard Yoder가 제안한 은유를 사용했다.

16. Charles Taylor, *A Secular Age* (Cambridge, MA: Belknap Press of Harvard University Press, 2007), 279-288. 더 자세한 논의로는 James K. A. Smith, *How (Not) to Be Secular: Reading Charles Taylor* (Grand Rapids: Eerdmans, 2014), 57-59를 보라.

17. Martin Tel, John Witvliet, eds., *Psalms for All Seasons: A Complete Psalter for Worship* (Grand Rapids: Brazos, 2012)을 보라.

18. David Foster Wallace, "Federer Both Flesh and Not", *Both Flesh and Not: Essays* (New York: Little, Brown, 2012), 23-24.

19. "지배하는 이미지"에서 출발하는 설교에 관한 피터 용커Peter Jonker의 새

책 *Preaching in Pictures: Using Images for Sermons That Connect* (Nashville: Abingdon, 2015)을 보라.

a. Hans Urs von Balthasar, *Love Alone Is Credible*, trans. D. C. Schindler (San Francisco: Ignatius, 2004), 109.

b. David Rose, *Enchanted Objects: Design, Human Desire, and the Internet of Things* (New York: Scribner, 2014), 203-204.

5. 마음을 지키라

1. Hans Urs von Balthasar, *Love Alone Is Credible*, trans. D. C. Schindler (San Francisco: Ignatius, 2004), 76. 이 책을 선물해 준 마크 보월드Mark Bowald에게 고마움을 전하다.

2. 같은 책.

3. 이사야서도 젖을 먹이시는 어머니이신 하나님의 이미지를 제시한다. "여인이 어찌 그 젖 먹는 자식을 잊겠으며 자기 태에서 난 아들을 긍휼히 여기지 않겠느냐? 그들은 혹시 잊을지라도 나는 너를 잊지 아니할 것이라!"사 49:15

4. James Olthuis, *The Beautiful Risk: A New Psychology of Loving and Being Loved* (Grand Rapids: Zondervan, 2001).

5. 이제 그 이유가 분명해졌기를 바라지만, 나는 단순히 "가정"이 아니라 "집"이라는 말을 사용하고자 한다. 우리 모두가 부모라고 전제하는 협소한 이미지에 갇히고 싶지 않기 때문이다. 하나님은 우리 중 일부를 독신 생활로 부르시며,고전 7:8 우리 모두가 부모와 자녀가 있는 가정에서 살지는 않는다. 그리스도인의 형성을 위한 신실한 공간이 되는 다양한 "집"이 있을 수 있다. 또한 나는 다양한 방식으로 집을 이룰 수 있음을 깨닫고, 가정에 사는 사람들이 독신인 자매와 형제들을 위한 공간을 마련하는 것이 대단히 중요하다고 생각한다.

6. David Matzko McCarthy, *Sex and Love in the Home*, new ed. (London: SCM, 2004), 93-97.

7. 나는 여기서 (많은 전통이 공유한 세례의 양식인) 유아 세례의 당위성에 대해 주장하려는 것이 아니다. 나의 분석은 유아 세례를 전제로 삼고 있지만 많은 점에서 신자들의 세례에도 적용된다. 공동의 합의를 찾기 위한 대화로는 John H. Armstrong, ed., *Understanding Four Views on Baptism* (Grand Rapids: Zondervan, 2007)을 보라.

8. Peter Leithart, *The Priesthood of the Plebs: A Theology of Baptism* (Eugene, OR: Wipf and Stock, 2003), 210.

9. Christian Reformed Church Service for Baptism (1981), *The Psalter Hymnal*, 955에 수록됨.

10. 바로 그런 이유 때문에 다른 곳에서 목회를 하고 있는 할아버지나 할머니가 "낙하산을 타고 내려와" 손주에게 세례를 베풀어서는 안 된다고 줄곧 생각해 왔다. 이것은 **실천을 통해서** 친족의 혈연이 그리스도의 몸 안에서 어떤 중요성을 지닌다고 말하는 것이나 마찬가지다. 물론 "자연적" 가정을 약화시키자는 것이 아니고 그것을 상대화하는 것일 뿐이다. 그리고 세례는 가정을 상대화하는 가장 중요한 의례 중 하나다.

11. Alexander Schmemann, *For the Life of the World: Sacraments and Orthodoxy* (Crestwood, NY: St. Vladimir's Seminary Press, 1973), 90. 《세상에 생명을 주는 예배》(복있는사람).

12. David Matzko McCarthy, *The Good Life: Genuine Christianity for the Middle Class* (Grand Rapids: Brazos, 2004), 52.

13. Schmemann, *For the Life of the World*, 90.

14. *Sex and Love in the Home*, 93-97에 있는 매카시McCarthy의 예리한 분석을 보라.

15. 같은 책, 111.

16. McCarthy, *Good Life*, 52.

17. 같은 곳.

18. 무너뜨리는 우정에 관해서는 같은 책, 35-37를 보라.

19. Divorce Corp, http://www.divorcecorp.com.

20. 예를 들어, "The Sacrament of Holy Matrimony", http://www.antiochian. org/midwest/holy-matrimony를 보라.

21. Schmemann, *For the Life of the World*, 88.

22. 같은 책, 89.

23. 같은 곳.

24. 같은 책, 89-90.

25. 이런 이유로 여러 세대가 함께 드리는 예배가 중요하다. 여러 세대가 함께 드리는 예배에서는 아이들을 격려하여 교회 안 다른 어딘가에서 표현주의적 경험을 하게 하는 대신에 온 가족이 하나로 함께 예배한다.

26. 이 점에서 웨스트민스터 신학자들이 "예배 모범Directory for the Publick Worship of God" 부록으로 쓴 "가정 예배 모범Directory for Family Worship"을 다시 활용함으로써 얻을 수 있는 지혜가 많다.

27. Michael Horton, *A Better Way: Rediscovering the Drama of God-Centered Worship* (Grand Rapids: Baker Books, 2003).《개혁주의 예배론》(부흥과개혁사).

28. 브리티시컬럼비아British Columbia 주 밴쿠버Vancouver에 있는 유니버시티 힐 연합 교회University Hill United Church에서 제작한 이 땅의 소금 달력(www. thechristiancalendar.com을 보라)이나 세인트 제임스 펠로우십Fellowship of St. James 에서 제작한 세인트 제임스 교회력(www.fsj.org을 보라)과 같은 전례력을 냉장고 옆에 가족 달력으로 붙여 두는 것도 생각해 볼 수 있다.

29. Etienne Wenger, *Communities of Practice: Learning, Meaning, and Identity* (New York: Cambridge University Press, 1998), 176.《실천 공동체》(학지사).

30. 노먼 워즈바Norman Wirzba는 "안식"이 "아무것도 하지 않기"와 동의어가 아니라고 지적한다. *Living the Sabbath: Discovering the Rhythms of Rest and Delight* (Grand Rapids: Brazos, 2006)을 보라.

a. Christopher Kaczor, "The Myth of Vampire Children", *First Things*, February 2015, 17-18.

6. 자녀를 잘 가르치라

1. Stanley Hauerwas, *State of the University* (Oxford: Wiley, 2007), 46.

2. 오늘날 청소년의 종교와 영성은 절망적인 측면이 많다. 이를 명확히 밝혀 낸 책으로는 크리스천 스미스Christian Smith가 멜린다 런퀴스트 덴튼Melinda Lundquist Denton과 함께 쓴 *Soul Searching: The Religious and Spiritual Lives of American Teenagers* (New York: Oxford University Press, 2005)이 있다. 스미스는 기독교 공동체 안에서 교리 교육이 제대로 이뤄지지 않고 있는 상황에 대해 안타까워하면서 젊은이들이 정통적 기독교 신앙고백이 아니라 이른바 "도 덕주의적이며 심리요법적인 이신론moralistic therapeutic deism"을 받아들인다고 지적한다. 이런 우려를 하는 것이 마땅하기는 하지만, 스미스의 접근 방식이 많은 부분에서 결정적으로 "주지주의적"이라는 점을 지적해 두고 싶다. 참 고. Kenda Creasy Dean, *Almost Christian: What the Faith of Our Teenagers Is Telling the American Church* (New York: Oxford University Press, 2010).

3. 이 짧은 장에서는 이 문제를 포괄적으로 다루지 않을 것이다. 교육에 대한 예전적 접근법에 대한 더 본격적인 논의는 James K. A. Smith, *Desiring the Kingdom: Worship, Worldview, and Cultural Formation*, Cultural Liturgies 1 (Grand Rapids: Baker Academic, 2009)과 David I. Smith, James K. A. Smith, eds., *Teaching and Christian Practices: Reshaping Faith and Learning* (Grand Rapids: Eerdmans, 2011)을 보라.

4. 더 많은 정보는 Sofia Cavalletti, *The Religious Potential of the Child* (Chicago: Liturgy Training Publications, 1992)과 Sofia Cavalletti, Patricia Coulter, Gianna Gobbi, Silvana Q. Montanaro, *The Good Shepherd and the Child: A Joyful Journey* (Chicago: Liturgy Training Publications, 2007)을 보라. http://www. cgsusa.org/about/도 방문해 보라.

5. Kevin Adams, *150: Finding Your Story in the Psalms* (Grand Rapids: Faith Alive, 2011)을 보라. 이 책에서는 시편이 현대 교회를 위한 오래된 선물인 이 유를 잘 설명하고 있다.

6. Phyllis Tickle, *The Divine Hours* (New York: Oxford University Press, 2007)는 휴대용으로도 출간되었다.

7. 어른들과 마찬가지로 예전적 교리문답(우리가 예배할 때 무엇을 하며 그것을 왜 하는가에 관한 이해)은 젊은이들이 신앙을 더 잘 이해해 가는 데도 필수다.

8. Craig Dykstra, *Growing in the Life of Faith*, 2nd ed. (Louisville: Westminster John Knox, 2005). Dallas Willard, *The Spirit of the Disciplines* (San Francisco: Harper One, 1999)도 보라.

9. Dorothy Bass, Don Richter, *Way to Live: Christian Practices for Teens* (Nashville: Upper Room Books, 2002). 또한 Andrew Root, *Bonhoeffer as Youth Worker: A Theological Vision for Discipleship and Life Together* (Grand Rapids: Baker Academic, 2014)을 보라.

10. 이런 노력이 잘못될 가능성도 많다. 예를 들면, 교외에 사는 이들의 "봉사"를 "도심" 사역[즉, "시내"(즉, 흑인) 동네를 위한 백인 아이들의 노블레스 오블리주]이라고 말할 때나 부유한 가정의 청소년들이 카리브해에서 봄방학을 보낼 기회를 제공하는 '단기 선교 여행'을 봉사라고 생각할 때다. 이 주제에 관한 지혜를 얻고자 한다면 Robert J. Priest, ed., *Effective Engagement in Short-Term Missions: Doing It Right!* (Pasadena, CA: William Carey Library, 2012)을 보라.

11. Smith and Smith, *Teaching and Christian Practices*에서는 역사적 기독교 실천을 활용한 교육 실험에 대한 사례 연구를 통해 이런 주장을 전개한다.

12. 이 전망을 상세히 소개해 준 대릴 드 보어Darryl De Boer에게 고마움을 전한다. 여기서 나의 설명은 그의 요약을 근거로 삼고 있다.

13. James Davison Hunter, *The Death of Character: Moral Education in an Age without Good or Evil* (New York: Basic Books, 2000), 215.

14. Steven R. Guthrie, "The Wisdom of Song", *Resonant Witness: Conversations between Music and Theology*, ed. Jeremy S. Begbie and Steven R. Guthrie (Grand Rapids: Eerdmans, 2011), 400.

15. 기독교적 환대의 실천에 관한 논의로는 Ana María Pineda, "Hospitality",

Practicing Our Faith: A Way of Life for a Searching People, ed. Dorothy C. Bass, 2nd ed. (San Francisco: Jossey-Bass, 2010), 29-42; Christine D. Pohl, *Making Room: Recovering Hospitality as a Christian Tradition* (Grand Rapids: Eerdmans, 1999); David Smith, Barbara Carvill, *The Gift of the Stranger: Faith, Hospitality, and Foreign Language Learning* (Grand Rapids: Eerdmans, 2000)을 보라. 《일상을 통한 믿음 혁명》(예영커뮤니케이션), 《손대접》(복있는사람).

16. Smith and Smith, *Teaching and Christian Practices*를 보라.

17. Raccolta #764, Pius XI Studiorum Ducem, 1923에 발표됨.

a. http://youthandreligion.nd.edu/.

b. Christian Smith, *Soul Searching: The Religious and Spiritual Lives of American Teenagers*, with Melinda Lundquist Denton (New York: Oxford University Press, 2005), 226-227.

7. 당신은 원하는 바를 만든다

1. 이 주장에 대한 유익한 설명으로는 Norman Wirzba, *From Nature to Creation: A Christian Vision for Understanding the World, The Church and Postmodern Culture* (Grand Rapids: Baker Academic, 2015)을 보라.

2. 창세기 1장부터 계시록 22장까지를 관통하는 이러한 서사적 연속성에 관한 명쾌한 논의로는 J. Richard Middleton, *A New Heaven and a New Earth: Reclaiming Biblical Eschatology* (Grand Rapids: Baker Academic, 2014)을 보라. 《새 하늘과 새 땅: 변혁적, 총체적 종말론 되찾기》(새물결플러스).

3. J. Richard Middleton, *The Liberating Image: The Imago Dei in Genesis 1* (Grand Rapids: Brazos, 2005), 60. 《해방의 형상》(SFC).

4. J. R. R. Tolkien, *Tree and Leaf* (San Francisco: Harper Collins, 2001), 37.

5. James Davison Hunter, *To Change the World: The Irony, Tragedy, and Possibility of Christianity in the Late Modern World* (New York: Oxford

University Press, 2010). 《기독교는 어떻게 세상을 변화시키는가: 포스트모더니즘 시대 정치신학의 한계와 가능성》(새물결플러스).

6. 그는 "휠족의 성전Journal of the Whills"에 이야기 전체를 간략히 그려놓았다고 주장하곤 했지만, 크리스 테일러의 연구에서는 이 역시 허구라고 지적한다.

7. Cass R. Sunstein, "How Star Wars Illuminates Constitutional Law (and Authorship)", review of How Star Wars Conquered the Universe: The Past, Present, and Future of a Multibillion Dollar Franchise, by Chris Taylor, *The New Rambler Review*, http://newramblerreview.com/book-reviews/fiction-literature/how-star-wars-illuminates-constitutional-law-and-authorship. 이 부분의 인용문들의 출처는 이 서평이다.

8. 이런 주장을 담은 영향력 있는 책으로는 Charles Colson, Nancy Pearcey, *How Now Shall We Live?* (Carol Stream, IL: Tyndale, 1999)와 Andy Crouch, Culture Making: Recovering Our Creative Calling (Downers Grove, IL: InterVarsity, 2008) 등이 있다.《그리스도인, 이제 어떻게 살 것인가?》(요단출판사),《컬처 메이킹: 문화 창조자의 소명을 찾아서》(IVP).

9. Gabe Lyons, *The Next Christians: Seven Ways You Can Live the Gospel and Restore the World* (Colorado Springs: Multnomah, 2012).

10. Herbert A. Simon, "The Science of Design: Creating the Artificial", *Design Issues* 4, no. 1/2 (1988), Robert Grudin, *Design and Truth* (New Haven: Yale University Press, 2010), 3에서 재인용.《디자인과 진실: 우리가 몰랐던 뜻밖의 디자인 이야기》(북돋움).

11. Grudin, *Design and Truth*, 4.

12. 같은 책, 8.

13. 같은 책, 7.

14. Martin Filler, "Victory!", *New York Review of Books* 59 (July 12, 2012): 14-18. 이 부분의 인용문들의 출처는 이 글이다.

15. Alvin Plantinga, "Advice to Christian Philosophers", *Faith and Philosophy* 1, no. 3 (1984): 253-271.

a.	Patrick Lynch, "Brick Love", *Common Ground: A Critical Reader*, ed. David Chipperfield, Kieran Long, Shumi Bose (Venezia, Italy: Marsilio Editori, 2012), 121.

축복 기도

1.	Alexander Schmemann, *For the Life of the World: Sacraments and Orthodoxy* (Crestwood, NY: St. Vladimir's Seminary Press, 1973), 29.

습관이 영성이다

제임스 K. A. 스미스 지음 | 박세혁 옮김

2018년 4월 25일 초판 1쇄 발행
2025년 2월 17일 초판 13쇄 발행

펴낸이 김도완   **펴낸곳** 비아토르
등록번호 제2021-000048호   **주소** 서울시 종로구 삼일대로 428, 500-26호
등록일자 2017년 2월 1일   (우편번호 03140)
전화 02-929-1732   **팩스** 02-928-4229
이메일 viator@homoviator.co.kr

편집 이지혜   **디자인** 이파얼
제작 제이오   **인쇄** (주)민언프린텍   **제본** 다온바인텍

ISBN 979-11-88255-13-9 03230   **저작권자** © 제임스 K. A. 스미스, 2018

이 도서의 국립중앙도서관 출판예정도서목록(CIP)은 서지정보유통지원시스템 홈페이지(http://seoji.nl.go.kr)와
공동목록시스템(http://www.nl.go.kr/kolisnet)에서 이용하실 수 있습니다.(CIP제어번호: CIP2018010660)